MY JOURNEY AT
THE NUCLEAR
BRINK

我在核战争边缘的历程

[美] 威廉·J.佩里 (William J. Perry) ◎著

忠华◎译

中信出版集团 | 北京

图书在版编目（CIP）数据

我在核战争边缘的历程 /（美）威廉·J·佩里著；
忠华译 . -- 北京：中信出版社，2016.11（2022.11 重印）
书名原文：My Journey at the Nuclear Brink
ISBN 978-7-5085-6841-3

I. ①我… Ⅱ. ①威…②忠… Ⅲ. ①核武器问题 -
研究 - 世界 Ⅳ. ① D815.2

中国版本图书馆 CIP 数据核字（2016）第 241639 号

我在核战争边缘的历程

著者： [美] 威廉·J. 佩里译者
译者： 忠华
出版发行：中信出版集团股份有限公司
　　　　　（北京市朝阳区惠新东街甲 4 号富盛大厦 2 座　邮编　100029）
承印者： 北京盛通印刷股份有限公司

开本：787mm×1092mm　1/16　　　印张：22　插页：16　　字数：270 千字
版次：2016 年 11 月第 1 版　　　　印次：2022 年 11 月第 3 次印刷
京权图字：01-2016-7736
书号：ISBN 978-7-5086-6841-3
　　　　　　　　　　　　　　　定价：88.00 元

献给我亲爱的共同生活 68 年的妻子

莉奥妮拉·格林·佩里 （Leonilla Green Perry）

及我们的孩子、 孙辈和曾孙；

他们给我一切理由中最佳的理由，

使我继续工作以确保核武器不再被使用

目 录

序

从威廉·佩里的整个生活和工作中可以看出，他是一位高智商、绝对正直、有罕见的视野、有不寻常的成就及人道主义信念毫不动摇的人。这些品质生动地体现在这本回忆录所叙述的令人激动的故事中。比尔①在其卓越的生涯中为减少核威胁做出了非凡的努力。

比尔早在20世纪40年代就开始介入核安全问题，那时他是美国驻日本占领军的一名军人，见证了第二次世界大战导致的巨人毁灭性后果。结束了在日本的服役后，他成为美国政府的高级国家安全顾问，参与了冷战期间侦察核威胁技术的研发。在卡特政府时期，比尔是国防部主管研究和工程的副部长。他致力于研发我们的军队至今还在使用的隐形技术和其他使作战能力大幅增加的高科技系统②，以抵消苏联在数量上占优势的常规力量（他的"抵消战略"）。在担任克林顿总统的国防部长期间及任期届满后的"二轨外交"③ 活动中，比尔发展了成功的谈判方式，他把精确而

① 威廉·佩里（William J. Perry）的名字威廉（William）的昵称是比尔（Bill）。——译者注

② 这些高科技系统还包括全球定位系统、地形匹配技术等。——译者注

③ "二轨外交"（Track 2 Diplomacy）是指冲突各方的私人精英或智囊团体之间非政府、非官方、非正式的接触和谈判。相应地，政府、官方、正式的接触和谈判被称为"一轨外交"（Track 1 Diplomacy）。"二轨外交"有助于通过私下探索，提供解决政治、经济、军事冲突的可能途径，从而促进官方的"一轨外交"，但是"二轨外交"不能取代"一轨外交"。现在，某些外交事务分析家还提出"一轨半外交"（Track 1. 5 Diplomacy），即官方和非官方人士的频繁互动，合作解决利益冲突等问题。——译者注

中肯的分析、平衡各方安全利益的考虑及晓人以理的有效说服能力三者相结合。比尔在后冷战时代利用这些外交技巧与从前的敌方建立了军事合作，"和平伙伴关系计划"① 就是其中一个例子。他成功地促成了"纳恩—卢格计划"的实施，撤除苏联存放在它解体后出现的新独立国家的核武器。比尔还提出了在核武器原料方面的国际军控计划和安全措施，这是迈向核安全极其重要的一步。

我很高兴与比尔共事，并在他的鼓舞下共同为更好地控制核武器和核裂变材料而努力。在过去的 10 年中，我们同西特·德雷尔（Sid Drell）②、亨利·基辛格（Henry Kissinger）和萨姆·纳恩（Sam Nunn）③ 一起召开了许多研讨会，并撰写了许多论述我们观点的文章④。菲尔·陶勃曼（Phil Taubman）⑤ 在他 2012 年的书《伙伴关系：五名冷战勇士和他们的禁核弹努力》（*The Partnership：Five Cold Warrior and Their Quest to Ban the Bomb*）中描述了我们的努力。我们强调在通往核安全的过程中必须采取

① "和平伙伴关系计划"（Partnership for Peace）在国际上简称"PFP"，它是佩里于 1994 年刚任国防部长时与北约（NATO）磋商后由北约向苏联和东欧国家提出的。内容涵盖军事政策、经济、科技、教育、环境等一切方面，供参加这个伙伴关系计划的国家各自独立选择合作项目。——译者注

② 西特·德雷尔的西特是西德尼（Sidney）的昵称。他是物理学家，斯坦福大学直线加速器中心副主任，曾积极支持和培训中国科学院高能物理研究所建设直线加速器。他是斯坦福国际安全与军备控制中心创始人之一，也是 1960 年成立的"杰森国防顾问团"（JASON Defense Advisory Group）成员，JASON 由英语 7—11 月的第一个字母组成，表示该顾问团在这几个月里聚会活动。他在 1998 年退休后仍积极从事控制核武器的活动，2011 年获奥巴马总统颁发的国家科学奖章。——译者注

③ 萨姆·纳恩的萨姆是萨缪埃尔（Samuel）的昵称。他在 1972—1996 年连任 24 年参议员，在民主党为参议院多数党时，他必定是参议院军委会主席。1991 年提出改革国防法案。——译者注

④ 舒尔茨、德雷尔、基辛格和纳恩在 2014 年 9 月撰写了一本书：《核安全：问题和前途》（*Nuclear Security：The Problems and the Road Ahead*）。——译者注

⑤ 菲尔·陶勃曼的菲尔是菲利普（Phillip）的昵称。他是《纽约时报》驻华盛顿的记者站主任，2005 年，他以揭露老布什政府未经法院授权非法窃听所有美国居民的电讯往来而出名。——译者注

的一些重要步骤。萨姆·纳恩形象地用一座高山描述我们的想法：山顶是无核世界，山脚是许多国家拥有核武器，而且往往疏于保管可用于制造核武器的核裂变材料。在这样的世界中，很有可能在某个时候一枚核炸弹被引爆，造成难以想象的破坏。我们力图使自己投入精力向山顶攀登，迄今已取得一些进展。

冷战的终结导致大量核武器被裁减，所以今天的核武器储存数量不到1986 年里根与戈尔巴乔夫在雷克雅未克①会见时的 1/3。但是，现在不确定性又回升了，我们又一次受到核武器扩散的威胁。在对抗核威胁方面，我们的合作及比尔个人的努力一直持续着，我们特别注重教育青年们懂得核武器的危险和防止其被使用的途径。比尔除了在斯坦福大学为学生开设核安全课程外，还为全球广大青年主持网上的连线教育。

本书所生动叙述的比尔的历程还在继续，他积极地从事遏制核武器回潮的工作，并引导世界再次走上建设性的道路。在比尔追求禁核的征程中，他的夫人莉（Lee）② 总是在他身旁。常言道，每一位伟大的男人背后总是有一位伟大的女人，比尔与莉之间的爱情和紧密的伙伴关系就是一个证明。莉坚定地支持着比尔的禁核历程，同时完成了她自己的重要目标。她因努力改善美国军人家庭的生活质量而获得军队授予的奖章；她还被阿尔巴尼亚总统授予"教母特蕾莎奖章"③，以表彰她为改善阿尔巴尼亚军人医院的质量标准所做出的贡献。

---

① 雷克雅未克是冰岛首都，1986 年 10 月 11—12 日在此举行了美苏首脑会谈，戈尔巴乔夫提出大幅度削减战略核武库、中程核导弹和禁止核试验，以换取美国 10 年之内不在太空研发"星球大战"计划。里根表示美国绝对不能停止"星球大战"计划，会谈失败。——译者注

② 莉（Lee）是莉奥妮拉（Leonilla）的昵称。——译者注

③ 特蕾莎修女（1910—1997）是出生在前南斯拉夫的科索沃省的阿尔巴尼亚裔天主教徒。她主要在印度为贫困人民做天主教慈善工作，1979 年获诺贝尔和平奖。——译者注

乔治·舒尔茨（George P. Shultz）①。加州山景城（Mountain View）圣安东尼环形路 11 号 B 的照相馆，约瑟夫·伽拉珀洛（Joseph Garappolo）和克里斯琴·皮斯（Christian Pease）拍摄

比尔在其生涯的每一阶段展示了他对美国军人家庭成员福利的关注。他作为被征召的一名士兵而开始服役，所以他对每个士兵及每个士兵的家属的关怀完全出自其本人的内心。他理解战斗力与生活质量之间有着钢铁般牢固的逻辑关系，并且全心全意地赞成陆军总军士长②理查德·基德（Sergeant

---

① 舒尔茨在任里根总统的国务卿（1982—1989）期间，与中国达成了"八一七公报"，逐步减少美国对中国台湾的武器出售；与苏联达成了双方从欧洲撤出中程核导弹的协议。他认为封锁古巴是愚蠢的，应开放与古巴的关系。他的观点当时不被认同，现在奥巴马政府采取了他的主张。他在尼克松总统时期（1969—1974）曾任劳工部长、行政管理和预算局长以及财政部长，主持终止布雷顿森林体系和美元退出金本位。2008 年 1 月，他与佩里、基辛格、纳恩联名在《华尔街日报》发表文章《走向无核世界》（Toward a Nuclear Free World）。舒尔茨现在是斯坦福大学胡佛研究所的资深研究员，他出生于 1920 年，现已 96 岁，但仍活跃于政治和经济学界。——译者注

② 总军士长是美国各军种特有的职位，相当于少将级，他们在五角大楼有自己的办公室，将军们见到他们时都要敬礼。——译者注

Major Richard Kidd）的名言：“关心你的军队，他们将会关心你。”任何在军队服役过的人，例如我曾在海军陆战队服役，都知道必须把军队放在第一位。

比尔深刻改善军人家属生活质量的承诺反映在他看到军人营房，尤其是军属住所急需改善后所采取的行动中。在比尔开始处理军营问题时，他很幸运地拥有额外的一双眼睛和一对耳朵，他视察军营的同时，他的妻子莉与军人家属攀谈。他们的工作是一种坦率和新颖的“政府—个人伙伴关系”，其结果是国会于1996年授权大力改善和不断保持军营的质量。

比尔的这些突破性创举被克林顿总统铭记在心，总统在1997年比尔任期届满的告别仪式上授予其“总统自由勋章”，并致辞说：“比尔·佩里可以被记载为美国曾有过的最能干和最有效率的国防部长。”

参谋长联席会议（简称“参联会”）主席约翰·沙利卡什维利（John Shalikashvili）① 将军评价佩里是“非凡的公务员”，他说：

> 是的，佩里是极有天赋的人；是的，他是有巨大能量和感染力的人；是的，他极其关怀那些为他们的家庭而穿着我们国家军装的人们。但是，他首先和最主要的是意志坚定的人，他是做正确的事而不顾其付出的代价的人。

美国人民应该感谢比尔·佩里，他把毕生的精力奉献给国家的安全。这是一个他还在以高专业水平和能力及永不冷却的热情继续追求的历程。

乔治·P·舒尔茨

---

① 沙利卡什维利（1936—2011）出生于波兰的一个格鲁吉亚家庭，身份是无国籍难民，1952年移民至美国，通过看电影学会说英语，在大学获得机械工程学士和国际事务硕士。1958年加入美国籍后被征召入伍，1968—1969年参加越南战争。1993—1997任克林顿总统时期的参谋长联席会议主席，他是美国军队历史上唯一的外国移民担任此职位。离职时，获得“总统自由勋章”。——译者注

前 言

当代最严峻的安全威胁是一颗核弹在某个城市里有随时爆炸的危险。这是我的核噩梦，它来自我长期和深刻的经验。这个危险可能以下列情形发生：

一个秘密的小团体在一个秘密场所内操作普通的商用离心机设施，提纯足够制造一枚核弹的30公斤浓缩铀。

这个团体把这些浓缩铀运到附近的秘密地点。那里的一支专业技术队伍用这些浓缩铀在两个月内组装成一枚简陋的核弹，并将其安放在贴着农用设备标签的一个箱子里，运到附近的机场。

一架机身标有民用航空公司的运输机把这个箱子运到一个国际机场的货物转运枢纽，在那里把箱子转放到另一架飞往华盛顿 D. C. ①的货运飞机上。

————————————

① 美国首都华盛顿全称是"华盛顿哥伦比亚特区"（Washington, District of Columbia），通常简称为华盛顿 D. C. 或 D. C. ，因为美国以华盛顿命名的还有西北部的 1 个州（华盛顿州）、31 个县、20 多个市和 240 多个镇。在行文中已明确是指首都华盛顿 D. C. 后，才可以简称华盛顿。——译者注

这架货运飞机降落在华盛顿的杜勒斯国际机场，这只箱子被送到华盛顿东南区的一个库房里。

这枚核弹被从箱子里取出装载到送货的卡车上。

一名自杀者把这辆车开到国会大厦（众议院正在那里开会）与白宫之间的宾夕法尼亚大道上，在上午11点钟引爆核弹。

核弹的当量是1.5万吨TNT炸药。白宫、国会大厦及两者之间的一切建筑都被摧毁。8万人立即死亡，其中包括在爆炸现场的总统、副总统、众议院议长和320名众议员。10万以上的人受重伤，没有医疗设施救护他们。华盛顿的通信设施，包括移动电话的中继站，全部失效。有线电视新闻网CNN播放华盛顿被炸毁的视频，并报道说，它收到一个信息声称，还有5枚核弹藏在美国的5个城市，在今后5个星期内每星期引爆一枚，除非美国驻扎在海外的军队立即全部撤回。股票市场行情在10分钟内狂跌，一切交易停止。国家陷入恐慌，人们如潮水般涌出主要城市。整个美国的生产活动停滞。

国家还面临着宪法危机。总统的职务临时由参议院的议长代理，核弹爆炸时他正在梅奥（Mayo）医学中心①治疗胰腺癌，不能回到处于军事管制的华盛顿。国防部长和参谋长联席会议主席也已被炸死，当时他们正在出席众议院军事委员会关于他们提交预算的听证会⋯⋯

我们很难接受——然而我们必须想象——这个假设性情境的灾难性后果。这只是用来阐明问题的一个例子。如果一个恐怖组织从朝鲜或巴基斯坦买到或偷到一枚核弹，或者从储存着高浓缩铀或钚却没有足够防卫措施

---

① 梅奥是美国南北战争时志愿参加北军的一位英国医生，1863年他在纽约州的罗彻斯特市创建梅奥医学中心。现在，它被国际医疗界评为世界最佳医院的第二位。这里治疗过里根总统的阿尔茨海默症、福特总统安装心脏起搏器、老布什总统夫妇的4个股骨头置换。——译者注

的国家之一偷到核反应堆中的裂变物质，其结果就与上例相似。

在某个城市引爆一枚核弹的危险是确实存在的。然而，虽然这个灾难会导致比"9·11"事件严重数百倍的伤亡，公众对此却只有模糊的意识。其结果是，我们现有的措施不足以应付即使是小规模核攻击导致的灾难性后果。

本书旨在把我们面临的严峻危险告诉公众，并敦促各国政府采取措施以大大降低这种危险。我讲述的是，我把自己生活中必不可少和超越一切的目标转变为确保核武器永不再被使用。

我的特殊经历使我敏锐地认识到核危险，并思考几乎不可想象的核战争后果。我对于使用战略核武器的各种可能选择有第一手经验，特别是接触过绝密的内情，而这些使我具有独特的、冷静思考的优势，进而可以得出结论：核武器不再给我们提供安全，而是给安全提供危险。我认为，作为知情者，必须把自己了解的这些危险告诉公众，并且必须让公众知道我对该问题的想法，即该做些什么才能使未来几代人摆脱逐年增长的核危险。

在整个冷战和大量构建核武库的年代里，世界曾面临由于误算或偶发事故造成核灾难的前景。我认为这些危险从来不只是理论上的。我曾在古巴导弹危机时做过分析员的工作，并且此后在国防部担任过3个高级职位，这个经历使我每日与这些令人恐怖的可能性有密切接触。

虽然这些核危险随着冷战结束而消退，它们现在却以一种令人警觉的新伪装回来了。自世纪之交以来，美国与俄罗斯之间的关系变得日益紧张。由于俄罗斯在常规力量方面远远不如美国和北约国家，因此它的安全依赖于核力量。俄罗斯感觉自己受到北约扩展至它的边境及美国在东欧部署导弹防御系统的威胁，其言论日益具有敌意。它的敌意论调是以大规模改进其核力量——新一代的导弹、轰炸机、潜艇及这些运载系统上的新型核弹头——作为支持的。最不祥之兆是它抛弃了"不首先使用"政策，并声称准备用核武器对付它感受到的威胁，无论是核威胁还是常规威胁。越来越令人担忧的是，俄罗斯可能由于严重的误算而认为它的安全取决于先发制人地使用核武器以对付紧急情况。

除了这个日益增长的危险外，我们还面临着冷战时代未曾有过的两个新危险：地区性核战争，例如印度与巴基斯坦之间的核战争，以及核恐怖袭击，如我在本文开端描述的那样。

我在 1996 年（即我任国防部长的最后一年）的一段经历使我认识到核恐怖威胁是实际存在的。一辆卡车上的炸弹在沙特阿拉伯的霍巴大厦（Khobar Tower）军营附近被引爆，19 名空军人员被炸死，假如恐怖分子能把他的卡车开到离军营更近的地方，数百名空军人员可能被炸死（就像 1983 年在黎巴嫩发生的炸死 220 名海军陆战队员那样）。美国不知道是谁组织了这次袭击，但是我们知道其目的是迫使我们从那个国家撤军，就像黎巴嫩的那次袭击后美国撤军那样。

我认为我们在沙特阿拉伯的使命是重要的，如果在这种形式的压力下撤军将是严重的错误。所以，在沙特国王法赫德的合作和支持下，我们把美国空军基地搬迁到远处，确保我们军队的安全并继续执行我们的使命。我发布了声明，宣布这个搬迁，我们将严密地防卫我们的新基地，恐怖集团将不能阻止我们完成在沙特的使命。

一个名叫奥萨马·本·拉登（Osama Bin Laden）的人在互联网上刊载了对我的新闻发布会的反应，他号召发动对驻沙特阿拉伯的美军的圣战，并附有针对我个人的古怪而有威胁性的诗篇：

啊，威廉，明天你将被告知，

年轻人将面对你狂妄自大的对手，

一个小伙子微笑着投入战斗，

并且带着沾染血迹的长矛回来。[1]

5 年后，在 2001 年 9 月 11 日，全世界更多地知道了本·拉登，我也明白了他发信息给我的全部含意。随着分析家们加强对本·拉登的恐怖集团"基地组织"的研究，他们认识到，这个组织的使命不仅是杀害数千名美国人（如它在"9·11"事件中做的事），而是要杀害数百万人，而且它要努力得到一枚核武器。如果基地组织得到核武器，我毫不怀疑他们将用于对付美国人。

如果我们现在不采取预防措施，我前面戏剧性描述的核噩梦可能成为悲剧性的现实。这些预防措施是众所周知的，但是没有公众介入就不能付诸实践。本书解释了这些危险，并阐述了能大大减少这些危险的措施。

我的内心依然充满希望，我们能扭转危险日益增长的趋势，并提供我的最佳建议：该怎样去扭转。公众只有深刻了解危险是怎样的现实和紧迫，才会愿意按这些建议去做。

威廉·J·佩里

致 谢

　　我在本书中阐述的事件构成一个"选择性的回忆录"，记录了我在核时代的成长，我在它的形成和被遏制过程中所起的作用，以及面对今日这些核武器呈现的威胁，我的思想是如何转变的。在几十年的长期历程中，我的妻子莉给予我莫大的支持，而且还有许多优秀的人士同我一起工作，他们和我都承诺要使世界更安全。我感谢他们所有人，特别是那些帮助我实现出版本书愿望的人们。

　　为了有助于出版本书并利用本书编写教学材料，我在美国核威胁倡议组织（Nuclear Threat Initiative，NTI）① 之下成立了"威廉·J·佩里计划"。NTI 的最高领导层——萨姆·纳恩、琼·罗尔芬（Joan Rohlfing）和黛宝拉·罗森勃鲁姆（Deborah Rosenblum）——从一开始就支持我的观点并提供鼓励、财务管理及他们懂行和能干的工作人员。如果没有下列人士巨大的私人支持，我的"计划"不可能问世，这些人士包括：道格拉

---

　　① NTI 是由特纳（Turner，有线电视新闻网 CNN 创办者兼时代华纳公司董事长）和参议员纳恩于 2001 年成立的一个无党派、非营利的组织。它的主旨是研究和提倡在国际新形势下如何防止核武器的扩散和使用，其范围也包括生物和化学武器。——译者注

斯·格里逊（Douglas C. Grisson）、伊丽莎白·霍尔姆斯（Elizabeth Holmes）、大林和乔伊丝·徐（Ta-lin and Joyce Hsu）、弗莱德·伊斯曼（Fred Iseman）、皮契和凯茜·约翰逊（Pitch and Cathie Johnson）、约瑟夫·坎普夫（Joseph Kampf）、郑和辛娣·金（Jeong and Cindi Kim）、马歇尔·梅多夫（Marshall Medoff）、马克·佩里（Mark Perry）和梅拉妮·裴娜（Melanie Pena）。我很感谢他们的慷慨支持。

这个计划的另一个主要合作伙伴是斯坦福大学：它的国际安全与合作研究中心（Center for International Security and Cooperation，CISAC）和弗里曼·斯鲍格利国际问题研究所（Freeman Spogli Insititute，FSI）。它们为我们提供了办公场所，与杰出的安全问题专家的日常联系，并创造了学术研究和共同为目标奋斗的氛围。我要特别感谢提诺·奎拉（Tino Cuellar）、迈克尔·麦克福尔（Michael McFall）、艾米·齐加特（Amy Zegart）、戴维·雷尔曼（David Relman）和琳·伊登（Lynn Eden）。

斯坦福大学还帮助实现该计划的教育目的，它支持开设以本书为基础的试验性新课程，使我们能建立联网的教学材料。参与教学的斯坦福大学教授和学者有：玛莎·克雷绍（Martha Creshaw）、詹姆斯·古拜（James Goodby）、西格·海克（Zig Hecker）、戴维·霍洛韦（David Holloway）、拉维·培特尔（Ravi Petel）、斯各特·塞根（Scott Sagan）、乔治·舒尔茨和菲尔·陶勃曼。此外还有斯坦福大学请来的客座教授：阿什·卡特（Ash Carter）[①]、乔·西林克隆（Joe Cirinclone）、安德烈·库科申（Andre Kokoshin）和乔·马茨（Joe Martz）。

我根据记忆撰写本书。尽管已过去了 40、50 年，甚至是 60 年之久，

---

① 阿什·卡特是奥巴马总统第二任期最后两年的国防部长。——译者注

一些事件依然生动地存留在我的脑海里，就像是刚发生的那样。但是，我知道最好还是不要单靠我的记忆。因此，我十分感谢那些为本书而投入时间、专业知识、记忆力，核对事实，进行编辑和文字修饰的人们。

以下我称之为朋友的人都在我的生涯中起过重要作用，他们都同意为本书中的关键事件接受采访、提供观点和共同回忆细节。他们是：阿什·卡特、西特·德雷尔、柳·富兰克林（Lew Franklin）①、约舒华·戈特鲍姆（Joshua Gotbaum）、保罗·卡明斯基（Paul Kaminski）、保罗·克恩（Paul Kern）、迈克尔·利比茨（Michael Lippitz）、萨姆·纳恩、乔治·舒尔茨、拉里·史密斯（Larry K. Smith）、杰弗里·斯塔（Jeffrey Starr）和已故的阿尔贝特·威龙（Albert Wheelon）②。我很庆幸自己可以与这些有判断力和献身精神的人们合作。

我还要感谢五角大楼的安全评估办公室主任马克·朗格曼（Mark Langerman），他指导和帮助我的手稿迅速通过安全检查评估。

4 位杰出的青年军官，中尉罗伯特·凯叶（Robert Kaye），海军少尉泰勒·纽曼（Taylor Newman）、约舒华·戴维·华格纳（Joshua David Wagner）和托马斯·道特（Thomas Dowd），在斯坦福大学攻读学位的同时贡献了大量时间核对事实和文献摘引。根据这几位斯坦福大学顶级研究生所做的精细工作可以判断，我们的军队掌握在优秀者手中。

在这个计划的早期，我们召集了一个本科生顾问委员会，研究关于核武器的危险信息，并提出如何使他们这一代人介入这些问题的建议。他们是：

---

① 富兰克林是 ESL 公司（电磁系统实验公司）最有创意的工程师之一，后来兼任斯坦福大学国际安全与合作研究中心的客座研究员。——译者注

② 威龙（1929—2013）是中情局第一任科技情报处长，4 年后离任到休斯飞机公司主管研制第一代间谍卫星和通信卫星；那时美国的通信卫星几乎都由休斯公司制造。——译者注

克莱尔·柯贝格（Claire Colberg）、伊莎贝拉·盖波洛斯基（Isabella Gabrosky）、贾雷德·格林斯潘（Jared Greenspan）、泰勒·格罗斯曼（Taylor Grossman）、丹尼尔·哈雷西（Daniel Khalessi）、海登·帕杰特（Hayden Padgett）、卡梅丽·皮斯（Camille Pease）、拉奎尔·萨克斯（Raquel Saxe）、萨希尔·沙赫（Sahil Shah）和皮亚·乌尔里奇（Pia Ulrich）。他们鼓励我们建立网上在线教育项目。我非常感谢他们对我们计划的关注和奉献。

我还要特别感谢这个计划的员工们：黛宝拉·戈登（Deborah C. Gordon）、克里斯琴·皮斯（Christian G. Pease）、戴维·佩里（David C. Perry）和罗宾·佩里（Robin L. Perry）。他们是一个巧干、能干、苦干的成功组合，奉献于教育和吸引公众关心核危险。我特别感谢罗宾，她是办公室主任及本书的编辑，没有她的耐心、智慧和编辑能力，我永远不可能走得如此远。

辛娣·金和马克·佩里提供了关键的法律指导。艾米·伦纳特（Amy Renert）、菲尔·陶勃曼、琳·伊登和戴维·霍洛韦提供了宝贵的编辑和出版建议。我感谢斯坦福大学出版社信任本书价值的杰弗里·本恩（Geoffrey Burn）、管理本书出版过程的专家约翰·费内龙（John Feneron）和精心制作版面的马丁·汉福特（Martin Hanft）。

最后，我深深感谢艾尔·克拉克逊（Al Clarkson），他是我从前在斯坦福大学FSI（以弗里曼·斯鲍格利命名的研究所）时的同事和长期的朋友，他恰巧是一位小说家，在文学方面很有造诣。从本书的初稿开始，艾尔就一直在我身边，宁静地给罗宾和我提供反馈，并通过他的评论、对叙事体的感觉和实质性编辑，指导我们把书撰写得更好。在艾尔与罗宾的帮助下，我无须再对本书多做编辑梳理。

威廉·J·佩里

缩 写 词

ABM	反弹道导弹
ACDA	军备控制与裁军署
ALCM	空中发射巡航导弹
AWOL	擅离职守
BMD	弹道导弹防御
CIA	中央情报局
CISAC	国际安全与合作研究中心（以前的国际安全与军备控制中心）
CPA	注册会计师
CPD	当前危险委员会
CTBT	全面禁止核试验条约
CTR	合作降低威胁
DARPA	美国国防部高级研究计划局
DDR&E	国防研究与工程局局长
DMZ	非军事区

DoD	国防部
DPRK	朝鲜民主主义人民共和国（简称朝鲜）
DRC	国防改革论坛
ERTS	地球资源技术卫星
ESL	电磁系统实验室
FSI	斯坦福大学以弗里曼·斯鲍格利命名的研究所
GMAIC	导弹和航天情报委员会
GPS	全球定位系统
GTE	通用电话电子公司
H&Q	汉博奎斯特风险投资有限公司
HLG	高层团
HP	惠普公司
IAEA	国际原子能机构
IBM	国际商业机器公司
IC	集成电路
ICBM	洲际弹道导弹
Joint STARS	联合监视目标攻击雷达系统
LANL	洛斯阿拉莫斯国家实验室
LMSC	洛克希德导弹和空间公司
LWR	轻水反应堆
MAD	互相确保摧毁
MAED	互相确保经济摧毁
MIRV	分导式多弹头

NASA	美国国家航空航天局
NATO	北大西洋公约组织
NCO	非委任军官
NORAD	北美防空司令部
NPIC	国家照片解读中心
NPT	《核不扩散条约》
NSA	美国国家安全局
NSC	美国国家安全委员会
OMB	美国行政管理和预算局
PFP	和平伙伴关系计划
RPV	遥控飞行器
SALT I & II	第一轮和第二轮战略武器限制谈判/条约
SDI	战略防御创新计划
SLBM	潜射弹道导弹
START I & II	第一阶段和第二阶段削减战略武器条约
TEBAC	遥测和信标分析委员会
TERCOM	地形匹配制导
UN	联合国
UNPROFOR	联合国维和部队
US	美利坚合众国（美国）
USSR	苏维埃社会主义共和国联盟

1 古巴导弹危机：一场核噩梦

对于从古巴向西半球任何国家发射核导弹，我们国家的政策认为这是苏联对美国的攻击，必须对苏联予以全面的报复性回击。

——肯尼迪总统1962年10月22日的全国广播[1]

1962 年秋季美丽的一天，就在我刚庆祝完 35 岁生日后一个星期，我的电话铃响了。那时，我是西尔凡尼亚电子国防实验室（Sylvania Electronic Defense Laboratories）主任，这个实验室是研发针对苏联核武器系统的高科技电子侦察系统的先驱。我和妻子莉及 5 个孩子住在加利福尼亚州帕洛·阿尔托（Palo Alto）的漂亮住宅里，那里风景如画。我们的生活过得很平静，但似乎即将被搅得天翻地覆。

电话是阿尔贝特·威龙（昵称"Bud"）打来的。他是我在政府评估苏联核能力的高级专家小组的同事。30 多岁的威龙是中情局科技情报处历来最年轻的处长，同时兼任导弹和航天情报委员会（Guided Missile and Astronautics Intelligence Committee，GMAIC）的主任，GMAIC 是一个对苏联的导弹和航天计划进行评估的专家团队。他请我到华盛顿商量事情，我告诉他，我需要重新安排日程，并且在下个星期飞回来。"不，"他说，"我要立即见到你。"紧急的气氛使我担心。美国与苏联正处于螺旋式上升的核武器竞赛中。苏联在上一年刚违反了《部分禁止核试验条约》①，引

① 1963 年 10 月《部分禁止核试验条约》才生效，所以不能说苏联在 1961 年违反了禁止（ban）核试验。苏联违反的是《暂时停止（moratorium）核试验协议》（此处原书有误，作者同意再版时更正）。美、英、苏在 1958 年 11 月达成暂时停止核试验的协议。1961 年 8 月 31 日赫鲁晓夫宣布退出这个协议，第二天就开始了新一轮的核试验，包括 1961 年 10 月苏联在北极地区新地岛试验代号为"伊凡"的 5 000 万吨 TNT 爆炸当量的氢弹。历史上，印度总理尼赫鲁 1954 年 4 月就在联合国大会上提出禁止核试验的建议。印度却反对 1963 年的《部分禁止核试验条约》（禁止在大气层、外层空间和水下进行核试验），法国和中国也没有签字。中国在 1964 年首次进行核试验；印度的第一次核试验是在 1974 年 6 月 18 日；巴基斯坦则在 1998 年开始核试验。1996 年的《全面禁止核试验条约》有 182 个国家签字，中国和美国已签字，但是都尚未经国内立法机构批准，印度未签字。由于未满足条约规定的必须有 4 个批准国，故该条约尚未生效。——译者注

爆了他们 5 000 万吨 TNT 爆炸当量的"魔鬼核弹"①。我搭乘夜航飞往华盛顿，第二天早上与他会面。

他向我展示了一些照片，未做任何解释。我立即认出照片所呈现的是苏联部署在古巴的导弹。我当时的反应是恐惧，这样的部署十分明显是在试图触发美国和苏联之间核交锋。研究核武器威力的经历告诉我，这种交锋将结束文明社会。

在此后的 8 天内，我与一个小团队一起紧张工作，分析每天收集到的数据，写成报告，由中情局局长直接呈交约翰·肯尼迪总统（President John F. Kennedy）。美国的战术侦察机每天早上在古巴低空飞行，针对已知的和可疑的导弹及武器库拍摄高分辨率的相片。侦察机回到佛罗里达②后，胶卷被交给军用运输机转送到纽约州北部的伊士曼·柯达（Eastman Kodak）公司③迅速处理。在黄昏前，处理过的胶卷被空运到我们的分析中心，它深藏在国家照片解读中心（National Photographic Interpretation Center，NPIC）内，分析员们在那里仔细分析和解读胶卷。

我轮流在两个团队工作，每个团队由两名技术分析员和 3 名相片解读

---

① 原子弹的原理是放射性重元素（铀 – 235 或钚）"裂变"。氢弹的原理是"裂变—聚变"，即利用原子弹裂变产生的高温高压使轻元素（氢和锂的同位素和化合物）聚合产生更大的能量。"魔鬼炸弹"的原理是"裂变—聚变—裂变"，即利用聚变产生的更高温和更高压使本来不能聚变的铀 – 238 也发生聚变，产生更多的能量。但是"魔鬼炸弹"重达 26 吨，不便于导弹运载，而且摧毁效力太集中，不如分散成 10 颗 500 万吨或 100 颗 50 万吨的弹头，所以苏联和美国都转而研制多弹头分导的核导弹。——译者注

② 佛罗里达州在美国东南部，其南端与古巴仅隔约 150 公里宽的海峡。——译者注

③ 伊士曼·柯达公司简称柯达公司，是乔治·伊士曼于 1880 年在纽约州的罗切斯特市成立的美国历史上最大的照相业公司，柯达胶卷曾垄断世界市场。20 世纪末，照相业进入数码时代，柯达公司也转营数码影像，如数码相机、摄像机、扫描仪及数码通信等业务。但是，由于比世界科技发展晚一步，柯达公司在 2012 年 1 月申请破产保护。2013 年依靠出售专利权给苹果、谷歌、脸书、亚马逊、微软、三星等公司，筹得 52.5 亿美元，偿清债务而复业。——译者注

员组成。这两个团队轮班独立工作，每个团队工作约 6 个小时后向另一个团队报告其发现，征询后者的评估。我们力图确定苏联部署的导弹的关键信息：它们有多少？是什么型号？它们需要用多少时间才能准备好发射？核弹头将在什么时候被安装到导弹上？

半夜时分，我们开始一起写报告给威龙，他往往在最后几小时内参加我们的评估工作。威龙立足于我们的相片分析和其他资料，如通信线路上取得的情报，在第二天清晨向肯尼迪总统及古巴事件的执行官们报告。威龙在报告后离开会议，而中情局局长约翰·麦科恩（John McCone）① 则留在那里讨论如何应对最新的事态发展。

我们把从古巴看到的及从苏联的导弹试验场侦察到的资料结合起来分析，很快就确认了这些导弹的型号及它们的射程和有效载荷。所以我们知道，这些导弹带着核弹头，能打到美国的大部分地区。我们的团队在几天之内就得出结论，这些导弹中的一部分能在几个星期之内就做好战斗准备。

在分析情报资料之余，我观看电视上播放的政治情景，肯尼迪总统命令我们的海军阻拦苏联船舶通过划定的界线，而苏联船舶在继续向古巴航行²。总统在对美国人民的讲话中毫不含糊地说出了什么是赌注，他明确地警告：从古巴向西半球任何国家发射核导弹迎来的将是对苏联的"全面的报复性回击"。

---

① 麦科恩（1902—1991）是著名的"冷战斗士"。早在 1956 年美国总统大选时，他就反对民主党候选人史蒂文逊提出的禁止核试验建议。他在 1958 年被艾森豪威尔总统任命为原子能署署长。在 1960 年美国企图推翻古巴的卡斯特罗政权的"猪湾（Pig Bay）事件"中，中情局组织的雇佣军大败，中情局局长杜勒斯被肯尼迪总统撤职，由麦科恩接任，直到他在 1965 年辞职。他在任中情局局长期间到处（包括古巴、智利、中美洲的厄瓜多尔和尼加拉瓜等）搞颠覆活动。——译者注

　　我能十分确切地理解"全面的报复性回击"的含义。因为在古巴危机之前的 10 年中，我一直在研究核弹爆炸的情景及其后果。在每天去分析中心的途中，我都在想象这是我在地球上的最后一天。

　　在这场核战争边缘的戏剧序幕中，我是一个参与者。但是，我只是一名小角色，对于总统团队的每日会议讨论没有第一手的了解。国防部长罗伯特·麦克纳马拉（Robert McNamara）① 及其他人对此已有许多叙述，尤其发人深思的是军队的首脑建议总统进攻古巴。我们只能推测总统团队将提出怎样的反建议，如果他们知道我们认出的 162 枚古巴导弹将运载的许多核弹头已经存在于这个岛上。

　　虽然古巴导弹危机并未引发战争，但我那时相信且现在仍认为，世界是由于运气好和处理得好才避免了核毁灭的灾难。

　　自那时起，我了解到的一切都增强了我的这个信念。回顾我们已知道的当时实际情况，我更清楚地看到，如果事件超出控制，世界就会遭遇被核战争吞没的巨大危险。例如，我们现在知道，驶近我们的封锁线的苏联船舶是有潜艇护航的，而苏联潜艇装备着核鱼雷。由于难以与潜艇通信，潜艇的指挥员被授权不经莫斯科批准就可发射核鱼雷。我们只是在这次危机的许多年之后才知道，苏联潜艇的指挥员之一曾认真地考虑过向迫使他的潜艇浮出水面的美国驱

---

　　① 麦克纳马拉（1916—2009）是共和党人，从政前曾任福特汽车公司总经理。在两位民主党总统肯尼迪和约翰逊执政期间（1961—1968）任国防部长。在他的任期内发生过古巴导弹危机、入侵古巴的猪湾登陆、东德建柏林隔离墙、越南战争升级、中印边界战争等事件。他曾提出以美国撤出驻土耳其的导弹换取苏联撤回驻古巴的导弹，给赫鲁晓夫一个体面结束古巴导弹危机的理由。他持反共、反苏、反华的立场，晚年曾写书为此忏悔。他在卸任国防部长后被任命为世界银行行长（1968—1981），他的立场有所转变，把世界银行（简称"世行"）贷款重点转为欠发达国家，从他上任时的每年 10 亿美元贷款增加到每年 115 亿美元。他去世后，世行行长佐利克在悼词中称：麦克纳马拉的"最重要成就之一是在中国发展的关键时刻开启了世行与中国的关系，无视诸多反对者的异议"。——译者注

逐舰发射他的核鱼雷。在艇上其他军官的劝说下，他才没有这样做。

在危机消退后，美国的许多新闻报道鼓吹美国的"胜利"，叫嚷赫鲁晓夫先"眨眼"[3]。这种流行的狭隘想法是似是而非的，正因赫鲁晓夫的后退才使世界免遭前所未有的灾难，而且这场危机导致了出乎意料的后果：加快了美国与苏联之间已在进行的军备竞赛。

赫鲁晓夫大概是由于在古巴被迫让步的举动，所以在 1964 年被列昂尼德·勃列日涅夫（Leonid Brezhnev）① 和阿列克谢·柯西金（Alexei Kosygin）② 所替代。勃列日涅夫誓言要使苏联永远不再处于核劣势地位，并加快了苏联秘密研制洲际弹道导弹（Intercontinental Ballistic Missile，ICBM）和核弹头的计划。

起初自满于"胜利"的美国国防部官员们不得不立即提升本已高度优先的技术情报收集工作，因为苏联的导弹与航天工程的规模和高精尖技术水平迅速提高。许多国防实验室，如我工作的那个实验室，都忙碌起来，它们的业务量增长直接与我们国家和世界的危险增长相关，这是萦绕于我们这个行业人们心头的一种两面性增长。

古巴危机显然是核时代的一段标志性历史。它最不可忘却和令人震惊的方面是以历史性罪恶作为赌局，古巴导弹危机无可置疑地使我们来到核

---

① 勃列日涅夫（1906—1982）在 1964 年以政变方式推翻赫鲁晓夫并上台。他在 1968 年出兵镇压了捷克的"布拉格之春"后，提出社会主义阵营国家的"有限主权""社会主义大家庭"和"国际专政"等西方称之为"勃列日涅夫主义"的理论。他对西方采取进攻性战略，以美国为主要对手，将苏美合作主宰世界改为力求取代美国，独霸世界，大力扩展军力，核弹头数量超过美国。他在 1969 年 3 月通过苏联驻美大使提出要对中国实施"外科手术式的核打击"，尼克松揭露这一计划并斥之为"我们只是有能力毁灭世界，他们却是有胆量毁灭世界"。——译者注

② 柯西金（1904—1980）在赫鲁晓夫下台后担任苏联部长会议主席。他主张缓和与中国的关系，反对以苏联控制波斯湾石油通道为最终目标的入侵阿富汗；他拒绝在苏共中央政治局其他委员都签了字的入侵阿富汗决议上签字。——译者注

毁灭的边缘。在那场无可比拟的危机中，美国决策者们的知识往往不全面，有时甚至错误。

古巴导弹危机及其后，在一些想法中有一种不现实的特色，老的思维模式与核武器时代的新现实不相容：双方的许多顾问要把我们投入核战争；媒体把这个危机描述成"胜"或"败"的戏剧；双方领袖们的政治决策似乎取决于他们对于开战的意愿；其结果是决定在降低军备和紧张局势方面——这在如此接近灾难之后本来是合理的——不合作，而是重启军备竞赛。

世界暂时避免了一场核浩劫。但是，从长远看——至少在似乎勉强地躲过了明显的危机后的喘息时刻，古巴导弹危机标志了一种正在增长的危险。在我经历了1962年秋天那几乎难忘的8天后，降低核武器的危险成为唯一深入我内心的挑战，似乎没有别的道路能召唤我。

古巴导弹危机对于我是一种召唤，它使我最终放弃研发侦察苏联核武库的高科技手段，转而领导五角大楼从事美国常规和战略力量的现代化，把维持核遏制推到次要地位，以及在后来从事促进国际合作计划，通过立法、全球外交和倡议以减少核武器。

2 天空之火

原子释放的能量改变了一切，除了我们的思维
方式，我们因此而滑向前所未有的灾难。[1]

——阿尔伯特·爱因斯坦，1946年5月23日

我怎么会在古巴危机期间被召到华盛顿去做情报分析工作呢？实际上，早在第一颗原子弹爆炸之前的 1941 年那个无耻的星期日①，我在核战争边缘的历程就已经开始了。那是最初的扰动，它使我此后的生活涵盖了服兵役、研发用于冷战的侦察系统、在政府部门工作、在大学教书和从事外交工作——这些工作的大部分都以降低核威胁为目的。当然，我在那个遥远的星期日不可能预见这条生活道路，不可能知道在自己达到法定成年年龄时②人类制成了一种能够根本性地改变人类处境的武器，也不可能知道迎接这个前所未有的对文明的挑战将成为我永恒的关注。

　　那个历史性的星期日在我刚满 14 岁的时候来临。那天，我正在宾夕法尼亚州（Pennsylvania，简称"宾州"）的巴特勒（Butler）③ 一位朋友家做客，他的兄弟冲进来大叫："我们跟日本开战了！他们刚轰炸了珍珠港！"同日本开战已酝酿了一年多，许多广播电台的评论员们预言它即将发生。14 岁的我立刻做出反应：我要作为陆军航空兵④的飞行员投入战争，但是我担心战争将在我达到服役年龄前结束——后来果然如此。

　　我在 1944 年 10 月满 17 岁时开车到匹茨堡（Pittsburgh）⑤，通过了

---

　　① "无耻的星期日"是指 1941 年 12 月 7 日本偷袭珍珠港，罗斯福总统在那时对美国人民的广播讲话中把这一天称为"无耻之日"（The Day of Infamy）。——译者注
　　② 美国法定的成年年龄是 18 岁；佩里出生于 1927 年，他达到法定的成年年龄时恰好是美国第一颗原子弹在新墨西哥州沙漠试爆成功的 1945 年。——译者注
　　③ 巴特勒位于宾州西部，是佩里的出生地，他毕业于巴特勒高级中学。——译者注
　　④ 那时，空军在美国不是一个独立的军种，而是附属于海军和陆军的兵种。——译者注
　　⑤ 匹茨堡位于宾州西端，该地区曾是美国钢铁业中心，后来萧条为"生锈地带"（Rust Belt）。——译者注

陆军航空兵的士官学校的招生考试和效忠宣誓。我暂时回家等待，陆军认为将在约 6 个月内开学。我在此前已高中毕业，因此我在被征召前还可以读一个学期的大学课程。1945 年 5 月，正当我在卡内基技术学院（现在的卡内基·梅隆大学）读完我的第一学期时，陆军终止了航空兵的士官教育，发给我一个荣誉退役证，尽管我未曾实际服役一天。我又读了两个学期的大学课程，然后在满 18 岁时应召到陆军工程兵部队服役。这个部队对我进行制图培训，并派我到驻日本的占领军，在东京的郊区接受训练。

我阅读过的关于战争的资料未能使我对于在东京看到的巨大破坏有思想准备。这个一度是大都市的地区大部分被摧毁了，几乎每一座木结构建筑都因受燃烧弹的攻击而焚毁。幸存者们住在烧残了的废墟中，依靠占领军分发的少量劣质配给品生存。

经过两个月的训练，我们这个连队搭乘坦克登陆舰去冲绳岛，为那个岛屿制作高精度的地形图。冲绳岛是第二次世界大战中最后一场大型战役发生的地方，战斗十分血腥，近 20 万日本军人及平民丧生。美军的伤亡虽然少得多，但仍然可怖，他们之中有许多人死于日本兵的自杀式攻击。

我永远忘不了在冲绳岛首府那霸市（Naha）登岸时看到的景象。在这个曾经繁华的城市中没有一座未倒塌的建筑。幸存者们住在帐篷里或瓦砾中。这个"茂盛的热带景色变成了充满一大片泥沼、炮弹皮、废墟和蛆虫的场地"。[2]在冲绳岛的最后战斗之处 Mabuni（汉语"系满"）①，树立了一座被称为"和平基石"的纪念碑，上面刻着已知的 24 万名死于激烈和

---

① Mabuni（汉语"系满"）位于冲绳岛的南端，日军司令官和参谋长于 1945 年 7 月 26 日在此处的岩洞中切腹自杀，结束了冲绳之战。——译者注

在冲绳岛战役中被战争摧毁的首府那霸市。美国海军陆战队阿瑟·海格（Arthur Hager）拍摄

可怕的战斗的日本人姓名。

在东京及那霸，年轻的我目睹了前所未有的现代战争破坏力。我见证了战争暴力的局部历史，这是一段使人思想改变的经历，是数百次空袭时投下成千上万枚炸弹造成的破坏。而在广岛和长崎，类似的破坏只需用一枚炸弹。我深刻地明白了，我们已具有制造难以想象的恐怖和废墟的新能力，这个能力改变了一切。

见证这样的破坏力不可扭转地决定了我的生活目标。令我印象深刻的是，我们的世界在核时代面临着过去从未见过的邪恶危险：不仅是摧毁城市，正如在第二次世界大战期间多次发生过的那样，而且是终止我们的文明。我开始明白，当爱因斯坦说："原子释放的能量改变了一切，除了我们的思维方式"时，他所指的是什么。但是，我的思维已经开始改变。

我在 1947 年 6 月完成了在军队的服役。虽然破坏力的形象依然存在于我的记忆中，我还是准备把战争年代遗留在我的身后。我希望战后有一个和平和繁荣的新世界，并急于重新缔造我的青春期生活。我回到学校并重新燃起我与莉·格林（Lee Green）① 的亲密关系，她是我在高中时期的爱人，我们于 1947 年 12 月 29 日在莉的家里举行了结婚誓言礼。虽然我们深深相爱，但我那时不可能知道这个终身的结合将会给我的生活带来如此深远的影响。我们共享着持久的爱情和坚定的伙伴关系，它支撑着我俩在个人经历中应对许多挑战。

莉和我按各自的课程计划完成学业，但是我们不想长期待在东岸②。我要到斯坦福大学去攻读学位。我从日本服役回来在旧金山码头下船时被这个湾区的美丽景色所吸引，并且觉得在这里每个事物都是新颖的，任何事情都是可能的。于是，我根据《军人安置法案》（G. I. Bill）③ 申请转学到斯坦福大学，莉和我在 1948 年夏天开车横穿整个美洲大陆，开始我们在加利福尼亚州的新生活，我在这里的斯坦福大学拿到了数学学士和硕士学位。

数学的纯洁和美丽及斯坦福大学的学者们使我走火入魔。但是，我的退伍军人待遇在我取得硕士学位时到期了，且家庭成员增加却没有独立的收入来源，所以我负担不起继续待在斯坦福大学的费用。我在爱达荷（Idaho）大学④担任了一年的数学辅导员，同时探索攻读博士学位的各种途

---

① 莉（Lee）是莉奥妮拉（Leonilla）的昵称，格林是她婚前的家族原姓。她在婚前的全名是莉奥妮拉·玛丽·格林（Leonilla Mary Green），与佩里结婚后按习惯保留原姓而成为莉奥妮拉·格林·佩里（Leonilla Green Perry）。——译者注

② 佩里及其妻子莉的原籍在美国东部的巴特勒（Butler）。他们一起毕业于巴特勒高级中学。美国人习惯把东部濒临大西洋岸的各州称为"东岸"，西部濒临太平洋岸的各州称为"西岸"。实际上，巴特勒位于宾夕法尼亚州的西端，距大西洋岸约 350 公里。——译者注

③ G. I. Bill 是美国国会于 1944 年制定的《军人安置法案》（Servicemen's Readjustment Act），它给第二次世界大战的美国退伍军人提供免费的大学或技校教育及一年的生活补助。此法案也适用于和平时期服役期满的退伍军人。——译者注

④ 爱达荷州位于美国西北部，它的西面是太平洋岸的华盛顿州，东面毗邻怀俄明州著名的黄石国家公园。爱达荷大学所在的城市恰巧名为"莫斯科"，该名称源自早期的俄罗斯移民。——译者注

径。这些探索之一有了令人满意的结果：我可以在宾州州立大学①教数学，同时攻读博士学位。

在宾州州立大学，除了做我的博士研究和每学期教 3 个班的数学外，我还开始在当地的一家国防企业哈勒·雷蒙·布朗（Haller，Raymond & Brown，HRW）公司打半天工。虽然我是为了经济需要而从事这项国防业务，但我很快发现自己喜欢把数学造诣用于解决国防方面的难题，而且做得相当好。

我开始我的博士研究生计划，旨在成为一名数学教授。但是世界上继续发生着邪恶的事件，这对于我的宗旨来说是个不好的背景。就在我即将拿到博士学位的前两个星期，朝鲜战争爆发了，而且冷战及大量增加的核武器开始真正较量。

我可以把朝鲜战争与我的个人经历相联系：我在冲绳岛见过的战争后果可以与当时正在朝鲜展开的战争相比。而且，我预期很可能会被征召去参加这场战争，因为我在斯坦福大学时曾参加过退伍军人进修的 ROTC② 课程并被授予美国陆军后备役二级中尉衔。但是，我未被征召，因而得以继续攻读我的博士研究生课程。

在宾州州立大学的岁月里，我越来越关心我们国家面临的日益增长的危

---

① 宾州州立大学在该州有 24 个校区，其主校区位于该州中部，教研质量排名很高，被称为"公立的常青藤大学"（常青藤大学是美国东北部 8 所顶尖的私立大学，如哈佛、普林斯顿、耶鲁、哥伦比亚、宾州大学等）。美国各州的公立大学分为两类：一类称为某州大学，如上述爱达荷大学，还有加利福尼亚大学等；另一类称为某州的州立大学，如上述宾州州立大学，还有加州州立大学等。州立大学对于本州的居民免费。宾州大学是私立大学，宾州州立大学则是公立大学。——译者注

② ROTC 是 Reserved Officer's Training Corps（预备役军官训练团）的缩写。它设立在各大学内，吸收优秀的大学生（美国公民或有永久居留权的绿卡持有者）参加，有奖学金，还可以免学费。——译者注

比尔夫妇 1949 年在斯坦福大学

险，因为我们要对抗好战和侵略成性的苏联。他们在 1949 年爆炸了第一颗原子弹，在 1963 年成功地试爆了一颗氢弹。我知道这是多么深远的变化。我们在广岛第一次看到原子弹的恐怖，它的破坏力比常规炸弹大 1 000 倍。我们试验过那时新出现的氢弹，其破坏力是投在广岛的原子弹的 1 000 倍。所以，在短短的 10 年内，人类使破坏力增加了 1 000×1 000 倍，即 100 万倍，这是几乎难以想象的破坏力。

在一场使数千美国人死亡的战争中，帮助过朝鲜的苏联现在也有了这样的破坏力。在我看来，每一项新发现使未来显得更加危险，这使我重新考虑我的职业选择。在 1953 年年中，当一家新的国防实验室在距离斯坦福大学仅几英里①的加利福尼亚州山景城（Mountain View，该地后来发展成为硅谷的中心）开设时，我决定选择它作为自己生活的道路。这是军队为了研究防御苏联正在发展的核导弹而设立的。在宾州州立大学办好离校完成博士论文的手续

①　1 英里约等于 1.65 公里，1 英尺约等于 0.3 米。——译者注

后，我申请了这家新实验室的工作，得到了一个高级研究员的职位。1954 年 2 月，莉和我把孩子们塞进我们的"woodie"（木质车身）旅行车，又一次横跨美国驶向加利福尼亚，回到斯坦福大学所在的地区，在那里我向西尔凡尼亚电子国防实验室报到。我在那里深度参与了绝密的侦察项目，它构成了我的国防事业生涯的一部分，使我卷入了古巴导弹危机，并开启了我对于核武器作为致命遗产的思想演变。

今天已经很难理解秘密的冷战年代的那些精神。对苏联核威胁的关键细节方面的无知导致悲惨的不安全感。由于曾担心苏联正在寻求获得"先发制人"的能力，所以必须知道苏联核力量的更多细节——它的数量、部署和性能。为了避免悲剧性的军事误算，并更好地管理军备开支，美国急需立足于那时尚未完全掌握的强有力的新技术以研发新的侦察能力。

在此后几年里，我着手应对这项有巨大影响的挑战。

3 苏联导弹威胁加剧，
急需了解其性能

> 重要的不是到处散布核武器的恐怖，使战争太
> 吓人而不可考虑；重要的是难以取得双方都严守秘
> 密的细节：核武器的威力有多大、有多少核武器、
> 它们瞄准何处，还有它们的突防概率如何。
>
> ——托马斯·鲍尔斯，《情报战》[1]

在我力图降低核危险的历程中，最初几步是为了获取"难以取得……的细节：核武器的威力有多大"。第二次世界大战的历史性暴力及战时的两大盟友美国和苏联在战后的互相敌视未能缓解反而日益增长，这样形成的国际局势比任何时候更危险。两个超级大国之间的军备竞赛使制造和积累破坏力越来越大的核武器的势头无止境地上升。秘密和敌对的氛围限制了双方主动提出无偏见的倡议及扭转放任地增加核武库"超杀"能力的任何可能性。为了防止"核末日"，只有一个阴郁的实用主义信条：互相确保摧毁（Mutual Assured Destruction，MAD）①，即双方那些"常有理和全明白"的人士们建议的共享恐怖及碰运气。

美国对于苏联分布在其横跨 11 个时区的巨大国土上的导弹和航天计划知之甚少，这导致在 20 世纪 60 年代的全国性争论：我们与苏联相比是否有"导弹差距"。我们需要知道得更多，不仅要知道苏联导弹武器的规模和部署，而且要知道它们的性能——射程、精度、能运载的弹头重量（即有效载荷）及其他的关键数据，这就要求在侦察技术方面进行改革。

需要新的高科技侦察手段的理由是复杂的。但是，一个重要的战略性考虑是：苏联洲际弹道导弹（ICBM）打击目标的精度及其核弹头当量是否能在第一次打击时摧毁我们用于报复的陆基核武器，它们通常部署在（有加固防护的）"硬"设施中，难以像"软"目标那样被摧毁，例如城市。理论

---

① "MAD"在英语中的意思恰巧是"发疯"，而英语的"红色"是"Red"。所以，当时在西方曾有个押韵的戏谑说法："Better Red than MAD"（"宁可红，不要疯"），即宁可接受共产党统治，也不要同归于尽的互相确保摧毁。——译者注

上，如果苏联能在第一次打击中威胁美国的陆基核武器，那么互相确保摧毁的恐怖平衡将失去其可靠的遏制力，因为美国报复性反击的破坏力将被大幅度降低，从而将鼓励苏联动武，使美国处于灾难性的危险之中。同样地，如果苏联研发和部署有效的防御核攻击的系统，五角大楼的一些人将为我们的遏制能力被减弱而担忧，因为苏联的有效防御将削弱美国报复的威慑力。

冷战期间，美国在侦察方面的成功——它为我们提供生死攸关的信息，虽然它并不保证安全——是那个时期减少核灾难威胁的基本手段，因为它"使战争太吓人而不可考虑"。

这是一个进步。更好地了解核威胁程度可以约束对"最坏情况"的估计，从而可能限制日益增长的军备竞赛的规模和步伐。而且，更好地了解可以引导在未来与对方有更大的合作，因为军备竞赛，特别是"盲目"竞赛的巨大开支将削弱这两个核强国。就美国的冷战侦察技术而言，需求确实是发明创造之母，它导致非凡的发明创造和情报成果。

我在这一阶段的历程开始于1954年，那时，我在加利福尼亚州山景城的西尔凡尼亚电子国防实验室得到一份高级研究员的工作。我的最初项目之一是评估用电子对抗系统干扰入侵的苏联洲际弹道导弹的导航信号。我们知道苏联人已经在研发带核弹头的洲际弹道导弹，它用无线电波导航①，使导弹准确打击美国目标。在研制干扰器之前，我们必须解决两个

----

① 苏联利用缴获的德国 V–2 弹道导弹技术仿制了 R–1（即 V–2）和研制了 R–2 中程导弹。这两种导弹继承了德国 V–2 导弹的无线电波横向导航以减少导弹主动段（即发动机工作时）弹道的横向偏差；纵向导航（即减少射程偏差）不是用无线电波，而是用惯性导航，只不过那时的惯性器件（加速度表）是一个电解积分仪。1954 年苏联开始研制的导弹 R–5 完全是惯性导航，不用无线电波导航，仅仅在飞行实验时发出遥测信号，供地面监测站验证其导航的精确度。佩里侦察到的不是无线电导航信号，而是苏联导弹试飞时为检验弹道精确度而在被试的导弹上安装的遥测装置发射的无线电信号；真正的战斗弹不发出无线电信号，不可能通过无线电干扰使苏联导弹的导航失误。因此译者认为，本书下一段叙述有误。——译者注

主要问题：导航信号的技术参数及我们使苏联导弹的导航失误，降低其破坏力。

由于核武器具有巨大破坏力，因此令 ICBM 导航失误显然不能很大地降低其破坏力。如果干扰器能把导弹从波士顿误导到纽约，或者从匹茨堡误导到克利夫兰，那有什么意义？[①] 尽管如此，我还是针对大量的各种攻击情景分析了利用干扰器降低破坏力的统计概率。具有讽刺意味的是，我用的是斯坦·乌拉姆（Stan Ulam）[②] 和约翰·冯·诺依曼（John von Neuman）[③] 为氢弹设计的需要而开创的"蒙特卡罗"（Monte Carlo）统计算法[④]。[2]

我得出的一些分析结果在某些方面是有益的。它们明确地显示出有效的干扰可以使中等程度核攻击的预期杀伤力降低约 2/3。这就是说，如果干扰成功，美国将"仅有"2 500 万人的立即伤亡，而不是 7 500万人。虽然这个结论已经很悲惨，但它还是大大低估了这种攻击的全部后果：它没有包括核沉降物辐射导致的长期死亡及"核冬天"[⑤]，没有考虑到无法救治数千万的伤员，也没有考虑到我们的经济、政治和社会

---

① 波士顿在马萨诸塞州，距纽约约 250 公里；匹茨堡距俄亥俄州的克利夫兰约 150 公里。不可能通过无线电干扰使苏联导弹的导航有任何这样的失误。——译者注

② 乌拉姆（1909—1984）是波兰裔的美国数学家，他在参加研制第一颗原子弹的"曼哈顿计划"时，提出用随机事件出现概率的统计方法，即蒙特卡罗统计算法解决铀裂变链式反应问题。——译者注

③ 诺依曼（1903—1957）是匈牙利裔美国人，他首先提出计算机用二进位制、计算程序储存在计算机内的结构等，他被称为"现代计算机之父"。——译者注

④ 蒙特卡罗统计算法是根据随机事件的出现频率计算概率的统计方法，又称为"随机抽样统计法"。蒙特卡罗是赌国摩纳哥的一个赌城，由于赌博具有随机抽样统计性，所以借用赌城之名。——译者注

⑤ "核冬天"是指大量核爆炸导致灰尘弥天，遮挡阳光，使地球陷入长期的冬季，万物不能生长。地球早期历史上曾有过严重的火山爆发导致漫长的冬季，大量物种灭绝。——译者注

系统全面崩溃。直截了当地说，我们没有合适的量化办法用于评估全面核大战对人类文明社会的破坏。

我的计算本来是要为建立防御核攻击的系统提供理由，结果却使我认识到无法防御大规模核攻击。唯一有意义的防御是防止发生核攻击。

我得出的结论是，我们优先要做的不应是把资源倾注在无用的防御核攻击上，而应是防止发生核攻击。这个根本性的认识成为我长期从事国防事业的指导方针。

斯诺（C. P. Snow）在他的《科学与政府》（*Science and Government*）一书中曾恰当地评论过那些计算弹道导弹防御（Ballistic Missile Defense, BMD）系统对抗核攻击可以"挽救"数百万人生命的科学家们：

> 未来的人们将怎样看待我们？他们将说……我们是一群有人的思想的狼吗？他们将认为我们失去了人性吗？他们将有权这样说。[3]

在计算干扰苏联 ICBM 的有效程度时，我也在考虑如何确定它们的制导系统[①]的性能。我们的实验室研发了旨在截获苏联 ICBM 飞行试验时制导系统发出的无线电信号——军方在苏联周围设置了几个这样的监测站[②]。由于 ICBM 的飞行高度达到数百英里，其无线电信号源的位置比我们监测站所在的地平线高得多，无线电信号的覆盖距离通常超过 1 000 英里。

在苏联及美国的 ICBM 改为使用惯性导航（立足于高精度的加速传感

---

① 弹道导弹的控制系统（control system）包括制导系统（guidance system）和稳定系统（stabilizing system），前者保证击中目标的精确度，后者保证导弹在主动段飞行中不会翻滚。——译者注

② 在 20 世纪 80 年代初，亲美的伊朗国王巴列维被宗教领袖霍梅尼的伊斯兰革命推翻，美国失去了设在伊朗的监测站（监测苏联从哈萨克斯坦试验场发射的 ICBM）。在当时反对苏联霸权主义的背景下，中国政府允许美国在新疆的中苏边境设立监测站，监测到的数据由中美两国共享。——译者注

器）而不再需要截获无线电导航信号后，美国监测站采集的信号变得更加重要，这些信号是苏联导弹在飞行试验时发出的飞行性能遥测信号及其为沿导弹飞行路径跟踪导弹而发出的信标信号。截获和分析这些信号非常重要。苏联人用这些信号确定导弹是否达到他们的设计指标；反过来，我们利用这些信号确定什么是他们的设计指标。

我们在截获和分析这些信号方面取得了很大的成就。我们的地面站成功地截获了几乎每一次苏联 ICBM（及航天运载工具）飞行试验的遥测信号和信标信号。在冷战时期，截获这些信号以确定导弹性能的任务持续了许多年，这是一个美国不断地更新其了解苏联导弹系统性能的时期。解读（及采集和处理）数据的巧妙细节已超出本书范围，在此只是指出，我们不懈地坚持创造性解读工作，从而提高了美国对苏联导弹的射程、精度、部署和数量的了解。

由于这个问题的重要性和难度，政府需要把美国的官员们和从事此业务的政府合同承包商们召集在一起。于是，就由中情局（CIA）和国家安全局（National Security Agency，NSA）组建了"遥测和信标分析委员会"（Telemetry and Beacon Analysis Committee，TEBAC），使各种情报的收集者和分析者能共享信息并加快对苏联 ICBM 的评估。这个由精英们执行的高度机密活动在冷战时期防止美国误判方面起到了关键作用。TEBAC 向我们的高层决策者们提供关于苏联核武器的准确信息。当然，苏联人也会监视美国的力量。如果不是这样，双方将把对方按最坏情况做出评估，从而导致无止境地花费巨大代价增加核武库，并使已经很危险的军备均势变得更加危险。TEBAC 的责任是确定和大体上准确地描述那些最危险的苏联导弹。

虽然 TEBAC 至关重要，它却给不出苏联核武器的数量，特别是难以透过"铁幕"得知数量。早期最成功的尝试来自 U－2 侦察机高空飞越苏联广阔国土时拍摄的影像。U－2 从苏联导弹和航天工程的关键地区和设施收集影像资料。从 1956 年起的几年飞行任务中[4]，美国拍摄了关键地区——ICBM、反弹道导弹（ABM）和核试验场——的高分辨率照片。它每几个月飞行一次，为我们提供宝贵的情报。

1962 年 2 月阿尔瓦·皮契（Alva Pitch）将军授予佩里"陆军突出文职服务奖章"，奖励他确定苏联的信号频率、信号接受者及截取苏联信号的最佳方法。佩里的获奖使他此后被任命进入政府的科学与国防专家小组工作。来自通用动力公司 C4 系统分公司的档案［C4 系统是指空间对地面的指挥（command）、控制（control）、通信（communication）和计算（computation）系统。——译者注］

U－2 拍摄的照片被送到华盛顿后，由"国家照片解读中心"对其进行分析。若照片涉及导弹和核武器场所，则召集一个专家技术团队与照片解读者们一起工作。这个团队的成员随任务而变，但是几乎参与一切任务的成员有：阿尔贝特·威龙（来自航天技术实验室）、艾伯哈特·瑞克廷（Eberhardt Rechtin，昵称"Eb"，来自喷气推进实验室①）、陆军导弹司令部的卡尔·杜克特

---

① 喷气推进实验室附属于加州理工学院，我国著名航天专家钱学森曾在此工作。——译者注

（Carl Duckett）和兰迪·克林顿（Randy Clindon）、我在西尔凡尼亚电子国防
实验室的同事鲍勃·福萨姆（Bob Fossum）及我本人。我们的团队一起工作3
天，每天12个小时（因时间太长而被戏称为"塞车会议"）分析新的数据并
撰写描述和评估照片拍到的苏联武器的报告。情报界通常认为这种报告是对武
器分析的确定性报告。

1960年1月，苏联击落了一架美国的U－2，抓住了其驾驶员弗朗西
斯·加雷·鲍尔斯（Francis Gary Powers）①。我们的"塞车会议"就此
结束。

中情局痛苦地认识到U－2飞机的弱点，它已经在研发卫星照相侦察
系统。幸运的是，就在U－2被击落的那一年，这个代号为"日冕"（Co-
rona）的系统已经可以投入使用。日冕有一个U－2从来没有的功能：覆
盖广阔的面积。日冕能覆盖横跨11个时区的整个苏联领土，它每隔几个
星期进行一次有效拍摄，只要日冕的照相机不被云雾遮挡。但是，日冕缺
乏U－2的一项重要侦察能力，即后者的照相机能拍摄高分辨率的图像，
后来的照相侦察卫星针对这个缺陷进行了改进（菲尔·陶勃曼在他的《秘
密帝国》[5]一书中精彩地叙述了制造日冕的有趣故事）。

当我们正在为了解苏联导弹威胁的真实情况而工作时，有一个刺耳的声
音宣称苏联远超我们，我们与苏联之间存在着一个"导弹差距"。在那时充
满政治因素的氛围中，中情局局长艾伦·杜勒斯（Allen Dulles）在1959年
8月召集了一个以休斯飞机公司总裁帕特·海兰德（Pat Hayland）为组长的
专门小组（命名为"海兰德小组"）评估这个宣称的"导弹差距"。除了海

---

① 鲍尔斯在乌拉尔上空被苏联的新型地对空导弹击落。鲍尔斯跳伞逃生被俘。苏联提出抗
议，美国不知道鲍尔斯还活着，矢口否认。苏联出示活着的鲍尔斯，使美国大失颜面。多年后，
苏联用鲍尔斯换回一名被美国抓获的苏联高级间谍。——译者注

兰德之外，这个小组的成员还包括陆军导弹司令部、海军导弹部队、空军导弹司令部及喷气推进实验室的负责人们。除了这些德高望重的国防界"灰白胡须们"之外，海兰德邀请威龙和我，两个刚过 30 岁的"年轻人"参加，这使我们把"塞车会议"的专长带到海兰德小组，并使威龙和我处于为"老前辈"做顾问的地位。

我们花了约一个星期的时间审阅一切可用的数据，听取中情局、国家安全局和三军的情报分析家们的简报，互相之间进行广泛的讨论。我们的一致结论是：苏联的 ICBM 计划不是一项应急计划，它只有少量已经部署的导弹。这个几十年后才公布的报告认为，苏联有一项有效的 ICBM 计划，但是尚未部署大量导弹。这个报告说："该小组认为苏联的初始作战能力只有很少（10 枚）导弹可投入作战。"[6]

虽然海兰德小组的结论驱散了军队和政府高官们对苏联导弹优势的短期恐慌，但这些最近才解密的结论无法在那时用于缓解公众的担心。两个核超级大国的紧张气氛持续上升，并在 1961 年 10 月达到顶点。那时，苏联违反了暂停核试验的协议，引爆了"沙皇炸弹"（美国驻联合国大使阿德莱·史蒂文森①称之为"魔鬼炸弹"）。它的 TNT 当量是 5 000 万吨，这是试爆过的最大的炸弹[7]（我们现在知道这个"沙皇炸弹"实际上是 1 亿吨 TNT 当量的炸弹，把它的当量减小是为了避免损伤投放炸弹的飞机和减少放射性沉降物）。

这是我们经历过的最危险的核危机——第一章中谈到的古巴导弹危机——的背景。两个国家以那个危机为理由，不是放缓核军备竞赛而是

① 史蒂文森（1900—1965）曾任伊利诺伊州州长（1949—1953），两次代表民主党竞选美国总统（1952 年和 1956 年）都败给共和党的艾森豪威尔，他在 1961—1965 年出任美国驻联合国大使。——译者注

加快。

古巴导弹危机导致美国的整个国防工业得到大量的新合同，西尔凡尼亚实验室也不例外。收集技术情报成为政府的高度优先项目，国防实验室得以繁荣起来。

军备竞赛加速的标志之一是苏联人开始试飞两种型号的 ICBM，这导致美国情报界狂热地争论这些导弹的性能。空军的情报人员认为 ICBM 的新型号之一（SS－8）是专为运载 1 亿吨级当量的"魔鬼炸弹"而设计的，所以把评估它的性能作为最高级优先项目。

苏联的 ICBM 在试飞时通常把它有推动力的主动段①设计得低于我们的地面侦察站的无线电水平线，这大大地限制了我们的分析工作者确定其火箭发动机性能和导弹尺寸的能力。所以，陆军决定将遥测系统装在飞机上，并授权我们建立两套系统，一套放在土耳其，另一套放在巴基斯坦。

在 1963 年秋天，我飞到巴基斯坦检查那座新建系统。在那里的警报系统预料苏联即将试飞可疑的 ICBM 前几个小时，我刚到达白沙瓦（Peshawa）② 空军基地，说服了飞行员允许我跟随这次监视任务一起飞行。从兴都库什山脉（Hindu Kush Mountain）③ 上面的 4 万英尺高空瞭望苏联的深处是令人兴奋的。之后我的情绪平静了下来，因为我认识到我们是为了确定一旦使用就能杀死数百万美国人的 ICBM 性能而飞行的。

---

① 弹道导弹的主动段是导弹上的发动机工作以推动导弹加速飞行的那一段弹道。在导弹达到预定速度时关闭和抛弃发动机，并使所携带的弹头与弹体分离以减小再入大气层时的弹道误差。此后，弹头无动力地沿抛物线飞向目标，这一段弹道称为被动段。——译者注

② 白沙瓦在巴基斯坦北部。美国在白沙瓦设立了空军基地，U－2 飞机就是从那里起飞的。——译者注

③ 兴都库什山脉透逶于阿富汗、巴基斯坦和塔吉克斯坦之间，其东端到达我国新疆边境。——译者注

佩里和他的西尔凡尼亚实验室同事们在莫菲特（Moffett）机场陪同戴维斯（J. J. Davis）将军检查部署到土耳其和巴基斯坦的机载遥测系统，1962 年。来自通用动力公司 C4 系统分公司的档案

我们的机载平台确实截获了一些 SS-8 的主动段飞行数据，但是直到苏联在 1964 年十月革命节阅兵式展示这种导弹时，我们才获得它的高分辨率照片。苏联举行这样的阅兵式，一方面是为了提高自己人民的士气，另一方面是为了恫吓我们的欧洲盟国。但是，我们利用这个机会提升我们的情报数据库。这些照片和 TEBAC 的遥测分析一起结论性地揭示了 SS-8 是用于运载较轻的炸弹。"魔鬼炸弹"的恐怖威胁就此荡然无存，在美国制造我们自己的"魔鬼炸弹"的推动力也一扫而尽。

对于我自己，古巴导弹危机后的一段时期成为另一种意义上的高度紧张时期。1963 年年末，我发现自己开始重新评价在西尔凡尼亚实验室近 10 年的工作。此前，我做了 3 年西尔凡尼亚电子国防实验室主任，感受到这个工作的挑战和激励。我为我们取得的许多成就而骄傲。我们的工作满足要求，我们的信誉过硬，我们的团队有高度的积极性，我们的业务得到拓展。在我担任主任期间，我们的规模翻了一番，而且更大的增长就在眼前。最重要的是，在帮助美国情报界执行了解苏联导弹和航天计划的使命方面，我们是领军人物。而且，那个时代的主旋律使我们的使命明显地具有最高的重要性。

但是，我日渐担心，我们的实验室在关键技术方面正在落伍。我们的母公司，西尔凡尼亚电气产品公司（Sylvania Electric Products），是世界上制造电子管的领先者。它发现自己很难接受新的晶体管固态组件技术，这种新技术将淘汰其最赚钱的生产线。每当引进爆炸性的新技术时都会出现这种症状，我称之为"领先者的负担"。

我们的实验室在模拟技术方面是杰出的。但是，以英特尔（Intel）公司新的固态组件及一些公司（如惠普公司）研发的新的小型高速计算机为基础的数字技术正在爆炸性地出现。英特尔公司引入市场的集成电路，使新产品远超早期的产品。我要率先使用新的数字技术和小巧的计算机，它们将在迎接日益升级的侦察工作挑战中起到关键作用。我知道我们的实验室束缚在模拟技术上是无法保持领先地位的。我还变得越来越讨厌母公司的官僚作风，我开始想，与其与大公司的负面影响做斗争，不如成立一个新的、更灵活的公司，以促进使命的完成、团队的建设和技术的领先。

我的1963年圣诞节完全被这些思考所占据，在假期结束时，我已做出决定。1964年1月初，我递交了辞职书，联合4位高层管理人员一起离职创办了一家新公司，我们将其定名为电磁系统实验公司（Electromagnetic Systems Laboratory，Inc.，ESL）。[8]

4 硅谷的创业者和侦察技术的发展

如果你不能说清楚你的产品或者告诉我们你的客户是哪些人，那么投资于ESL公司的风险就太大了。

——Draper and Johnson投资公司的富兰克林·P·约翰逊（Franklin P. Johnson）[1]在1964年4月对佩里说（非原话，是佩里回忆）

几乎所有朋友和亲属都认为我太鲁莽了，竟放弃西尔凡尼亚公司的好职位，到现在被称为硅谷心脏的地区去从事近乎高风险的事业，这发生在硅谷因成为那些有胆识的高科技青年企业家的孵化器而出名之前的1964年。事实上，是在那里被称为硅谷之前。但是，数字化时代正在来临，而且我坚信我的想法是正确的——在摆脱了母公司沉闷的官僚机制和过时技术之后，我能改善我们在西尔凡尼亚曾做出成绩的环境。

　　我们的新公司ESL将致力于冷战时期的情报任务。作为董事长和首席执行官，我的全部注意力放在确保ESL随着其规模和能力的增长而为完成这个任务做出不可缺少的贡献。与此同时，我计划继续作为免费的顾问为情报界提供服务，就像我在古巴导弹危机及其之前提供的那种服务。

　　在我的观念中有两个最大的挑战：我们如何从苏联一切型号洲际弹道导弹（ICBM）的性能试飞中取得更完整的遥测数据？我们如何能截获为了知道苏联那时正处于早期研发阶段的弹道导弹防御系统的真实能力所必需的关键信号？为了应对这些高难度的挑战，我需要利用那时正在硅谷出现的一切技术。

　　我相信数字化技术最终将深远地改变世界，所以我把全部资源投放到研发完全立足于数字化领域的技术，从而确保ESL公司在这些开拓性新技术方面处于领先地位。我还计划集中力量开发卫星侦察系统，因为我知道不久的将来需要用它克服地面和航空侦察系统的局限性。

　　我在ESL公司取得的筹资和管理方面的经验对于后来为降低核战争威胁而做的一切工作来说也是不可缺少的，这是尝试。在ESL公司，我不断地去了解核危机问题的不同方面，我学到的知识在那时及后来都使我的追求发生了变化。我认识到，应对核危机的挑战需要组织创新和独立。我们正在从事商业，但是从更深层次的意义上讲，我们正在承担一项使命，而且这项使命是最重要的。核危机是一个前所未有的挑战，是历史长河中的一个转折点，它所带来的风险已达到最高峰。为此，传统上成功的公司格局必须以我们在发展中创造的特色予以创新。

我们需要塑造一个适当的环境，在这样的环境中，人们能自由地用创新思想从事往往是困难的和挑战性的侦察工作，它涉及把苏联威胁作为焦点。在这里，重要的法则是组织机构的政治性让位于至高无上的合作精神，承认共同利益，促进协同分析和鼓励采用大胆的分析方法。失败不会造成耻辱——事实上，如果你想永不失败，你就走不远。同时，我们需要简化官僚式的工作流程以促进找到解决方法和答案的实验，特别是由于这项工作时间紧迫。事实上，在完成冷战情报任务的所有阶段中——传感器、采集、处理、分析和提供结果，关键是最新的先进技术。

我在 ESL 学到的经验是一个重要基础。我采取别人称之为"到处走走的管理"方法，这是很重要的。我经常非正式地访问各个项目的团队。我发现，熟识那些解决问题的人，了解他们的成就和困惑以及他们在思考费解的难题时的思路，非常重要。为了与这些项目团队一起工作，我学会了在同样的框架内互相交流，我用同样的口径说话并了解其核心思想。

致力于核危机问题的 ESL 公司从一开始就需要有它自己的运作方法。例如，创立公司时没有使用外来的投资。刚兴起的硅谷风险投资公司 Draper and Johnson 曾强烈地考虑投资于我们，但是由于不能透露我们的产品和客户，他们不情愿地（可以理解地）拒绝了。

ESL 公司完全由它的员工所拥有，它的每个创始人及第一批数百名技术人员购买了它的股权，股权不能向其他人出让。我们之中没有一个人独立致富，但是我们大多数人在这个国防电子企业中工作了将近 10 年，并设立了在我们退出时将分发的退休基金。所以，每个家庭的积蓄成为设立 ESL 公司的资本。鉴于我们面临的这个关键性挑战的风险，这个基本的承诺似乎是恰当的。

ESL 公司的 5 位创始人每人投资 25 000 美元，员工们后来每人投入 5 000—10 000 美元，这在 1964 年对于年轻的工程师们来说是一大笔钱。每位员工都有保护和建立家庭积蓄的强烈动机。我们用 10 多万美元的资金开办了 ESL 公司。到第一年年末，公司总资本达到 50 多万美元，都是从创始人和员工那里筹到的。

随着业务的增长，我们成为第一家迁入加利福尼亚州森尼韦尔（Sunnyvale）莫菲特公园（Moffett Park）的公司，这个地区后来拥有 100 多家硅谷公司，包括阿塔里（Atari）、雅虎（Yahoo）和神奇的狮子与罗盘（Lion and Compass）饭店①。起初，我们公司的第一栋房子是优雅的褐色两层建筑，它安静而孤独地坐落在莫菲特公园的边上，俯瞰着大片的番茄地，以加利福尼亚州的太平洋海岸山脉为背景。然而在短短的几年后，ESL 公司变成了有多幢建筑的综合体，容纳着需要精力充沛和有高度创造性的人参与的与侦察有关的许多项目，旨在监视世界的其他国家和地区。

在 ESL 公司的早期，我们最紧急的新项目之一是努力确定苏联是否能部署有效的弹道导弹防御系统以对抗我们的洲际弹道导弹。美国的国

---

① 森尼韦尔是硅谷的一部分。阿塔里是著名的游戏机公司，是两位青年以 500 美元的注册资金于 1972 年成立的（那时微处理机刚出现），1977 年以 2 600 万美元的价格卖给时代华纳公司。雅虎公司是以互联网起家的著名公司。狮子与罗盘饭店（名称来自古代以色列人的神话）是硅谷投资家们谈生意的高档饭店。——译者注

防计划官员们由于我们的照相卫星观察到苏联正在建设弹道导弹防御系统而担忧。关于它的能力以及它的部署能在多大程度上削弱我们的遏制力，引起了激烈的辩论（具有讽刺意味的是，现在，即 50 年后，俄罗斯人对于美国部署在欧洲的一个弹道导弹防御系统产生了同样的担忧）。20 世纪 60 年代的中后期，一些美国的战略思想家争辩说，我们需要建造和部署类似的防御系统，同时需要大量增加洲际弹道导弹力量以抵消在核交锋中可能被苏联的弹道导弹防御系统拦截的导弹。这样，我们就可以在核军备竞赛的又一轮大幅度加速中取得平衡。相应地，情报界处于巨大压力之下，即政府要求它了解苏联弹道导弹防御系统的能力，而 ESL 公司在继续培育新创意，某些创意结出了丰硕的成果。

在这个时期，我们提出开发采用英特尔公司刚研制成功的数字化元件的小型卫星系统，并赢得了几个合同，这些系统很有成效。大约就在此时，政府征求关于开发大型卫星情报搜集和处理系统的建议。虽然那时 ESL 公司还是一家年轻的小公司，但我们大胆地组建了一支第一流的设计队伍，并提出建造接收端的子系统，这将带给我们一份 10 倍于过去合同标的的合同。

由于我们有最佳的设计（我们是这样认为的），因此我们过于自信 ESL 公司将赢得合同。基于这个自信，我们没有准备备用计划，以至于输掉了投标。因为我们的工作人员人数过多，而手头的合同太小，这通常会导致公司裁员，但是我们深信我们的天才团队不能轻易被更换，因而我们采取了一个比较冒险的不同寻常的办法。我们知道，解雇有才能的成员将会发出错误的信号，而且不可逆转地改变我们已经形成的公司面貌，所以我们立即采取临时措施。我们到本地区的主要公司，提出把我们过多的人员"借"给它们使用6—12 个月，这些公司只需付给他们基本工资，ESL

公司把他们保留在册并支付间接费用，如福利费。我们"借出去"的那些
员工在一年之内都陆续回到了 ESL 公司，他们及留在 ESL 公司的同事都
理解，忠诚是双向的。第二年，我们的业务恢复到原先的高增长率，我们
很高兴那些员工回来与我们并肩从事一些新项目。

我们仍继续建造陆基系统。有一个例子特别能说明那个时代新型侦察
任务的复杂性及它们常常激发出的不寻常反应。ESL 公司最有创意的工程
师之一柳·富兰克林（Lew Franklin）受到海军研究实验室（Naval Re-
search Laboratory）的吉姆·特雷克斯勒（Jim Trexler）正在进行的"月亮
反射通信项目"的启发。特雷克斯勒观察到，苏联的雷达开机时，只要月
亮处于恰当的位置，雷达信号就会被月亮反射回地球。富兰克林预测，月
亮如此之大，它能把苏联 BMD 的雷达信号反射回地球，其强度足以使设
置在美国地面的大型天线收到，并很可能被用于确定信号的特征参数。斯
坦福大学离我们只有几英里远，在斯坦福主校园的山坡牧场上建有当时最
大的天线之一，它的"碟形"天线直径达 150 英尺，从几英里外就能看到
这个地标性的巨物。这个斯坦福"碟子"利用联结在碟子上的强大的发射
机扫描月亮来勘察月亮表面的起伏形状。但是，这个项目的管理者只需占
用这个"碟子"的一部分时间，他允许我们在其余时间使用它。我们把超
高精度的接收机和记录仪与它联结，在月亮处于恰当位置时把月亮当作反
射器。结果，在晚上工作时果然收到了苏联的信号并高质量地记录下来，
就像富兰克林预言的那样。

富兰克林和他的团队在第二天全面分析了信号，我在那天晚上飞赴首
都华盛顿，向中情局的威龙和国防部的官员们报告了这个成果。有了这个
高质量的信号记录，我们就能做出确定性的评估。苏联的雷达虽然能详细
侦察到我们的导弹和轨道上的卫星，但是没有足够的精度引导它的导弹攻

击我们用于遏制他们的 ICBM。

然而，这仅仅使建造美国 BMD 系统的压力有所缓和。几年后，尼克松总统宣布设置名为"保卫者"（Safeguard）的 BMD 系统，它的使命是保护我们已部署的一些 ICBM。在"保卫者"具有作战能力后不到一年，这个系统被悄悄地撤除了，而美国的安全并未受到明显的威胁。

在 ESL 团队利用斯坦福大学的大碟子操作其 BMD 雷达接收器时，我们遇到了未曾预料到的信号干扰问题，即斯坦福碟子附近的帕洛·阿尔托（Palo Alto）① 地区所有出租汽车使用的无线召车调度装置的频率与苏联的雷达所使用的频率相同。我们不得不设计数字化的设备把离我们约 10 英里远的那些不需要的出租车信号过滤掉，这样才使我们能判读从地球到月亮再回到我们的接收器，旅行了几乎 50 万英里的苏联雷达信号！

另一个创新的例子是解决机载情报收集系统的一个最大难题。高精度定位的子系统对于捕捉信号来说是至关重要的，但是对于截获的超高频信号不可能做到精确的机载方向定位。问题在于飞机作为参照系通过多通道反射无线电信号，这将导致误读信号方向。ESL 公司一位典型的创新工程师雷·弗兰克斯（Ray Franks）产生了一个灵感，即用一架飞机模拟那些多通道信号，把这个模型储存在机载的能"在飞行中"修正多通道误差的数字计算机内。他的奇妙想法实现得非常完美。它的成功依靠的是能安装在飞机上的小而结实的高速数字计算机：惠普公司（Hewlett Packard）刚巧把我们适用的型号 HP 2000 推上市场，ESL 公司成了惠普公司产品的第一批最佳客户之一。

我们还找到了数字化技术的另一种巨大用途。技术团队的成员们不久

① 帕洛·阿尔托是斯坦福大学正门外的一个住宅区，没有高楼大厦和喧闹的大街，没有豪宅，房价却因学区好而极贵。——译者注

后发现，我们的数字化处理系统可用于处理"信号"以外的其他数据。我们的两位最聪明的科学家，鲍勃·福萨姆和吉姆·伯克（Jim Burke），把新系统用于数字化成像。美国国家航空航天局（NASA）刚发射了地球资源技术卫星（Earth Resource Technology Satellite，ERTS，后来称为 Landsat），它把低分辨率的数字化图像发回地面；中情局已发射新的照相侦察卫星，它把高分辨率的数字化图像发回地面。摄影界迎来数字化时代。

结果是，ESL 公司得到了几个为大量传输到地面的数字化图像设计数字化处理系统的合同。起初，这项工作集中于接收数字化的数据流，并把它转化成图片。但是我们很快发现我们还能做更多。我们用不同的方法修改数据以改善图像——除掉杂迹、修正位置和提高图像质量。在数字化技术的早期，这些工作需要很高的技巧。我们租用了 IBM 最大容量计算机（IBM 360）的储存空间，开发软件。在某种意义上，我们的工作预示着图像处理软件 Photoshop，但是还要过许多年顾客们才能买到数码相机或者能处理数字化图像的个人电脑。

最终的成果除了接收和处理图像外，还包括图像解读。政府机构的传统是保留情报的解读权，但是在 ESL 公司成立时最重要的情报目标已经成为高度技术性的：洲际弹道导弹（ICBM）、核弹、弹道导弹防御（BMD）系统、超音速的飞机和靶机。收集这些苏联武器的确定性数据需要至少是同样复杂的技术侦察手段。政府开始与拥有这种技术专长的公司签订合同，ESL 公司是这方面的先锋。我们有分析遥测、信标和雷达数据的合同，还有评估 ICBM、卫星、BMD 系统和军用雷达性能的合同。在了解"难以获得其细节"的苏联核威胁方面，我们处于国家紧急必要事务的核心地位。

与我们的情报分析相关联的是我们参与了军备控制与裁军署（Arms

Control and Disarmament Agency，ACDA）的工作。在肯尼迪总统于 1961 年设立 ACDA 后不久，我第一次在那里露面。西尔凡尼亚公司和 ESL 公司都从 ACDA 拿到了合同。通过为 ACDA 工作，我认识了沃尔夫冈·潘诺夫斯基（Wolfgang Panofsky）[2] 和西特·德雷尔（Sid Drell）[3] 并同他们长期共事，他们二位是核军备控制领域的知识巨人。有他们在，我相信军备控制和裁减核武器必将成为降低核灾难危险及制止和扭转肆无忌惮的“恐怖平衡”的关键因素。

我们在 13 年内把 ESL 从初生的小公司办成了在评估核武器威胁美国的情报方面为我们国家做出重要技术贡献的公司。在 1977 年年末，我们的员工数量达到 1 000 人（我认识他们所有人），取得了丰硕的经营业绩，并赢得了声誉。

我在那时一点也没有料到，但很快就发现，同样的管理原则在国防部这个很不相同的环境中也能很好地为我所用。我即将有一个新转折，它将使我沿着核战争的边缘继续前进，并扮演一个新角色。我在研发侦察系统时使用的数字化技术和管理方法都成为宝贵的财富，我将负责研制旨在防止使用核武器的新武器——这是核时代的一个悖论。我的角色将要改变，新角色需要的才智将有所不同，但是我的基本使命依然不变。

5 应国家之召

对于一位技术工作者，这是世界上最有趣的工
作，它将以你现在难以想象的方式扩展你的思路。

——吉恩·富比尼（Gene Fubini）对佩里说

（非原话，是佩里的回忆）[1]

正当 ESL 公司的销售额和股票价格大涨之时，我的生活出现了一个巨大的转变。1977 年 1 月卡特总统刚上任时，国防部长哈罗德·布朗（Harold Brown）2 邀请我担任他的副部长，主管国防工业的研究和工程。在此之前，我从未考虑过进入政府工作。我觉得，我坚定地承诺过愿意与我创建的公司、我的家人和我的家园待在一起，而这些都在加利福尼亚。我同莉讨论了这件事，她坚定地支持我的意愿，但是这个邀请持续不停，直到我同意去华盛顿讨论这个工作需要做些什么事。

很快，我比任何时候都更全面地明白了，在核时代的那个阶段，除了侦察任务之外，核遏制政策本身正在出现严重危机。美国与苏联之间显然正在出现危险的军事实力不平衡。在一切取决于防止使用核武器的时代，这是一个令人沮丧的动向。

我非常尊重哈罗德·布朗①，当他在肯尼迪总统时期任国防研究与工程局局长（Director of Defense Research and Engineering，DDR&E）② 时，

---

① 布朗于 1927 年出生在纽约，他的父母是来自中欧的犹太移民，自幼聪颖，18 岁大学毕业，22 岁获物理学博士，1952 年到加州利沃莫尔的核试验所工作，后来任所长，协助美国的"氢弹之父"特勒发展核武器。1961 年担任国防研究与工程局局长（DDR&E），1965—1969 年任空军部长，1969—1977 年任著名的加州理工学院院长，1977 年被卡特总统任命为国防部长，他是第一位科学家出身的国防部长。他在 1980 年 1 月访华时认为苏联是主要敌人，提出向中国出口军用技术，但不直接出口武器。他在 1992 年获得"费米奖"（费米因发现慢中子引起链式裂变而在 1938 年获得诺贝尔物理奖）。布朗在 1983 年出版了《国家安全的构思：在危险世界中的国防和外交政策》（*Thinking About National Security：Defense and Foreign Policy in a Dangerous World*）。退休后，曾任华平（Warburg & Pincus）投资集团董事长，向中国的"哈药集团"等投资。——译者注

② 国防研究与工程局局长（DDR&E）是在 1958 年麦克纳马拉任国防部长时设立的副部长级职位，1977 年 10 月卡特总统正式将其升级为国防部主管国防研究和工程的副部长。——译者注

我曾为他做过一些咨询工作。在我曾经共事的人中，他是最聪明的人之一。所以，我很仔细地听他阐述要我担任这个职务的理由。他说，国家正在面临真正的安全危机，苏联人在核武器方面已赶上我们，加上他们在常规武器方面长期以来有 3∶1 的优势，这使我们的遏制政策变得不安全。他要我把 ESL 公司首创的新的数字化技术融入常规军事系统，他相信这能抵消苏联的数量优势。由于这个职务需要管理大量金钱，因此他需要找一个能"对得起薪金"的人。

然后，我与他的同事兼顾问吉恩·富比尼³进行了长时间的谈话。在布朗任 DDR&E 时，才华横溢、兴趣多变的富比尼①是他的主要副手。富比尼有说服力地解释了激动人心的技术挑战——用新技术改造国家军事系统。他预见性地总结道："对于一位技术工作者，这是世界上最有趣的工作，它将以你现在难以想象的方式扩展你的思路。"

我还会见了查尔斯·邓肯（Charles Duncan），新任的国防部常务副部长②，他告诉我，他把自己的股权交付给绝对保密信托③，他认为我也能

① 富比尼的名字是尤金（Eugene），吉恩（Gene）是他的昵称。他出生于意大利，1939 年跟随其父（普林斯顿大学的数学教授）移民到美国。富比尼本人是物理学博士，专注于微波技术，1942—1945 年在哈佛大学的无线电研究实验室任副研究员，他在那里设计了用于第二次世界大战的电子设备，搜索和干扰纳粹德国的雷达。他在 1961 年进入国防部，任布朗的副手。肯尼迪总统在 1963 年 6 月任命他为助理国防部长。他在 1965 年辞去国防部的职务，转到 IBM 公司工作。1997 年 8 月去世。佩里在 1996 年任国防部长时设立了以富比尼命名的荣誉奖，并授予对美国国防事业有杰出贡献者，富比尼本人是第一位获奖者。——译者注

② 在美国，部长（Secretary）之下的部级官员序列是：Deputy Secretary（常务副部长或第一副部长）、Undersecretary（分管某一方面业务的副部长）、Assistant Secretary（助理部长，不是部长助理）、Assistant to Secretary（部长助理）、Assistant to Deputy Secretary（常务副部长助理）、Assistant to Undersecretary（副部长助理），还有 Assistant to Assistant Secretary（助理部长的助理或帮办）。——译者注

③ 为了避免利益冲突，例如把有利的合同交给自己持有股份的公司，美国的高级官员必须在任期内冻结股权，交付托管，暂时退出商界。——译者注

这样处理我在 ESL 公司内的创始人原始股权，这是我积累的绝大部分财富。

然而，对于我在工业领域使用得很好的管理方式是否也适用于政府机构，我起初确实有所犹疑。我从来没有学过企业管理课程，是在工作中学会如何管理的。但是我断定，我只需了解这个挑战性新职务的特点就足够了，我不必学习管理下属的全部新方法。于是在斟酌之后，我开始相信我能在这个有巨大挑战性和极端重要的岗位上取得成功。

除了这些考虑之外我还意识到，我熟悉的数字化技术在抵消苏联常规军事力量的优势方面具有重要的作用，我们的技术将在昂贵的冷战军备竞赛中给我们以持久的经济优势。

我和莉（她同意暂停她的职业生涯）在华盛顿买了一所房子，并与我创建的公司及留在加州的家人和好友伤感地道别。

从我在华盛顿的新办公室的窗户里再也看不到圣克鲁斯①或太平洋沿岸的高山峻岭。但是，五角大楼是世界著名的建筑物之一，它以建筑形式见证我们国家军力的强大和恢宏。我在五角大楼的长而有回声的走廊里不是一个陌生人，因为我有过从事国防事业和参与政府顾问团队的经历。

我用了几个月的时间熟悉副国防部长的复杂职责，它与我在侦察行业所做的业务完全不同。但是，我立即就明白这个新岗位与防止核灾难高度相关。

幸运的是，我得到许多专家的帮助。富比尼每个星期六上午到我在五角大楼的办公室提供帮助和建议。我的主要副手杰雷·丁宁（Gerry Din-neen），一位曾任麻省理工学院林肯实验室（MIT Lincoln Laboratory）主任

---

① 圣克鲁斯是加州的一个县，在硅谷西南方的太平洋岸。——译者注

的杰出工程师与我同时上任。乔治·海尔迈耶（George Heilmeier），一位有才干的美国国防部高级研究计划局（Defense Advanced Research Project Agency，DARPA）局长，同意再工作 6 个月，直到曾管理过 ESL 公司系统实验室的鲍勃·福萨姆①来代替他。我还在上任后的第一个月内招募到一位卓越的军事助理。富比尼告诉我，一个能干的军事助理是不可或缺的，他认识的最佳和最聪敏的年轻军官是空军中校保罗·卡明斯基（Paul Kaminski）[4]，他刚完成了在国防大学的学习。然而，当我要他来国防部工作时，空军参谋长戴维·琼斯（David Jones）说卡明斯基已经被派到另一个岗位了。富比尼非常生气地对我说：回电话给琼斯，告诉他取消卡明斯基的那个任命，派他来为我工作。我照做了，那边也照做了。这是我第一次体会到我这个新岗位的优势。

我负责生产和试验各军种和国防机构的一切武器，并监控一切军工的研发和制造，每个军种都知道我的支持是它们项目成功的必要条件。我最初的头衔是国防研究与工程局局长，这个职位是从前为应对苏联发射人造地球卫星 Sputnik② 而设立的。哈罗德·布朗是第二个担任过这个职位③而现在是国防部长的人，他认为这个职位太局限，因为它只涉及工程方面的责任。他把我的职权扩大到包括国防系统的生产和发

---

① 福萨姆是佩里在西尔凡尼亚公司的同事，ESL 公司的数码成像专家（参见第三章和第四章）。——译者注

② Sputnik 是俄语的音译，俄语本意是"同路人"，绕地球运行的物体，包括月球，都是"同路人"，即卫星，俄语没有专指卫星的对应于英语 Satellite（卫星）的词，但 Satellite 不含"同路人"的意思。——译者注

③ 1958 年设立国防研究与工程局时，第一任局长（1958—1961）是休伯特·约克（Herbert F. York）；第二任局长布朗的任期是 1961—1965 年。这个副部长级的职位在 1977 年 10 月升级为正式的副部长。所以，佩里在 1977 年 4 月到国防部上任时是副部长级的局长，到 10 月份才是正式的副部长。——译者注

展，还包括通信和情报系统。由于我的职责大大地增加了，布朗请求国会授权把我的头衔改为国防研究与工程副部长，这个职位还包括国防部的采购执行官的责任。国会在 1977 年的晚些时候批准了这个改变，于是我第二次宣誓就职。

第一次出席参议院的提名听证会①也是我第一次接触参议院军事委员会。我的国防工业背景使我对于参议员们关心的大部分问题都很熟悉，所以听证会很顺利。让我记忆最深的是遇见了代表佐治亚州的参议员纳恩[5]。虽然纳恩是这个委员会里最年轻的成员之一，但他显然是最了解国防问题的，他已经以批评北大西洋公约组织（NATO）对战术核武器的管理而出名。他在听证会上提出了最难和最有洞察力的问题，考验我提出的抵消苏联数量优势的想法，我像是被"钢丝刷子"刷了一遍。这次听证会给我留下深刻的印象，虽然我那时不理解这样的考验意味着什么，但是这次相遇标志着我们在核安全问题方面长期和有成效地合作的开始，并从此结下了深厚的友谊。

然而，我还得为我的新职务付出一笔不小的代价。在我第一次宣誓就职②前的听证会上，参议院军委会主席约翰·斯坦尼斯（John Stennis）③参议员拒绝批准我把在 ESL 公司的股权交付给绝对保密信托，虽然查尔斯·邓肯及几年前戴维·帕卡德（David Packard）④ 的类似信托得到过批

---

① 在美国，凡是必须经参议院批准的高级官员都要出席考察他的质询会，称为听证会。考察被提名为副部长级官员的听证会由与业务有关的委员会召开，例如军事委员会、外交委员会等。——译者注

② 第一次宣誓就职的职务是副部长级的国防研究与工程局局长。——译者注

③ 斯坦尼斯（1901—1995），民主党人，美国国会中代表密西西比州的参议员，连任 41 年（1947—1988），有一艘核动力航空母舰以他的名字命名。——译者注

④ 帕卡德（1912—1996）在尼克松总统时期曾任国防部副部长（1969—1971）。他毕业于斯坦福大学，1939 年与同学休利特（Hewlett）合作在斯坦福附近的汽车间里以 500 美元起家，开创 HP（惠普）公司。这一地区后来发展为硅谷，惠普公司被称为"硅谷之母"。——译者注

准。斯坦尼斯参议员认为，作为国防部的采购执行官，我的职务太敏感以至于不能与工业领域有任何牵连，即使有绝对保密信托作为挡箭牌也不可以。我已经离开 ESL 公司来到华盛顿，走回头路是不可行的，所以我只能顺从地把我的 ESL 公司创始人原始股全部卖掉。几个月后，ESL 公司的董事会决定以超过我退股价格许多倍的市场价把这个公司卖给 TRW 公司①。在卖掉 ESL 公司的一个星期后，我接受一位记者的采访，他似乎打算把五角大楼"部长弥撒饼"②的代价向纳税人曝光。他问我吃这个弥撒饼花了多少钱，我毫不犹豫地回答，"约 100 万美元"。

第二年，我的伤口上又被撒了盐：国内税务局（Internal Revenue Service，IRS）审计我 1977 年报税的情况。我们把家具从加州搬到华盛顿的费用作为公事开销而从应报税的收入中扣除，但是 IRS 不允许扣除，因为 IRS"知道"可以向政府报销这笔费用。然而，政府在那个时期不给总统任命的官员报销搬家费。莉是专长于税务的公共注册会计师，她给这位不相信可以扣除的审计员解释了此事，他急忙核查后确定她是正确的，并表示他将结案。这时，莉却不愿意就此结案，她发现我们还有一些可以免税的收入扣除，趁着审计员已打开我们档案的机会，她提出顺便扣除它们。在紧急的讨论后，审计员不得不承认莉是正确的，他授权按她提出的收入扣除予以退税。虽然这只是收回一点儿钱，但在心理上却得到很大的安慰。虽然我们觉得在上述两个财务问题上受到了不公正的待遇，莉和我依然认为接受这个副部长的职务是正确的决定，即使有财务损失，我们并不后悔。

---

① TRW 公司的全名是 Thompson Ramo Wooldridge，是世界著名的军工企业。——译者注

② 弥撒晚餐是基督教的宗教仪式，模拟耶稣临终前最后的晚餐，弥撒晚餐的最后是吃代表耶稣肉体的弥撒饼。——译者注

成为副部长是我生活中最大的变动之一，改变了此后的一切。吉恩·富比尼的预言确实是正确的。这个工作不仅扩展了我的思路，而且使我理解了军事政策是如何在华盛顿形成的。那段时期我所接触的那些拟定和实施国家防务政策的领导人，对我后来从事的一切国家安全工作起到了关键作用。不仅如此，后来在国际外交界的第一次曝光对我的禁核生涯也起到了决定性的重要作用。

最重要的是，我在削弱核威胁的挑战中承担的责任逐渐清晰。我发现自己必须为保持美国的遏制力而面对最紧迫和日益升级的问题——这确实是冷战中的决定性时刻，没有出错的余地。革命性地改善战场状况将需要最先进的技术和大量的即兴设计，而且我们必须第一次就成功。

如果我有志于在我的历程中承担其他重大的责任，我不可能获得比现在被委托的职责更急迫和更需要努力的工作。

6 抵消战略的实施和
隐形技术的出现

亲爱的卡特总统：

我深切地担忧苏联可能突然袭击美国，那将毁灭我们的国家，所以我设计了一个月亮炸弹，它能挽救我们。我建议，我们制造一个巨大的火箭，它的有效载荷是一条很长的钢缆，一端固定在地球。然后，我们向月球发射火箭，钢缆在它后面跟随它一起上升。当火箭在月球降落时，一个机器人将把钢缆的另一端固定在月球上。随着地球转动，钢缆将把月球拉过来；只要恰当地计算好时间，月球将砸烂苏联。

——一个深感担忧的公民，1977年3月

（非信件的原话）

我作为副部长的优先事项是提倡"抵消战略"，然后在可行时立即实施这个战略。这就是我们所谓的全局计划，旨在减少苏联在常规武装力量方面的优势，从而重建军力的总体平衡和恢复遏制态势。

当卡特总统把一封"月亮炸弹"的来信交给我予以回复时，我的第一感觉是，一个概念性的挑战早早地来临了。我的下属把这封信连同国防部一位物理学家草拟的答复一起交给我。这位物理学家计算了需要用的钢缆重量和火箭的尺寸，其结论当然是这个想法不可行。我签署了这封回信，并在灵感启示下加了一个附注："即使月亮炸弹可行，摧毁半个地球也不是这个政府应采取的政策。"这是我把技术和政策紧密结合在一起的第一个决策！

虽然为了简便而没有引用该信的原话，但确有其事。该信作者信口开河的技术和政策想法确实反映出，在冷战年代最黑暗的日子里，人们有歇斯底里式的恐惧。当前危险委员会（Committee on the Present Danger, CPD）①，一个著名的由国防专家和职业军人组成的团体，声称苏联军力的发展使美国处于"岌岌可危的境地"。许多严肃的观察家认为，我们的安全状况已到了绝望的地步。中小学生们被教导在核攻击时"低头猫腰"，

---

① 当前危险委员会（CPD）是一个向政府游说的团体，成立于1950年朝鲜战争时，1953年因其领袖进入艾森豪威尔政府内阁而解散。它在1976年复活，反对卡特竞选总统。在卡特当选总统后，CPD反对他的缓和紧张局势的政策和第二轮战略武器限制谈判（SALT II）达成的协议。在里根总统时期，它的成员中有33名政府官员，包括国务卿舒尔茨、驻联合国大使科克帕特里克、海军部长莱曼等。此前，在卡特任总统时期，里根也是CPD成员之一。目前，CPD主要针对恐怖主义威胁，将其等同于苏联的威胁。——译者注

钻进他们的书桌底下。

我们怎么会落到这个地步？

随着第二次世界大战的结束，杜鲁门总统命令我们的军队大量裁军，我们的军人从约 800 万减到 50 万，同时还缩小了巨大的国防工业。然而，斯大林把苏联红军（简称"红军"）保持在约 300 万人的规模，建立了现代化的防空系统，提高了空军的地位。最重要的是，他命令建设苏联的国防工业，并使之现代化。斯大林深受美国在第二次世界大战中起到了"民主国家的武器库"作用的影响，把第二次世界大战称为"机器的战争"，并发誓要让苏联准备好打胜下一次机器的战争。

杜鲁门总统知道美国那时垄断着核武器，因此没有对苏联的扩军备战做出反应。但是，朝鲜战争立即给杜鲁门一个教训，核武器不能实际使用，尽管麦克阿瑟将军敦促使用。杜鲁门选择打常规的消耗战，但美国没有准备好打这样的仗。为了紧急对抗朝鲜军队及后来的中国军队，杜鲁门确实重新启动了美国的国防工业。但是，他选择征召预备役军人以满足军队的人力需求，却没有授权大大加强军队的装备（我曾提到，我是后备役军人，但是我所属的单位没有接到征召命令）。

艾森豪威尔在 1952 年当选为总统，6 个月后开始谈判停火和结束朝鲜战争，使后备役军人回归公民地位。那时已经很清楚，美国面临着与苏联的长期持续斗争。艾森豪威尔知道，红军数量上的优势将是一个需要密切关注的问题。但是，他认为，我们的压倒性核优势能抵消红军的常规力量优势。这是艾森豪威尔的抵消战略，其基础是他认为保持强大的常备军将损害美国的经济（这恰恰是苏联的政策，最终损害了其经济）。

从艾森豪威尔总统到卡特总统，我们用战略的和战术的核武器抵消了数量巨大的红军。我们认为苏联有一个与纳粹德国的巴巴罗萨行动

（Operation Barbarrossa）[1]反方向的入侵计划，他们将派遣红军从东德的西部边界攻击英吉利海峡。

美国阻止苏联进攻的战略是在西德境内部署战术核武器对付红军，换句话说，用核武器在我们盟国的领土内实施打击。战略家们的理由是，苏联人不敢用他们的战略核武器回击，因为我们在战略核武器及其运载工具方面有巨大优势。相应地，我们应利用真正出色的技术为我们在战场上的军队研发一系列战术核武器①。令人难以置信的是，我们的军队可能由于习惯性反应，把战术核武器当作大炸弹来对待，就像其他炸弹一样，只是数量上不需要像常规炸弹那样用得那么多。因此，军队部署这些核武器时只是把它们当作常规武器的简单的有机进化：核装药的炮弹、核装药的反坦克火箭筒（大卫·克罗）和清扫地雷阵的核炸药。可以预料，苏联也研发了它自己的战术核武器并计划在战时用它们摧毁西欧的交通和政治中心。

现在回顾这个战略和这些武器，我认为我们那时的行为几乎是原始的，这在危险丛生的新时代是极其不顾后果的。虽然美国现在仍然有战术和战略轰炸机携带的战区核炸弹，但是我们不再有在战场上使用核武器的战略。此外，俄罗斯人依然拥有大量的战术核武器，我们对此只有粗略的情报，因为他们现在不愿在谈判军备协议时讨论它们。

1977年，美国在核武器问题上面临着两个严峻的安全挑战。首先是依赖我们的战略核武器优势遏制红军进攻西欧，然而苏联人在那一年已达到了战略核武器的均衡，美国的某些分析家甚至宣称苏联人正在努力领先。其次，即使我们仍有战略核武器的优势，在西德使用战场核武器仍是

---

① 战略核武器是指美、苏双方能攻击对方领土的武器；战术核武器是指在战场上使用的武器。——译者注

一个不考虑后果的危险想法。

在一个从未如此危险的世界里，我们需要一种符合实际形势的新的抵消战略。我们的新抵消战略的核心不是发展战术核武器，而是革命性地研发有决定性效果的新型高科技常规武器，以对抗数量大得多的敌方军队。执行这个战略是我作为副部长的首要任务。这个使命涉及许多创意及一个永恒的信念：新技术能提高作战能力，从而不冒风险地取得胜利。这是一个很大的概念性挑战，一个重要的实践性挑战，更可能是一个管理方面的挑战。

布朗部长和我都认为，新的抵消战略应立足于正在出现的数字化技术，我对此已有许多经验。上任之初我就访问了美国国防部高级研究计划局，与我最初的头衔（国防研究与工程局局长）一样，它是 20 年前为应对苏联发射人造地球卫星 Sputnik 而设立的。我要求听取关于探测装置和灵巧武器的详细报告，它们必须成为新抵消战略的基础。DARPA 的局长乔治·海尔迈耶曾在洛克希德飞机公司（Lockheed Aircraft）致力于一个尚处于早期阶段的大胆研究项目：探索军用飞机的全新外形，使之不易遭到雷达或红外制导的导弹攻击，这类导弹在全世界，尤其是苏联军队的武器库里占有压倒性的地位。我立即明白，如果这个所谓的"隐形技术"成功，它将在战术性的近距离空中支援方面赋予我们的空军以突发的压倒性优势：在对抗数量占优势的敌方力量时可以使敌方的防空失效，从而使我们的陆地和海上作战效果大大提高。我告诉海尔迈耶，他将得到他需要的一切资源，以便尽快地证明这个概念可行。

洛克希德隐形飞机项目的团队鼓足了干劲，在雄心勃勃的本杰明·里奇（Benjamin Rich）的领导下，这个团队只用了 6 个月就进行了一次验证原型飞机设计原理的成功试飞。这架试验机飞过雷达测验区时在军用截击

机的雷达屏上只显示出几乎相当于一只小鸟的图像。基于这次出色试飞所
显示的优点，我把隐形项目置于高度保密，并让空军与 DARPA 合作，研
发和制造一架隐身战斗轰炸机，即后来的 F－117，其目的是在 4 年内就做
到使一架作战飞机成功试飞。

　　让一款新的军用飞机能符合实战，通常需要花费的时间远远超过 4
年，一般情况下是 10—12 年。然而，鉴于抵消战略的紧迫性，我知道我
们需要对构成新抵消战略核心的 F－117 和其他隐形计划及新的巡航导弹
计划实施一种为用户定制的管理过程。我设立并主持了一个小的评估团
队，我的军事助理保罗·卡明斯基是团队的执行官，民间和军方有关单位
的采购任务执行官构成团队的其余部分。我们每个月开会评估每个项目，
项目管理者展示上个月的进展并细述可能妨碍他实现进度时间表的任何障
碍。在有关官员具休说明他们将采取什么措施克服上述障碍之前，我们不
休会。然后，我对会议做总结并做出立即生效的指示：各军种①的采购任
务执行官调拨执行任务所必需的资金，如有必要就从其他项目挪用。在早
期的几次会议上，有些不同意我的指示的采购任务执行官向他们军种的部
长提出抗议，这些部长们上诉到国防部长布朗那里，布朗每一次都支持我
的决定。在最初几次这样的判定后，反对的声音小了，我们前进的步伐加
快了。在这样加速的采购过程下，F－117 项目满足了它的成本指标和进
度。这显示出一个原理：时间超支是成本超支的主要原因。

　　立法过程也对我们有利。所有的隐形项目都高度保密，我们有选择地只
向几位国会议员通报，其中有参议院军委会主席，他的职责是让需要国会通
过的拨款不必花时间做详细的全面报告。参议员萨姆·纳恩的全力支持是绝

---

　　① 美国有 4 个军种：陆军、海军、空军和海军陆战队。——译者注

对必要的。他的公正及对于国防问题的认识受到其他参议员的尊敬，他完全了解实现抵消战略的各项任务目标对美国国家安全的极度重要性。

我知道必须弹性地利用这种特殊的管理过程，所以我把它局限于我认为在抵消战略中最优先的隐形项目和巡航导弹项目。我本来想改革国防采购系统的整个流程以改善整个五角大楼的效率和功能，但是作为副部长，我没有时间和精力从事这件最难做的事（后面将解释，在我离职后回来做国防部顾问及后来任常务副部长时，我又考虑过这个任务）。

作为空军最有才华的年轻军官之一，我的军事助理保罗·卡明斯基在管理隐形项目中是不可缺少的人才。在我离职后，他成为空军一切隐形项目的管理者。这些项目取得的出色成就归功于许多人的奉献和才能，其中最重要的是卡明斯基和洛克希德的本杰明·里奇。乔·拉尔斯登（Joe Ralston）少校，他后来成为参谋长联席会议副主席①，也起到了重要作用。此外，如果没有参议员萨姆·纳恩，我大概无法推动这些重要项目通过国会。其他参议员们请纳恩确认他们知之甚少的这些项目确实是国家利益所需要的。

F－117 列入军事装备的时间表是：1977 年 11 月开始全面研发这款隐形战斗轰炸机，F－117 的第一次成功试飞是在 1982 年 10 月，F－117 列装是在 1983 年。美国军方起初对它有所怀疑，而 F－117 在几年后的"沙漠风暴"之战②中无可置疑地证明了自己。

---

① 拉尔斯登自 1965 年开始在空军服役，在 1996—2000 年任参联会副主席，在 2000—2003 年任北约盟军总司令，2003 年（60 岁）退役后成为几家军工企业的董事，2006 年小布什总统任命他为对付土耳其库尔德族工人党（被美国定为恐怖组织）的特使，美国的库尔德族协会称他是"披着外交官外衣的军火商"。——译者注

② "沙漠风暴"是 1991 年 1 月以美国为首的海湾多国部队为惩罚伊拉克的萨达姆侵略、占领和并吞科威特而发起的战斗行动。——译者注

除了公众熟知的 F-117 隐形战斗轰炸机外，我们还研发了其他的隐形武器：一架大型轰炸机（后来成为 B-2）、近程和远程巡航导弹、侦察机，甚至战舰。一个值得注意的例子是试验型的隐形战舰"海影"（Sea Shadow），它是 F-117 的制造者洛克希德公司研发的。"海影"不仅成功地展示了它有极小的雷达截面，而且还很难被声呐探测到。虽然"海影"没有服役，但是它证实的极有效的设计原理被用于目前正在建造的最新级别的美国驱逐舰和巡洋舰。在抵消战略中的这些重大发展是持久的、普遍的、多用途的。

要理解全新的高科技抵消战略突然带来的在此后数年被证实的广泛和全新的战场优势，必须看到这个新抵消战略除了关键的隐形技术之外还有其他项目。归根结底，成功来自 3 个互相关联的组成部分：能够实时识别和定位战场上一切敌方力量的系统；能够极其精确地打击那些目标的弹药，即灵巧武器；能够躲避敌方探测装置的攻击型飞机和舰艇的新设计方法，即隐形技术。F-117 仅是第一个而已。

在我成为副部长时，灵巧武器的研发已经步入正轨。我大大地提高了对它们的重视，并加快部署到军队中。它们包括灵巧的炮弹（铜头蛇[2]）、灵巧的近程导弹（小牛[3]和地狱火[4]）、远程巡航导弹［空中发射巡航导弹（ALCM）[5]和战斧[6]］①。这些灵巧武器有许多在今天依然构成我们军队的火力核心。

如果信任抵消战略是信念的一大进步，那么建设抵消力量则需要创造性、努力工作和有耐心承受挫折。大约在我的副部长任期到一半的时候，我带着五角大楼的一个记者团到演示灵巧武器的试验场。在新墨西哥州的

①"铜头蛇"（Copperhead）是美国特有的一种毒蛇；"战斧"（Tomahawk）是美洲印第安人的一种武器；"小牛"的英语是 Maverick；"地狱火"的英语是 Hellfire。——译者注

"白沙"（White Sand）试验场进行的演示不是一个高水平的成功。针对一辆被试验的老旧坦克，一枚铜头蛇炮弹直接命中并完全击毁了它。空中发射的弹药都直接命中了它们的目标。这些激动人心的成就使我满怀信心地带领记者团到加利福尼亚州的"木谷岬"（Point Mugu）① 亲眼看看潜艇发射的战斧导弹。布朗部长随我们一同前往。我们都站在山上俯视海湾，试射的潜艇沉入那里的水下，按计划准时发射了战斧。不幸的事发生了，战斧在出水时失去了控制，坠落在离水下潜艇几百码远的水中，我的心下沉了。然而，我转过头对布朗部长说："别担心，我们还有一枚战斧准备发射。"几分钟后，另一枚战斧发射了，结果同样悲惨。布朗部长显然生气了，他看着我说："这个样子，我该对媒体说什么？"我只能勉强回答："您想出点什么来说说吧！"他果然这样做了。他告诉媒体，试验的目的是发现设计中的缺陷，这次试验显然达到了目的，我们将很快纠正这些缺陷。我们果然在几个星期内做到了。自那以后，战斧成为我们最可靠的武器之一，在两次伊拉克战争②期间发射了数百枚，效果极好。

　　灵巧的探测装置（传感器）也是抵消战略中不可缺少的组成部分。我在上任时就打算将我很熟悉的美国侦察卫星的高超技术用于我们的常规军事力量。这个极其成功的冷战卫星系统含有最新的数字化技术，这个技术除了用于卫星外，还可用于地面和飞机的侦察系统，直接支持我们的战地指挥员们。

　　这种系统之一是"空中预警和控制系统"（Airborne Warning and Con-

---

　　① "木谷"在印第安人语言中是指"沙滩"（Beach）。木谷岬是海军航空兵的训练基地，官方名称是"海军航空兵导弹试验中心"或"太平洋导弹试验中心"。附近的木谷国家公园有 8 公里长的海滩和 70 公里的登山漫步小道。——译者注
　　② 第一次是 1991 年的"沙漠风暴"行动，惩罚萨达姆入侵科威特；第二次是 2003 年 3 月美国以伊拉克拥有大规模杀伤性武器为由推翻萨达姆政权。——译者注

trol System，AWACS），在我上任时它已在研发之中[7]。AWACS实际上是一部飞行雷达，它把战区内每一架飞机的位置和飞行方向实时地告诉美国的战场指挥员们。AWACS显然能使空战革命化，它确实做到了。

为何不使地面战斗革命化，把地面上每一辆车的位置和行驶方向实时地告诉地面的指挥员们？满足这个挑战的系统Joint STARS[8]在我离任时刚开始研发。在实施"沙漠风暴"行动时，Joint STARS处于最后试验阶段。"沙漠风暴"行动的美国指挥员，已去世的诺曼·施瓦茨科普夫（Norman Schwatzkopf）将军①，命令在战场上使用Joint STARS，即使它尚未完成全部的作战性试飞。结果它在战场上做得十分成功，现在没有一位指挥员愿意不装备它而投入战斗。

另一个灵巧的机载探测装置是我们在ESL公司研发的Guard Rail（护栏）[9]。起初，它被用于和平时期的侦察，后来被用于在战场上确定重要目标的位置。

抵消战略的一个革命化成果是全球定位系统（Global Positioning System，GPS）[10]。作为一个实验项目，它在我上任之前的几年中已开始研发，1979年年底在卫星轨道上有4颗美国的GPS卫星。按计划需要24颗，但是没有拨款预算。在制定1980财政年度②的预算时，美国行政管理和预算局（Office of Management and Budget，OMB）及布朗部长一致同意，为了节省开支，打算结束这个虽然有趣但非紧要的GPS项目。

---

①　施瓦茨科普夫（1934—2012）是四星上将，1988年任美国中央司令部（西亚、中东、北菲地区）司令，因在1991年1月的"沙漠风暴"行动中任海湾联合部队司令时打了世界历史上第一场现代化战争而出名。1991年8月退役。——译者注

②　美国的财政年度是从每年的9月1日起。——译者注

我慎重地请布朗部长把这个决定推迟一个星期，等我到霍洛曼空军基地（Holloman Air Force Base）① 的 GPS 试验现场去考察一次再做决定。我相信，GPS 对于抵消战略来说是不可缺少的一部分，但是我必须确定它能够像描述的那样工作。我计划在到达霍洛曼空军基地时刚巧现有的 4 颗 GPS 卫星都在基地上空的轨道上（只有这样，4 颗卫星才能提供完整的精确度，但是它们刚巧都在某地上空的时间很有限②）。GPS 计划的管理者布拉德·帕金森（Brad Parkinson）中校是一位很有才能的工程师，他对我做了叙述，我要亲自看一看。在对我做了简单的汇报后，帕金森带领我坐进一架直升机，它停在跑道上一个 10 米直径的圈子里。飞行员驾驶这架窗户被涂黑的直升机起飞。我们盲目地飞行了半个小时，只用 GPS 信号为我们定位。然后，我们回到基地，驾驶员利用 GPS 使直升机精确地在这个 10 米的圈子里着陆。

我信服了。我回到五角大楼，准备采取一切活动挽救这个 GPS 项目。幸运的是，布朗部长同意了我的意见，这个项目的拨款被恢复了。我做了一个让步，把 24 颗卫星减到 16 颗，这个减少使 GPS 系统只能覆盖北纬地区。不过我坚信，在 GPS 系统可以实际使用时，它所显现的价值将恢复给其余 8 颗卫星的拨款，事实果然如此。

GPS 技术在军事应用上的重要性甚至超过我最初的想象。我那时未曾想到它将成为民用领域无处不在的技术。我为自己在历史关键时刻使 GPS

---

① 以导弹研究工作的先驱乔治·霍洛曼上校命名的霍洛曼空军基地位于新墨西哥州。——译者注

② 地面上每一个动点的位置及其移动方向有 4 个变量（三维坐标 x、y、z 和一维时间 t），所以必须同时收到 4 颗轨道参数已知的 GPS 卫星发出的信号才能解含有 4 个变量的四元一次联立方程。如果轨道上有 24 颗 GPS 卫星，则地球表面上任何一点都能在任何时刻收到至少 4 颗 GPS 卫星的信号。——译者注

技术存活而感到自豪。在说服总统否定 OMB 取消 GPS 项目的决策方面，布朗部长也起到了关键作用。帕金森，他现在是斯坦福大学的教授，提出利用 GPS 卫星的超高精度计时功能检验万有引力常数①。吉姆·斯比尔克（Jim Spilker）对最初的 GPS 科技工作做出了很大贡献，他是一位企业家和斯坦福大学的名人［斯坦福大学工程系的四合院是吉姆和他的夫人安娜·玛丽·斯比尔克（Anna Marie Spilker）捐资建造的］。哈罗德·布朗、本杰明·里奇、保罗·卡明斯基、乔·拉尔斯登、布拉德·帕金森、吉姆·斯比尔克同冷战时期投身高超侦察技术革命的其他技术"魔法师"们一起，继续支持我的信念：人类能够应付时代提出的严峻问题。

在 20 世纪 70 年代晚期，这个新的包含"许多系统（隐形、灵巧探测、灵巧武器）的系统"得到高度优先的研发，在 20 世纪 80 年代初期开始生产，80 年代晚期部署，刚好赶上"沙漠风暴"，这是一个未预先计划的，验证冷战时期研发的高超军事技术的试验场。

"沙漠风暴"的指挥员们拥有近乎完美的情报。相比之下，伊拉克的指挥员们甚至在 F－117 隐形战斗轰炸机肢解他们的部队时还未能发现这些飞机，因为 F－117 的隐形设计使得伊拉克的雷达没有能力发现这些飞机。F－117 在伊拉克出动了约 1 000 架次，投放了约 2 000 吨精确制导的弹药，其中约80%击中目标，这是从前不可想象的精确度和可靠性。在夜间攻击有数百套苏联设计的现代化防空系统保卫的巴格达时，没有损失一架飞机。

在"沙漠风暴"中取得出色军事成果的这些武器对于美国军队保持压

---

① 斯坦福大学的这个科研项目称为"引力测量－B"（Gravity Probe-B），它发射一颗载有高精度陀螺仪的卫星，再利用高精度的 GPS 卫星群测量爱因斯坦广义相对论预言的引力造成时空弯曲。这个项目以失败而告终。——译者注

倒性优势和遏制来说依然是重要的。我为我们能实现抵消战略的雄心壮志
而感到安慰，为自己在其中所起的作用而感到自豪，并赞赏哈罗德·布朗
和保罗·卡明斯基所起的领导作用。其他人对于这项创议的成功也是至关
重要的。若没有参议员纳恩的全力支持，抵消战略就不可能及时得到必需
的拨款。这些系统必须实现批量生产和广泛部署，在里根总统时期主管研
究与工程的国防部副部长迪克·德劳尔（Dick DeLauer）的领导下，那届
政府在大部分时间内这样做了。在这些武器被部署后，军队需要并成功地
制定了适应这些革命性新系统的战术和培训。在"沙漠风暴"开始时，我
惊喜地看到查尔斯·霍纳（Charles Horner）① 如何将 F－117 的独特性能
运用于夜间作战（因为它的隐形性使它只有在那个时段完全"不被看
到"），并将它用于摧毁最严密防卫地区巴格达的防空力量，从而使得非
隐形的飞机可以"自由飞翔"。

并非所有人都赞成抵消战略。在它的研发期间，有一个名为国防改革
论坛（Defense Reform Caucus，DRC）的团体发起了强烈的反对。起初，
DRC 聚焦于担心这些战斗机，特别是 F－15 和 F－18 的高价格和复杂性，
以及由此而来的这些项目超预期的研制成本和研制周期（这些问题也发生
于现在的F－22 和 F－35 战斗机项目，这显然是一种常见病）②。他们从那

①　霍纳曾在越南战争时期驾驶 F－105"雷公"（Thunderchief）战机 41 次进入北越，还曾
因 74 次以自己的冒险飞行吸引对方暴露防空火力布局而获得银质奖章。他在 1992—1994 年间曾
任北美防空司令部司令，包括监视卫星和航天飞行。——译者注

②　F－15"Eagle"（鹰）是用于空中格斗和攻击地面的战斗机；F－18"Hornet"（大黄蜂）
是舰载的战斗攻击机；F－22"Rapter"（猛禽）是一种隐形战斗机，因价高且不准出口而在 2009
年被国会决定停止生产，2011 年 12 月最后一架下线，总计仅生产了 187 架；F－35"Lightning"
（闪电）是隐形飞机，属于第四代空中格斗和对地攻击机，有 A、B、C 3 种型号，相应地使用一
般跑道、短程跑道（垂直起飞）和舰载，美国的盟国（英、日等国家）都采用它取代 F－16
"Falcon"（隼）战斗机和 A－10"Thunderbolt"（雷电）对地攻击机。——译者注

个有道理的立场演变为我认为是无道理的立场——在任何军事系统中，新技术将不可避免地导致较高的花费和拖延的时间。他们的基本论据是，新技术可能在实验室里工作得很好，但是在"战争的迷雾"（fog of war）中不起作用，而且对于我们的军队来说，这些新技术太复杂。他们争辩说，新的集成电路（integrated circuit，IC）技术不够结实耐用和可靠，这是任何用过电动的机械计算机和立足于 IC 的惠普公司计算机的人都知道的。然而，事实却与此相反。DRC 认为，新的 IC 技术将增加复杂性和成本；事实上，引入集成电路，无论是军用还是民用，会大幅度降低成本和增加可靠性。不了解这个情况的 DRC 争辩道，我们应该用更多的军队、更多的坦克和更多的飞机对付苏联常规军事力量的数量优势。

对于 DRC 提出的思想，詹姆斯·法洛斯（James Fallows）在 1981 年出版的《国防》（*National Defense*）[11] 是一个最好的例子。该书出版时我已经离开国防部，在一家名叫"汉博奎斯特风险投资公司"（Hambrecht & Quist，H&Q）① 的高科技投资银行工作。但是我也会投入一部分时间在斯坦福大学研究安全问题。我在 1982 年春季的《国际安全》（*International Security*）季刊（麻省理工学院出版）[12] 上发表了一篇名为"法洛斯的谬论"（Fallows Fallacies）的文章批驳他。在文章中，对于为什么 IC 不等于复杂性，我给出了技术论据，事实上，IC 将降低成本和增加可靠性。我还指出了 DRC 的军队数量比拼战略的本质性错误：首先，为了在数量上与苏联军队看齐，需要大量增加国防预算；其次，随之而来的，需要重新征兵以达到必要的人力。我认为这二者在政治上都是不可行的。

---

① 该公司由威廉·汉博（William Hambrecht）和乔治·奎斯特（George Quist）在 1968 年成立，位于旧金山，它是专注于高科技和网络产业风险投资的先驱，在 20 世纪 80 年代帮助苹果、网景、亚马逊、Adobe 软件等公司上市。1999 年被曼哈顿大通银行以 13.5 亿美元收购。——译者注

DRC 的反对使我们的某些项目有所延缓，但未能迫使它们停止。不过，我确实担心我们的军队不能适应这些新技术。在越南战争后，我们军队的士气、训练和能力都下降了。抵消战略的各种系统在部署后需要处于这样状态的军队去操作。军队敏锐地察觉到了这个问题（与有没有抵消战略无关），随着征兵结束，军队想出了一个解决办法。军队的领导们认为，延长这支全部是志愿兵的军队的服役期就能使强化训练的计划产生好效果，他们确实制定了一个令人印象深刻的训练计划。他们重建军队的决心，特别是他们对训练的承诺，使我有了信心。我相信，在我们的各种系统可用于战斗时，我们的战士们将准备好使用它们。事实证明果然如此。

在"沙漠风暴"之后，那时的国会众议员、军事委员会主席莱斯·阿斯平（Les Aspin）[13]举行了一次关于灵巧武器在这次战争中所发挥作用的听证会。当时，我已不在政府工作，但被召去做证；委员会还召来了 DRC 的一位领袖皮埃尔·斯普雷（Pierre Sprey）。我的证词是，抵消战略的各种武器正像预期的那样发挥作用，空军已进化到能以接近最佳战略的方式使用它们，它们在这场一边倒的胜利中起到了根本性作用，并且显著地降低了美国军队的损失。斯普雷坚持 DRC 长期以来的评价，新的灵巧武器不能在"战争的迷雾"中发挥作用。在他做证后，阿斯平主席嘲笑道，按照斯普雷先生证词所得出的结论是我们输掉了"沙漠风暴"之战。

回顾革命性的抵消战略在那些引人入胜和激动人心的日子里的实施，我相信这个开天辟地的技术和人类伟业将继续是美国在核武器时代的重要成就之一。它与任何国家级计划一样使危机时期的思维有了戏剧化的新方式。作为防止核悲剧的审慎而务实的措施，它击退了苏联人认为他们已取得了决定性军事优势的任何信心，而且它以值得称赞的低成本和激动人心的速度做到了这一点。如果经济不可避免地成为约束和延缓核军备竞赛的因素，那么抵消战略优越的成本效益比肯定在其中起到了核心作用。

抵消战略可能还有一个更加根本性的教益：技术在今天的必要性。如果革命性的技术曾产生了核武器并给世界带来危险，那么革命性的技术对于逐步创造更好的安全体制来说也是关键的：安全体制从军力对抗的敌对模式，演变为更为安全的保护核裂变材料全球合作，其间经历了由依靠大规模裁减军备的协议约束，转而依靠技术的发展。就像冷战时期美国在侦察技术方面的革命那样，抵消战略及其在战场的表现是人类和技术的胜利，它指明了我们前进的方向。在我的历程中，它肯定是非常难忘的一段经历。

尽管我们实施的抵消战略是使我们的常规武装力量现代化，但同时使我们的核力量现代化。所以，我将在下面向你们讲述我在进入五角大楼的第一天所遇到的激烈辩论。这场辩论是关于另一件事的必要性，即把建设美国的战略核力量以维持遏制态势作为政府授权的另一项计划。

7 建立美国的核力量

我们已堕落到讨论哪种部署方式最好，陆上、海上或者空中。我倒想建议第四种方式，我称之为屎桶方式。

——犹他州农场主塞西尔·加兰（Cecil Garland），

CBS电台广播，1980年5月1日[1]

在 20 世纪 70 年代中期，苏联与美国在核武器及其运载工具方面处于均势。我们不能再如艾森豪威尔总统认为的那样，用核武器抵消红军长期以来在数量上的 3∶1 优势。在我成为副部长时，一场关于我们现在能否遏制苏联军事攻击的辩论正在进行。

前国防部副部长保罗·尼采[2]（Paul Nitze）是一个名叫当前危险委员会（CPD）的两党①公民团体中最能说会道的成员，他坚称美国第一次有一扇"易损之窗"面对着苏联的突然核攻击。卡特总统的战略是通过技术升级增强美国军队的常规作战能力，这个思想引发了抵消战略，在此后几年内它得到了优先研发。但是卡特总统，部分是由于受到 CPD 的压力，决定我们必须维持与苏联均衡的核力量以确保万无一失的遏制。在某种意义上，维持核均势的政治压力至少像要求必须保持核遏制一样对我们的各项计划产生强烈的影响②。

但是，问题不仅是使我们的核力量规模能跟上苏联正在加快步伐的核计划。为了使我们的遏制有效，我们必须确保我们的核力量在苏联的核打击下能够生存下来，并且随后能突破防御打到苏联境内的目标。

于是，在为我们的常规力量实施抵消战略的同时，我采取了重要措施提升我们的核力量。具有讽刺意味的是，提升常规力量是受"新思

---

① 美国的两党是指民主党和共和党。——译者注

② 核均势与核遏制不同：核均势是指双方的核武器数量一样多；核遏制不一定要核武器在数量上处于均势，只要自己的核力量能在对方先发制人的打击下生存和回击对方，从而可以遏制对方发起先发制人的核攻击。总之，核遏制的关键是寻找能使自己的核力量生存下来的部署方式。——译者注

维"驱使的（利用我们的技术优势抵消苏联的数量优势），而提升核力量却是受"老思维"驱使的（认为苏联确实正在计划以先发制人的攻击摧毁我们的核力量）。

关于我们的防御力量是否足够的讨论通常是基于它们的遏制能力如何。实际上，这是一个基本的要求。但是，我很快就得知这不是唯一的要求，而且不一定是扩大核力量规模的主要驱使因素。我们的遏制力也被一个政治尺度来衡量：它是否使我们与苏联处于均势？我没有把这当成一个关键问题，但是我能做证，在冷战时期没有一位美国总统愿意接受少于苏联的核力量。我认为这个核均势的必要性在驱动核军备竞赛中所起的作用超过需要核遏制。同样地，基于需要核遏制，我们认为需要"三位一体"（Triad）①。但是我相信，即使我们只有潜艇发射的导弹，就已经有了可信赖的遏制能力。因此，我们本来只需要满足有足够遏制力的条件，现实情况却是遏制力的规模和组成主要取决于政治必要性：我们的核力量与苏联的各种核力量都处于均势［类似的必要性现在似乎依然适用。我们现在不需要数千件核武器遏制苏联，但是由于政治原因，我们不愿把已部署的武器削减到少于新的裁减军备协议（New START）② 同意的双方有同等数量的战略核武器——已部署的 1 550 枚］。

---

① "三位一体"（Triad）源自基督教的教义：上帝是圣父耶和华（Holy Father Jehovah）、圣子耶稣（Holy Son Jesus）和圣灵（Holy Spirit）三者合成的一体。这个名词被用于指战略核武器的 3 种部署方式缺一不可：陆基（地下发射井或地面机动）、空基（战略轰炸机）和海基（潜艇）。——译者注

② 新的裁减军备协议（New START）全称是《新削减战略武器条约》（New Strategic Arms Reduction Treaty）。这是里根总统在 1982 年提出的，苏联解体前的 1991 年 7 月 31 日在莫斯科签署。它规定在 7 年内各方把核弹头数量减到 1 550 枚，运载工具减到 700 个。但是，美方在 2009 年仍有 2 252 枚核弹头和 798 个运载工具，俄方在 2010 年仍有 2 600 枚核弹头，但只有 566 个运载工具。——译者注

历史上，我们的战略核武器及它们在遏制政策中的安全性是基于"三位一体"的：空基的飞机 B – 52 能把炸弹运载到苏联境内的目标上空投放；海基的潜射弹道导弹（SLBM）北极星（Polaris）能从在苏联周边海域水下巡逻的潜艇发射；陆基的 ICBM 主要是部署在美国加固的地下发射井内的多弹头的民兵（Minuteman）导弹①。这个"三位一体"的成长经历了复杂的历史，但是它成为牢固树立的，甚至是神圣的，很能经得住不同意见挑战的部署方式。虽然我们的每一个核系统都是昂贵的，但是它们在国防预算中只占相对较小的比例（在我任国防部长时占比不到 10%）。这是因为它们不需要占用大量人力，而人工费用在我们的国防预算中是最贵的部分。

我断定，我们的 SLBM 是不易被攻击所损伤的，因此完全由 SLBM 构成的美国的核力量能够给我们提供足够和可靠的遏制力。然而，我们部署的很能干和很安全的北极星导弹已经陈旧，替代它的三叉戟（Trident）项目也已大有进展②，可以带来重大的改进（每个导弹携带更多的弹头，精度更高，更"安静"，使敌方声呐监测系统难以发现、跟踪和定位）。但是，三叉戟项目遇到了技术问题，问题严重到使我把三叉戟重返研发之路作为加强我们遏制力的第一优先项目。我访问了三叉戟导弹的主要承包商

---

① 历史上，美国第一代陆基 ICBM 是使用不可储存的液氧的宇宙神（Atlas）导弹，第二代是使用可储存的四氧化二氮的大力神（Titan）导弹，第三代是使用固体燃料的民兵（Minuteman）导弹。此后，又研发了可运载 10 个弹头的 MX（和平卫士，Peacekeeper）导弹，并采用在多个地下发射井之间做隧道机动（称为"猜豆游戏"）的部署方式；MX 在 1986 年开始部署后根据美苏反导弹条约而于 2005 年退役。——译者注

② 在北极星与三叉戟之间还有海神导弹。北极星是美国的第一代潜射弹道导弹（SLBM），它在 1961 年开始服役，它的 A – 3 型射程为 4 600 公里。它在 1971 年被同样射程但装有分导式多弹头的海神（Poseidon）替代。自 1979 年起，海神被射程为 11 300 公里的三叉戟替代。——译者注

洛克希德导弹与空间公司（Lockheed Missile and Space Company，LMSC），会见了 LMSC 公司的总裁鲍勃·福尔曼（Bob Fuhrman）。他也表示了同样的担心，并已派他最好的经理丹·特烈普（Dan Tellep）担任三叉戟项目的主管。在会见特烈普后，对于他理解的该项目研发中的缺点，以及准备采取的有力纠正措施，我感到满意。后来，三叉戟成为我们最成功和最可靠的系统之一。特烈普晋升为 LMSC 公司的总裁，后来又成为洛克希德公司的首席执行官，最后成为洛克希德·马丁公司的董事长。

我还采取措施，从根本上改造"三位一体"的空基力量——陈旧的 B-52。由于苏联增强了其本来已经很广泛部署的防空力量，我们越来越担心许多 B-52 在到达它们的目标上空前就被击落。上一届政府就已考虑用即将投产的 B-1 代替 B-52。我的第一个行动是取消了在技术上过时的 B-1 的生产计划，因为它没有大大改善我们突破苏联巨大防空网的能力（我本欲完全取消这个项目，但是为了保持国会中某些强烈赞成 B-1 的人对我的支持，我同意保留一个小的研发 B-1 的项目）。我的第二个行动是授权并紧密地监管研发空中发射巡航导弹（Air-Launched Cruise Missile，ALCM）。B-52 将装载这些巡航导弹，并在距苏联数百英里之外发射它们，密集地部署在苏联境内目标周围的苏联地对空导弹不可能打到我们的轰炸机。接着，我们为 ALCM 研发了转盘式发射器，每个发射器可以携带 8 枚 ALCM，每架 B-52 装有一个转盘式发射器。还可以用两个外挂的塔架，每个塔架上装 6 枚导弹，使 B-52 运载的核炸弹增加到 20 颗。

显然，ALCM 这个相对不贵的改进可以把 B-52 的使用寿命延长数十年，这确实是高性价比。由于 ALCM 的飞行高度低（200 英尺）且雷达反射面小，因此它能轻易地突破巨大的苏联防空网，使 B-52 成为"战场外"的运载工具，这就大大地提高了它的生存率（及飞行员的生存率）。

ALCM 的关键组成部分是高精度的导航系统，它利用地形匹配制导达到优于 100 英尺的命中精度。这个被称为地形匹配制导（Terrain Comparison or Terrain Contour Mapping/Matching，TERCOM）的系统是一个技术奇迹，即在导弹计算机的集成电路内储存了我们的侦察卫星拍摄的大量苏联图像。ALCM 的另一个关键组成部分是体积小、重量轻、效率高的涡轮风扇式喷气发动机①，它是另一位真正的天才和技术魔法师萨姆·威廉姆斯（Sam Williams）研发的，他是一个小而不为人知却有创新的威廉姆斯国际公司（Williams International）的创始人和总裁。ALCM/战斧综合项目②是由海军上将瓦尔特·洛克（Walter Locke）极其有效地管理的，他是国防部最能干的项目管理者之一。

在 F–117 隐形战斗轰炸机项目成功启动后，我授权研发航程远和载弹量大的隐形轰炸机 B–2。B–2 不需要用"战场外"的作战模式，因为它有极小的雷达反射面，从而可以直接在敌方防空系统上方飞行。在我任职的最后一年，B–2 的合同被授予诺斯洛普·格鲁门公司（Northrop Grumman）。

我那时认为（现在仍认为），只要 ALCM 和 B–2 这两个项目成功推广就可以使美国具有强大的遏制力。它们典型地体现了我们如何把技术用于有效和经济地对付苏联的挑战。没有必要使用"魔鬼炸弹"或使我们的常规

---

① 涡轮风扇式喷气发动机效率高的原理是，从进气道吸入超过燃烧室正常燃烧所需的大量空气，这些空气经过压气机增压后一部分进入燃烧室与煤油混合，燃烧后产生高温燃气驱动发动机后部的涡轮（涡轮通过一根轴带动发动机前部的压气机），另一部分空气直接从侧面绕过燃烧室后与高温燃气混合，降低发动机的排气温度，从而减少了能量的损耗。高效率的发动机可以减少巡航导弹的载油量，从而把巡航导弹做得既轻又小，或者在不减少载油量的前提下增加航程。——译者注

② ALCM 和战斧（Tomahawk）都是巡航导弹，前者是空中发射的，后者是舰艇发射的，所以综合为一个研制项目予以管理。——译者注

军队的规模增加 3 倍，前者是一个古怪的幻想，后者是熟知的守旧思维模式。

美国"三位一体"核力量的 ICBM 部分由民兵导弹和大力神导弹构成。大力神导弹已经陈旧了，但是民兵 – III 型导弹比较现代化，它可以携带 3 颗高精度的弹头①。当前危险委员会假设苏联的突然核攻击，像"晴天霹雳"，能摧毁地下发射井中的民兵导弹。我认为这种担心太过杞人忧天了。首先，我们的地下发射井能保护其中的导弹，除非直接或几乎直接被命中。根据我们的情报，我们不认为苏联的 ICBM 足够精确，使苏联领导人相信他们的攻击能摧毁我们的地下发射井。其次，即使苏联有了如此高精度的制导系统，他们仍然不得不担心我们将在他们的 ICBM 到达之前发射我们的导弹（称为"预警发射"）。我们的预警系统在那时（和现在）足够好，能提供 10—15 分钟的预警，而我们的民兵导弹能在 1 分钟之内发射（我很担心在冷战结束后我们继续保持"预警发射"的能力；我在后面论述我们不应该在后冷战时代冒"误发警报"的危险时还将涉及这个问题）。但是 CPD 争辩说，总统在做出发射的命令时会有所犹豫，即使他有足够的预警时间，因为他担心假预警（我很快从自己的经历中得知这有点道理）。

在我任副部长时，我接手了正在研发的 MX ICBM，它有 10 个弹头，是继民兵导弹的第四代洲际弹道导弹。理论上，一枚导弹上集中安装 10 个弹头将使其成为特别吸引敌方先发制人打击的目标。在这种担心下，补救的办法是寻找一种比较不易受打击的部署方式，使这些 ICBM 能"逃脱"苏联先发制人的攻击。结果是，一切解决办法似乎都比公认这个问题

---

① 民兵 – III 型三级固体燃料弹道式导弹是波音公司生产的，在地下发射井中共部署了 500 枚，它的起飞重量是 36.5 吨，射程 12 500 公里，它可以携带 3 颗 17 万吨当量的分导式多弹头，并携带诱饵（假弹头和金属片）。——译者注

更糟！

试图解决这个问题无疑成为我任副部长时最不切实际和令人沮丧的任务。从一开始，我们就被各种建议所淹没：把 MX 装在飞机上、装在火车上、装在卡车上、安放在水下的大陆架上。但很快我们发现每种建议都很复杂和昂贵，而且每种建议都有其易受攻击的弱点。这种公认 ICBM 易受攻击并提出其解决办法的情景可能在今天的人们看来是一场神经紧张导致的荒谬可笑的喜剧，虽然它是为了使国家免遭最悲惨的危险。

尽管如此，我们在经过许多辩论后决定采用一种特殊的地下发射井部署系统。我们将生产 200 枚 MX 导弹（每枚携带 10 个弹头），把它们部署在 4 600 个地下发射井内，这些地下发射井散布在内华达州和犹他州一带的大平原下。我们的部署使苏联人无法肯定哪些地下发射井内有导弹，因此苏联人不得不把 4 600 个地下发射井都作为目标，这是一个赔本的战略，从而降低了先发制人的可能性。毫不奇怪的是，内华达州和犹他州的公民们反对这个计划。

在最后批准这种 MX 的新部署计划之前，总统决定让国防部参加在盐湖城（Salt Lake City）[①] 举行的全国电视公共论坛，论述这个部署计划的优点。我代表国防部参加了这个活动。在抵达盐湖城时我立即看到一张海报，海报把 MX 导弹的预定部署地犹他州画成一个靶心，上面是一朵蘑菇云。我开始自问，我是否应在那天称病缺席，但是我的精彩冒险继续着。在我到达市政大厅时，那里已经坐满了人，大部分是敌视 MX 的犹他州居民。这次论坛的高潮（或低潮，如果你愿意这样说）发生在一位代表一个公民团体的犹他州农场主对我说的话："我们已堕落到讨论哪一种部署方式

---

① 盐湖城是犹他州首府。——译者注

最好，陆上、海上或者空中。我倒想建议第四种方式，我称之为屎桶方式。"

我在那时明白了建议部署 MX 导弹是一项失败的事业。我的内心深处感到解脱。

毫不奇怪的是，下一届政府①强烈地批评我们无效地致力于设计 MX 的安全部署方式，他们在上任后的第一年建议采用一种新的部署方式：把许多地下发射井密集地建在一起，这样可以利用"自相残杀"效应使来袭的大量苏联核弹头因自相毁坏而失效②。这个方式与其他一些方式一样存在严重的缺陷，所以提出此建议的那些人取消了它。最后的结论是："让我们干脆把它们部署在通常的地下发射井内。"他们这样做了，放弃了降低 ICBM 易受攻击损伤的企图，这可能是一开始就应该做的。美国的全部遏制力量在总体上曾是（现在仍是）安全的，为 MX 导弹设计安全的部署方式是一项不必要的"皮带加背带"③举措。我总觉得后悔的是，我听任自己被末日预言家们卷进那个不必要的事务。一个事后的说明：在小布什总统的第一届任期内谈判限制部署核弹头数量条约之后，第一个被涉及不再部署的就是 MX 导弹，虽然它是我们最新的 ICBM。

在经历了令人沮丧的 MX 辩论之后，我在那天晚上到盐湖城的酒店住宿。我在深夜被电话唤醒，通知我挽救人质的计划在伊朗的沙漠里灾难性

---

① 指里根总统（共和党），他在 1981 年 1 月接替卡特总统（民主党），佩里也因此在 1981 年年初卸任国防部副部长的职务。——译者注

② 先发制人的一方必须一下子发射许多 ICBM，把对方的地下发射井全部摧毁，以免受攻击的一方用未被摧毁的地下发射井发射反击的 ICBM。如果地下发射井被密集地建在一起，则来袭的第一枚 ICBM 的核弹头的爆炸将毁坏后续的许多核弹头，结果只有第一枚核弹头起到摧毁一个地下发射井的作用，其余的核弹头都报废了，这就是所谓的"自相残杀"效应。受先发制人攻击的一方等待第一枚核弹爆炸后就可以用剩下的地下发射井发起报复性的反击。——译者注

③ 男性的西服裤子可以用皮带束腰或用背带固定，不必二者兼用；"皮带加背带"是"多此一举"的意思。——译者注

地失败了①。我没有介入挽救美国大使馆人质的使命（甚至没有得到过简报），但是，我为特遣部队的伤亡、为人质未能被救出及为五角大楼的同事们承担这个灾难的责任而感到极度悲伤。归根结底，那天无疑是我担任副部长时最糟糕的日子。

尽管有那天在盐湖城的不愉快回忆，我依然相信我们在那些年采取的那些措施的重要性，它们保持了我们强大的"三位一体"战略武器力量，足以应付苏联人促使他们的核力量更先进、更致命的计划。这些措施在漫长的遏制核悲剧中起到了关键作用，尽管它们在那个充满敌意、无合作精神的时代不能确保国家安全。

但是，关键的美国战略主旋律——必须防止核战争——正在逐步成熟。其中之一是认同技术的价值，例如，利用极先进的 ALCM 使陈旧的B－52 恢复活力，它既优雅又经济实用，这是一个明智的决策，它使苏联人投入其战略力量的大量昂贵资产突然贬值。这个部署突出地显示了，苏联负担不起日益昂贵的核军备竞赛，这无疑是又发出一个信号：双方均衡地缩减军备才是明智之举。另一个主题是，出现了一些人才，他们能利用这个为保持必要的遏制而创造奇迹的巨大机会。例如，负责 F－117 项目的本杰明·里奇，以及挽救了关键的新 SLBM 三叉戟项目，使其在"三位

---

① 伊朗的国王巴列维被宗教领袖霍梅尼领导的伊斯兰革命推翻后流亡国外。他曾受到美国8 位总统的支持，所以伊朗人民对美国积怨很深。他在 1979 年 10 月到美国治疗淋巴瘤，引起伊朗人民愤怒。一群青年学生在 11 月 1 日占领美国使馆，扣留 66 名美国外交官作为人质，要求美国政府用巴列维交换。事件拖延了一年多。卡特总统在 1980 年 4 月 25 日组织了代号为"鹰爪"的援救行动。由于那时尚无空中加油技术，所以只能用运输机把直升机、军人和油料等运到伊朗的无人沙漠地区，再派直升机去德黑兰营救人质，结果在沙漠的沙尘暴中直升机与 C－130 大力神运输机相撞，死了 8 名军人，援救行动失败。卡特在 1980 年 11 月竞选连任美国总统时也因此而败给里根。在里根于 1981 年 1 月 20 日宣誓就任总统仅几分钟后，伊朗就释放了人质。——译者注

一体"中不可缺少的丹·特烈普。在辩论 MX 导弹部署方式的易受损性时几乎是偏执、教条、吹毛求疵的情景，即使其具有讽刺意味，却可能标志了这种思维的权威性正在衰落。在那些日子里，我可以明显地感觉到战略观点正在转变。

8 核警报、军备控制
以及失去的核不扩散机会

我的预警电脑显示有200枚ICBM正在从苏联
飞向美国。

——值班军官打电话给佩里（非原话），北美防空
司令部，1979年11月9日

在担任副部长的第三年，某天半夜我被北美防空司令部（North A-merican Aerospace Defense Command，NORAD）的一位值班军官的电话惊醒。这位将军清楚而直截了当地说，他的预警电脑显示有 200 枚 ICBM 正在从苏联飞向美国境内的目标。我在心跳停止了一秒钟的瞬间想到，我最坏的核噩梦成为现实了。但是，这位将军很快解释道，他的结论认为这是虚假警报，他打电话是想问我能否帮助他确定他的电脑哪儿出错了。他必须在第二天早上向总统报告这个事件，所以他要尽可能清楚地了解发生了什么问题及如何防止再出现这类错误警报。我们花了几天时间查明，这是一名操作员错误地把训练用的磁盘放进电脑，这是人为的错误。灾难性的核战争可能因偶然事故而爆发，这是我永远不会忘记的惊人教训。

这个错误可能导致核战争，这么大的危险怎么能在核武器的历史记载中降低到仅仅作为一个脚注？这位值班军官怎么会得出"虚假警报"的正确结论？我们永远无法确切地知道在那恐怖的几分钟里他的头脑中有些什么想法。我试图把自己放在他的位置并想象我会怎样思考，假设我在受到如此巨大的震惊后仍能保持理性。

我会立即怀疑苏联的任何领导人会相信这样的攻击能摧毁美国的武装。即使这个攻击成功地摧毁了我们的许多陆基 ICBM 和轰炸机，美国的潜艇将用数千枚核弹头回击，这将毁灭苏联——苏联的领袖们懂得其中的利害关系。

此外，我还注意到，电脑显示出来的这个攻击是一个单独事件。

也就是说，世界上没有发生与苏联领袖们愿意采取这种可怕的冒险行动相关的其他事件。这条思路使我得出结论：这是一个虚假的警报。

这两个结论为此类性质的决策（在想象得到的最极端压力下做决策）提供了令人担忧的脆弱根据。

在我怀疑这个公认不会出错的预警系统时，如果这位值班军官却不怀疑这次预警，那怎么办？如果在古巴危机或中东战争期间出现这种人为错误，那怎么办？如果这位值班军官得出另一种结论，那么这个警报会一路上报到总统，叫醒他，并可能只给他 10 分钟的时间，在缺乏前因后果和背景的情况下考虑各种选择，并做出有关世界命运的决策。

这就是我为何认为核警报决策过程有严重缺陷——它期望总统在几分钟内做出很少顾及前因后果的可怕决策。然而，这就是我们在那时采用的决策过程，今天基本上仍是这样。

在这样的决策过程中，必须极其重视值班军官、NORAD 的司令、总统（及与他们的地位相对应的苏联各级对手们）在做出决策时所需的前因后果。在寻求达成军备控制协议时，弄清楚大环境也是关键的（往往被忽视的）信息之一。的确，在 1977 年谈判成功的军备控制协议①刹住了当时正在进行的军备竞赛，减少了我们的武器费用及双方之间的互相威胁。但更重要的是，它使我们得以与我们的死敌对话，从而使双方有一定程度的透明性。最关键的是，它为我们提供了背景情况，即更好

---

① 在 20 世纪 70 年代，美苏之间共谈判了两个战略武器限制条约（Strategic Arms Limitation Treaty，SALT）。1972 年里根和勃列日涅夫签署的 SALT I 只临时限制 5 年；1977 年卡特总统接替里根政府谈判 SALT II，1979 年 6 月 18 日卡特和勃列日涅夫签署 SALT II。由于苏联入侵阿富汗，美国国会参议院未批准 SALT II。佩里在此处指的是 SALT II。——译者注

地了解了我们的对手，从而可以使我们在紧急的一刹那做出令人生畏的决策。在我看来，这远比所取得的军备数量减少更重要。虽然条约中关于数量限制的条款"没有坏处"，但是这个条约所起的更大作用是为我们提供了基本的大环境信息。

卡特政府在加强美国核力量的同时，也开始了谈判，使双方都限制核力量。1971 年①的第一个战略武器限制条约（Strategic Arms Limitation Treaty，SALT I）是一个例子，军备的控制和减少继续进行了一段时间。核武库的增长使双方难以承受的心理和经济压力达到了一个实际限度。这些现实情况开始战胜超级大国之间互相猜疑和敌视的冷战精神。相应地，卡特总统启动了与苏联谈判新的协议，作为 1972 年生效的 SALT I 的后续[1]。

新的条约 SALT II 旨在纠正 SALT I 只限制导弹数量而不限制弹头数量的缺陷，这种限制鼓励了双方在每一枚导弹上部署多个弹头。虽然 SALT I 限制反弹道导弹（ABM）的条款有正面价值，但它限制 ICBM 的条款却有漏洞，这违背了"没有坏处"的原则②。苏联人利用这个漏洞研发了一种 ICBM（我们称之为 SS－18），它能携带 10 个独立对准目标的核弹头（战略术语是"MIRVs"，Multiple Independent Reentry Vehicles，即"多目标重返大气层载具"或简称"分导式多弹头"）③；美国则以能运载 10 个弹头

---

① SALT I 是 1969 年开始谈判，1972 年 5 月 26 日签署的。此处原书有误，应该是 1972 年。另外，缩写词 SALT 的 T 在美国有两种含义：Talk（对话）是谈判的过程，Treaty（条约）是谈判的结果。先有 Talk（对话），然后如果 Talk 成功，才有 Treaty（条约）。——译者注

② 限制 ICBM 数量本身是"没有坏处"的条款，但是这鼓励了研发分导式多弹头技术，这就使限制 ICBM 数量成了"有坏处"的条款，违背了"没有坏处"的原则。——译者注

③ 多弹头分导使每个弹头瞄准各自的目标，需要把微型动力装置及立足于集成电路芯片和数码技术的高精度微型制导系统装在每个弹头上，并输入弹头与运载火箭分离时的弹道参数以进行终端制导。——译者注

的 MX 导弹应对。所以，SALT I 不合理地鼓励了签字国在它们的核武器库中增加弹头数量。这个结果导致了不稳定的潜在危险：如果苏联人能以足够的精度瞄准美国部署 MX 导弹的地下发射井，那么他们只需用一枚导弹就能摧毁我们的 10 枚导弹。按理说，这种情景会鼓励苏联人对美国发动突然打击。

经过冗长和有时激烈争辩的谈判后，双方签署了 SALT II。这个协议需要国会参议院的批准，这可能是一场艰难的战斗，特别是因为当前危险委员会（CPD）争辩说，条约里的这些限制将使我们更易受到苏联的突然打击。我对 SALT II 持有的保留意见恰恰与此相反：虽然 SALT II 限制导弹和弹头数量的条款堵住了 SALT I 引发的 MIRV 漏洞，我认为 SALT II 允许每一方拥有 1 320 个 MIRV 系统的限制太宽松了。即使如此，SALT II 仍代表双方朝正确的方向前进了一步。

为了获得参议院批准，卡特总统请副总统沃尔特·蒙代尔（Walter Mondale）① 主持此事。蒙代尔选择国家安全局（National Security Agency, NSA）局长博比·英曼（Bobby Inman）海军上将② 和我同他一起去说服参议院。英曼和我在 1979 年 11 月的晚些时候安排了与每一位参议员的一对一会见。参议员罗伯特·伯德（Robert Byrd）③ 组织了这些会见并参加了其中的大部分。

在这些会见的同一时期，网络电视在 1979 年 12 月安排了关于批准该

---

① 蒙代尔（1928— ）是资深的民主党人，在卡特总统时期任副总统（1977—1981）。在1984 年总统选举中输给竞选连任的里根。1993 年克林顿总统任命他为驻日本大使。——译者注

② 英曼曾任中央情报局副局长。克林顿总统曾把他作为国防部长的首选，但因其名声不佳而改任命布朗担任此职。——译者注

③ 伯德（1917—2010）是资深的民主党人，曾连任三届众议员（1953—1959）和七届参议员（1959—2010），在第七届任期中去世。他是美国历史上任国会议员时间最长的人，对国会拨款权有极大影响力。——译者注

条约的全国性辩论。NSA 的前局长诺埃尔·盖勒（Noel Gayler）海军上将①被选为代表政府，艾奥瓦州的参议员约翰·科尔弗（John Culver）②代表参议院。CPD 的保罗·尼采率领 3 名反对批准的人参加了这场辩论。科尔弗参议员首先开始辩论，他用激动人心的充分理由为条约辩护。保罗·尼采接着发言，他在开场白中断然指责科尔弗参议员撒谎，这使我感到震惊。那时，这场"辩论"毫不奇怪地偏离了正题，变成了人身攻击，而不是斟酌和考虑条约的优缺点。

结果是，SALT II 没能在参议院付诸表决。在 1979 年 12 月下旬，苏联入侵阿富汗，卡特总统采取了一些惩罚行动。最著名的是，美国取消参加 1980 年在莫斯科举办的第 22 届夏季奥林匹克运动会，但是最重要的是，卡特悄悄地撤回了他请参议院批准 SALT II 的要求（SALT II 从未生效，但是限制分导式多弹头的目标在后来被第一届小布什政府在 START II 中涉及③，这将在下一章讨论）。

尽管美国与苏联在冷战的那个节点上出现了有希望的关于控制和裁减军备的谈判，但我在回顾那些年代时，看到的是历史上太熟知的不合理和狂热的思维，这种思维曾在整个人类历史上导致许多战争，这种思维在核时代比任何时候都更危险。这种思维促使人们狂热地辩论核战略，促使我

---

① 盖勒（1914—2011）是第二次世界大战中的王牌飞行员，曾击落敌机 5 架。在广岛原子弹爆炸后的第 6 天他受命飞去视察爆炸效果，亲见惨状后他便发誓要禁止核武器。他曾任 NSA 的局长（1969—1972）、太平洋地区司令（1972—1976）。他是核裁军的积极参与者，直到 2011 年去世。他对中国极其友好，在 1981 年 10 月曾作为斯坦福大学"东北亚与美国论坛"（Northeast Asia – US Forum）主任约翰·路易斯（John Lewis）率领的代表团成员访问中国，受到北京国际战略学会会长伍修权上将的接见。——译者注

② 科尔弗（1932—　）是民主党人，曾在海军陆战队服役（1955—1958），当选过国会五届众议员和一届参议员。——译者注

③ START 的全名是 Reduction and Limitation of Strategic Arms Treaty（削减战略武器条约），缩写词不是 RLSAT，而是 START，这是为了强调重新开始（Start）裁减战略核武器。——译者注

们给自己的核武力增加巨大的破坏性，把我们带到核战争错误的边缘。看不到这种思维将导向何处是想象力的一个巨大失误。甚至在20世纪70年代和80年代大量制造核武器之前，我们的核力量就已能炸毁世界还有余。我们的遏制能力已可怕到足以遏制任何尚有理性的领导人。然而，我们偏执地声称我们的核力量不够。我们幻想出一扇"易损之窗"。双方政府——美国政府和苏联政府——在人民中散布恐惧。我们采取行动，似乎世界没有随核时代的出现而改变，然而世界在这个核时代的改变是过去从未有过的。

虽然早期的控制和裁减军备的行动有成功、有失败，但仍显示了新思维方式的开始。这个被许多人认为是天真的新思维在冷战的大环境下是相当现实的，它认为在荒诞的军备竞赛中核武器以"超杀"的数量被累积着。

但是展望核武器的前景，随着核武器在世界各地的扩散，另一个挑战正在兴起。除了依靠条约来限制核武器，美国还致力于阻止核武器扩散到其他国家。美国曾制止了我们所知道的韩国、中国台湾、伊朗、伊拉克、巴基斯坦、印度、以色列和南非的秘密核计划。这个努力仅在韩国和中国台湾奏效。阻止核扩散不是我的职责，但是可想而知，如果把此事作为当务之急，我是能够对我们政府的努力施加一些影响的。我主要聚焦于苏联核武器的威胁，对其他国家刚开始的核扩散计划只给以象征性的关注。今日，我们正在面对着未能阻止核扩散而产生的令人遗憾的困境，现在阻止核扩散比在那些核计划初期加以阻止困难得多。

关于核武器的决策过程及其控制和扩散，在我的后面历程中还将多有涉及，因为它们依然像其他降低核武器危险方面的工作一样占有优先地位。这些努力涉及许多外交工作，我需要取得外交方面的经验。在我任副部长负责抵消战略、建设美国的战略核力量和那时的其他军事需求的几年间，我发现了积累外交经验和技巧的一些机会，这对于我后面的历程极为重要。我利用这些机会，通过访问一些重要国家，在那里学习同其他处于核挑战中心地位的人们打交道。重新整理这些不可缺少的经验及从中产生的外交战略，非常重要。

9 国防部副部长
作为外交官

卡特总统在1980年1月1日单方面取消了与中国
台湾的《美台共同防御条约》——卡特决定打
"中国牌"以对付苏联。[1]

作为主管研究与工程的国防部副部长，我的职责不直接涉及政治决策，我力图使自己的工作保持无党派色彩。我相信，国会议员们在了解我的这个长处后，在听证会上将更愿意接受我的证词。我的职务通常也不需要外交，除了3个重要的例外。这3个例外是中国、北大西洋公约组织（North Atlantic Treaty Organization，NATO）① 和《戴维营协议》（*Camp David Accords*）②。

美国在冷战时期的大战略是遏制苏联：西方必须以高明和经济的政策，不战而阻止苏联的扩张，同时耐心地等待苏维埃政权因内部矛盾而最终垮台。这个战略的具体细节在各届总统时期有所变化。苏联人的另一个硬伤来自他们不现实地设想自己能把令人窒息的意愿强加于"卫星国"，而且能在世界"革命化"中使高度民族主义的社会主义国家，如中国和南斯拉夫，接受苏联的领导。遏制战略的一个主要内容是限制苏联冒险地扩张地盘和对抗西方，从而达到防止核冲突的目的。因此，我认为卡特总统使美国与中国半官方联合的政策是极其恰当的，我急切地愿意帮助他实现

① 北大西洋条约组织（简称"北约"）成立于1949年，最初包括北美和西欧的主要资本主义国家，后来亚洲的土耳其加入北约。苏联解体后北约东扩，东欧的前社会主义国家及苏联的波罗的海沿岸三国陆续加入北约。——译者注

② 《戴维营协议》是埃及总统安瓦尔·萨达特（Anwar Sadat, 1918—1981）和以色列总理梅纳辛·贝京（Menachem Begin, 1913—1992）在美国总统的休假地戴维营经过长达12天的谈判后，在卡特见证下于1978年9月18日签署的两份框架协议。一份规定埃、伊两国应在1979年签订和平条约，另一份是关于中东和平的协议，后者因未征求巴勒斯坦人民的意见而受到联合国组织的谴责。前者使萨达特和贝京获得诺贝尔和平奖。萨达特因这个和平条约而被本国的阿拉伯民族主义者和伊斯兰极端原教旨主义者刺杀。——译者注

此事，很快我就得到了一个机会。

卡特总统派我去中国①，作为他同意帮助中国使其常规武装力量现代化的一个步骤。我将看到他们的军事装备和生产能力，然后提出完成这个目标的计划。我召集了一个有影响力的团队，包括每一个军种的高级军官和最相关的技术专家。在中国访问期间，我们受到相应的中国团队的接待，他们陪同我们在 8 天内参观了中国的重点设施，从内蒙古的坦克厂到戈壁沙漠中的导弹试验场。

1980 年 10 月，佩里抵达中国。作为副部长，他提出了常规武装力量现代化的建议。来自通用动力公司 C4 系统分公司的档案

几乎每到一处，参观地的负责人都会首先对当前所展示出的"落后状

---

① 佩里在 1979 年首次访问中国，国防科学技术委员会（现在的国防科学技术工业委员会）副主任刘华清会见了他，并为 1981 年 1 月的国防部长布朗访华做准备。——译者注

态"表示遗憾。据我了解，不少人因"文化大革命"而耽误了学习，通过体力劳动接受"再教育"，包括当时陪同翻译的年轻少校（14 年后，当我以国防部长的身份到北京时，还是这位少校接待，那时他已是大校，在飞机舷梯的末端等待着问候我——这是一次愉快和动人的重逢）。

在我的中国之行后不久，我看了一部出色的纪录片《从毛泽东到莫扎特》（*From Mao to Mozart*）[2]，它叙述了小提琴家艾萨克·斯特恩（Isaac Stern）在与我差不多同一时期访问上海。一个特别辛酸的场景是他访问上海音乐学院院长，后者讲到"文革"期间被锁在厕所里，因为红卫兵认为西方音乐有腐蚀作用。相信斯特恩的感受与我之前听到"文革"故事时一样惊讶。

过去在侦察系统方面的工作使我对戈壁沙漠中的导弹试验场的访问特别印象深刻。多年来，我通过美国卫星摄取的清晰照片仔细地研究这个试验场的发展。在我们到达试验场时，在我看来一切都是熟悉的。在向我们展示 ICBM 试验台时，一枚准备在几天内发射的 ICBM 正竖立在试验台上。我自信地在发射塔架上走动，并根据多年研究向我们的美国团队上了一堂解释中国 ICBM 项目的辅导课。一个星期后，当我回到五角大楼的办公室时，发现我的桌子上有一张同一个发射台的卫星照片，一群人站在 ICBM 前，但有一个人站得离开其他人一点，照片的解读者把这个单独站在一旁的人打了一个圈并写上"佩里博士"！

我的助手杰拉尔德·丁宁（Gerald Dinneen）[1] 在这次访问中陪伴着我，我们二人与两位中国同行建立了诚恳友好的关系，我们的夫人们也相应地与他们的中国夫人们成了好朋友。

---

① 杰拉尔德·丁宁是卡特政府时期的助理国防部长，美国工程科学院院士，曾任麻省理工学院（MIT）的林肯实验室主任和电工学教授，还担任过汉尼维尔公司的首席科学家和科技副总裁。他在 2012 年 5 月去世。——译者注

我们的最后评估是，中国的实验室和工厂设备远落后于美国，难以使转让的技术产生作用。我们建议中国首先提高它的民用技术能力，特别是电子产业，使我们能在 10 年内更好地一起开展有效的工作。他们这样做了，这使世界认为中国是有本领和决心的，直至 1989 年，美国停止与中国分享军用技术。

我在北约的外交经历与在中国大不相同。作为美国国防采购执行官，我主要同其他北约国家的国防采购执行官们打交道，并有一些政治和外交上的往来。我们每年在布鲁塞尔会见两次，处理影响到北约盟国对付苏联领导的华沙条约军事力量的采购事务，归根结底是提高和保持北约的军事备战状态。

北约的遏制态势是冷战期间全面遏制的关键部分，它主要取决于展示北约的军事力量具有在战场上联合作战的有效能力。因此，与北约的军事行动有关的重大采购项目是为了确保多国部队之间的协同作战能力，最重要的是通信系统和弹药补给的一致性。然而，虽然我们需要在战场上互相快捷地通信，但北约各国已设计了自己的军事通信系统，互相之间无法在同一频率上调制和通信。这是众所周知的陈旧思维，需要予以改变。说服每个国家为互相有效地通信而做出必要的妥协成了最优先的事项。与此同时，也需要使共同的储备，如弹药和燃料等，有通用性。军事力量的作战互通性在历史上一直是个问题。一个历史事例是：威灵顿公爵（Duke of Wellington）差一点由于其盟友们的弹药不能互相通用而输掉滑铁卢之战①。

对于北约来说，高效率的国防采购也是关键的。假如每个国家设计自

---

① 威灵顿公爵是 1808—1814 年的欧洲反法联军司令，他在 1815 年的滑铁卢（比利时的小镇）之战中率领反法联军彻底打败了拿破仑，结束了拿破仑帝国，拿破仑被放逐到大西洋中的圣海伦娜岛。威灵顿在 1828—1830 年任英国首相。——译者注

己的战斗机或空对空导弹，研发费用将由于大量的重复而昂贵得多，而且没有一个国家能享受到大批量生产的低成本效益。鉴于我们的生产基础大，美国通常采取的立场是，北约的所有国家应购买美国的军用系统，从而使每个国家都得到最低的单位价格。毫不奇怪的是，其他的北约国家不接受这个做法，结果是活跃的竞争导致每个盟国支付高昂的单位成本。我的角色是美国的采购执行官，我尝试一个新做法，建议大家都同意一个被我称为"武器家庭"的做法。例如，美国将制造远程空对空导弹给北约的所有国家使用，欧洲的盟国则组成一支队伍，设计和制造整个北约，包括美国，使用的近程空对空导弹。经过长时间的讨论，这个想法站住了脚。在我任副部长的第三年年末，北约国家正在按这个计划前进。但是，我离职一年后，由于失去其护卫者，这个计划逐渐消失，老而低效的采购方法重新成为规范。然而，这是一个重要的学习经历，使我了解与其他国家个人或集体相处的外交艺术。而且，它使我深刻地认识到，在核时代处理人类求生问题时需要各国之间的合作。归根结底，北约的作战通用性对于在欧洲的遏制是极其重要的，不仅仅是有经济效益。多层次和多方面的合作必须成为一个常识和一个政策制定原则，以确保不使用核武器。

除上述外交活动外，我还参与了一个比较常规的外交活动，我从中又一次认识到人类即使面对着巨大的破坏和冲突，仍然具有振奋人心的合作和重新建设能力。《戴维营协议》是卡特政府外交政策的里程碑，我是一个近距离的见证者，并密切地参与了它的后续工作。我清楚地记得，当卡特总统与埃及总统萨达特（Sadat）和以色列总理贝京（Begin）谈判，我被召进椭圆形办公室①时的凝重气氛（我进去是为谈判的其中一个问题给

---

① 美国总统在白宫内处理国务的主要办公室因其形状而被俗称为椭圆形办公室。——译者注

总统提供咨询）。卡特总统后来对我吐露，他从未遇到过比贝京总理更顽固的谈判者。但是，我依然深刻地记得，总统在与埃及和以色列的谈判中取得突破后从中东回来，我在深夜到安德鲁斯空军基地①迎接他时感受到的鼓舞。这是历来在中东地区达成的唯一真正的和平条约。我始终认为，若没有卡特坚持不懈和创造性的外交，这个条约是不会达成的。他理应因他在那里的成功外交而获得诺贝尔奖②。

　　卡特总统回来几天后，在白宫为埃及和以色列领导人举行了一次招待会。在这个招待会之前，布朗部长为埃及和以色列的国防部长们举行了招待会。我在布朗的招待会上同以色列国防部长埃泽尔·魏茨曼（Ezer Weizman）闲谈时，埃及国防部长卡迈勒·阿里（Kamal Ali）将军进来了。魏茨曼走过去向他问好，领他过来，并对我说："我请您见见阿里将军，他是一只厉害的巨鹰。我们把他击落3次，但是他总是能回来！"魏茨曼和阿里在那时结成了余生中一直持续的深厚友谊。这两个人对于实施和平协议所起到的作用超过其他任何人。我在那次接待会上发现了魏茨曼如此真诚地献身于维护和平的一个原因。他的儿子（也在招待会上）在赎罪日战争③中头部受

---

　　①　安德鲁斯空军基地在华盛顿附近的马里兰州，用于美国总统和外国政府首脑的飞机起降。——译者注

　　②　卡特获得的是2002年的诺贝尔和平奖，这个奖不是专为表彰他在1978年戴维营谈判达成的《埃及—以色列和平条约》中所做的贡献，而是为了表彰他一贯坚持和平解决国际争端，维护人权和民主，促进经济和社会进步。——译者注

　　③　赎罪日是以色列新年后的第六天。犹太的希伯来日历新年在国际公历中的日子不固定，一般在9月5日—10月5日之间。犹太人在赎罪日禁食，并去教堂祈祷赦免一年内可能犯过的罪。赎罪日战争发生于1973年10月6日，埃及和叙利亚突然联合进攻以色列在1967年战争中强占的西奈半岛和戈兰高地。战争之初，埃及越过苏伊士运河，占领绝大部分西奈半岛，叙利亚也占领了戈兰高地。但是几天后，以色列反攻，收回戈兰高地并偷渡苏伊士运河，直逼叙、埃两国首都大马士革和开罗。这时，苏联警告以色列撤兵，否则将对以色列动武，这场战争才结束，以色列、埃及和叙利亚各归原位。——译者注

重伤，头骨里有一块金属板，忍受着某种认知缺损症。所以，当魏茨曼说
"我们已经打了使我们的人民，特别是年轻人，遭受巨大损失的 3 次战争；
我们必须不再打第四次"时，我理解了魏茨曼对阿里说话的真实性。

　　和平条约要求用美国的军事装备支持以色列和埃及，我被指派去访问
这两个国家以便拟定细节。我先到达埃及，与国防生产部长穆罕默德·侯
赛因·坦塔维（Mohammed Hessein Tantawi）密切协作（我在 1995 年以国
防部长身份访问埃及时，坦塔维已是国防部长；在 2012 年"阿拉伯之
春"① 动乱后的新总统选举前他曾任代理总统）。这次会见是事务性并有
成效的，埃及军方感谢能接触美国军队使用的最高技术。然后，我到了以
色列，很容易地制定了合作的细节。但是，以色列人真正想谈的是埃及究
竟是什么样的。他们急于想访问开罗，这在从前对于他们来说是不可想象
的旅行。人们能那么快地从采取终身为敌的态度改变为抓住友谊的机会，
使我印象深刻。

　　这 3 项使命以重要的方式扩大了我的知识面和本领。在为降低核武器
的危险而持续的历程中，我通过各种途径为有助于降低核风险而工作，这
是永远的必要责任：我曾在日本见证了巨大的新破坏力；我曾作为一名企
业家，发展重要侦察技术，用于监视和评估苏联核武库的秘密成长；我还
是一个战略家和"武器迷"，更新美国的战场作战能力以阻止苏联企图在
冲突中占上风。日益明显的是，随着两个超级大国实事求是地加强双边会
谈以应对昂贵和危险的核军备竞赛，互相联系和合作将会增加——简言

---

　　① 从 2010 年年底开始，北非和西亚的一些阿拉伯国家爆发以民主和经济为主题的反政府
运动，幕后推手是当地的伊斯兰宗教势力和美其名曰"阿拉伯之春"的西方国家。截至 2012
年年底，埃及、突尼斯、利比亚和也门四国政府被推翻。埃及总统穆巴拉克在 2011 年 2 月下
台。——译者注

之，需要外交。这标志着莫斯科与华盛顿之间的地缘政治关系正在改变，外交经验将是重要的。

正如我将在后面解释的，在这 3 项使命中取得的及 20 世纪 80 年代继续取得的外交本领，在我后来成为国防部长并面临新的复杂形势下外交方面的挑战时，将是宝贵的。

不过，我现在不得不进入一个新阶段，其主要特征似乎是颇具讽刺意味。卡特总统未能连任，我回到了远离政府及制定和实施政策等权力的平民生活。讽刺在于，丰富的且多方面的平民生活经验现在对于支持我降低核武器危险的使命来说是不可缺少的。我站在局外回忆自己在五角大楼的漩涡里学到的东西。我参与公众关于当时大量核武器问题的辩论，如战略防御创新计划（Strategic Defense Initiative，SDI）；我回归学术并与学生交流，从他们那里了解到当世界不再受核武器威胁的那天到来时的许多关键问题；我在世界的许多地方进行非正式的核外交，会见政府官员和有影响力的专家，他们对于此后我回到五角大楼任国防部长，继续追求降低核威胁，有着不可估量的帮助；我会见了观点相同的专家们，他们愿意同我一起努力降低核威胁；我切身经历了变化着的环境，因为苏联解体及冷战结束将我们带入一个给核危机问题——在机会和危险两方面——注入强大动力的新时期。

10 回归平民生活：
冷战结束，但是核历程仍在继续

我呼吁我们国家的科学界，那些给了我们核武器的人们……给我们提供使这些核武器无效和过时的方法。[1]

——里根总统，1983年3月23日

在卡特总统竞选连任失败后，莉和我再次开车横穿国土回到加利福尼亚这个我们曾称之为家的地方。如果我对是否继续我在核战争边缘的历程曾有过任何疑虑的话，那么这个疑虑很快就消失了。

第一，有一项建议［战略防御创新计划（Strategic Defense Initiative，SDI)①］要求设计对付核攻击的新"防御"，我很快对这项建议给予否定的评价。第二，我开始与苏联的名人们及世界各地的其他人士就核威胁问题进行紧张和广泛的非官方外交。这个正在出现的外交环境似乎是一个前兆，预示着降低危险的思想将有新的活力和新的途径。第三，我现在有大量的时间去思索和讲授正在改变的核危机动态。第四，我不失时机地跟踪重要的新技术。

在我们回到加利福尼亚后，莉重新加入了她以前的公共注册会计师事务所，这刚好有助于我们 1980 年度的报税。我创立的 ESL 公司现在属于 TRW 公司。由于我刚负责过国防采购，所以不愿到一家大的国防工业公司工作，它的经营业务可能涉及我启动的那些国防项目。最终我选择进入旧金山一家名为"汉博奎斯特"（Hambrecht & Quist，H&Q）的投资银行工作。在许多年前，H&Q 曾帮助 ESL 公司上市。作为投资银行家，乔治·奎斯特在 ESL 公司被 TRW 公司收购前曾是 ESL 公司的董事。我认为自己在五角大楼评估和采用高科技的经验有利于 H&Q 公司虽小但颇有影

---

① "Strategic Defense Initiative" 的 "Initiative" 既是 "计划" 又有 "创新"，通常译为 "战略防御计划" 或 "战略防御创新"，此处译为 "战略防御创新计划"，以便与下文的叙述及脚注吻合。——译者注

响力的、专注于技术创新的风险投资业务（虽然它很少向国防领域投资）。

斯坦福大学的国际安全与军备控制中心（Center for International Security and Arms Control，CISAC，现更名为国际安全与合作研究中心，Center for International Security and Cooperation）的两位主任①之一，约翰·路易斯（John Lewis）教授②也和我接触，我同意兼任该中心的资深研究员。我的两个学位都来自这所世界著名大学，与 CISAC 合作的想法使我很激动，在那里我可以继续精炼关于国家安全和核武器问题的思想。我在斯坦福大学开设了一门新课程《技术在国家安全中的作用》。历史上，技术对于国家安全一直是至关重要的，但是在以前，技术没有像从我不足 20 岁时作为一名在日本冲绳岛的士兵起到 50 岁出头时负责加快其发展步伐那样以如此令人眼花缭乱的步伐变化过。在斯坦福大学读研究生时，我受到杰出的数学教授乔治·珀利亚（George Polya）及自身经历的影响，一度想以教授理论数学为事业，但是现在，身处一小簇面对着核危险阴影的精英人物之中，我看到了把现实世界的挑战前景引进教室的重要性，尤其是对于即将面临这个挑战的青年。

我还积极参与被称为"二轨外交"的活动，这是一种正在成长的重要外交形式，它以非政府的国际外交弥补政府官员们从事的"一轨外交"。在 20 世纪 80 年代和 90 年代的头 3 年，我几乎每年与斯坦福大学的代表团前往俄罗斯，会见俄罗斯的科学家和学者们③。"二轨外交"的目的是

---

① 这个中心是政治学教授路易斯于 1983 年创办的，从那时至今一直实行双主任制，一位是政治领域的教授，另一位是科技专家。佩里曾是该中心的科技主任。——译者注

② 路易斯是中国问题专家，著有《中国制造原子弹》《中国的海上战略力量》和关于朝鲜战争的《不确定的伙伴》。他曾任美中关系全国委员会副会长。现在每年带领 CISAC 代表团来北京与中国的国际战略学会和外交部国际问题研究所等单位进行学术交流。——译者注

③ 这些访问都是斯坦福大学的 CISAC 组织的，苏联及后来俄罗斯的科学家和学者们也回访了 CISAC。——译者注

期望在官方的立场之外发现政府官员们有可能随后跟进的新途径，通过非正式和正式外交的混合有时更容易达到这个目的。这类打基础的工作不仅对全面外交的有效性是重要的，还可以在冷战时期互相猜疑的大环境下使少量有意义的对话得以进行。不过，在我描述"二轨外交"的精彩场景之前，为了理解那时的潮流，不妨先叙述核时代一个传统而熟悉的思维突然出现并打破我的努力，这不是第一次。

这个传统思维的新建议——表面上像是新思维——来自政府高层，并在80年代早期成了头条新闻。1983年3月23日，里根总统呼吁美国的科学家和工程师们研发使核武器无效的防御系统。他说：

> 我呼吁我们国家的科学界，那些给了我们核武器的人们……给我们提供使这些核武器无效和过时的方法。

他讲话的灵感立足于利用现代高能技术防御导弹的新概念：用部署在美国卫星群上的高能射线武器①摧毁飞行中的苏联ICBM。使这个想法成为现实的计划被称为"战略防御创新计划"（SDI）②，外号"星球大战"。这个把一些先进技术汇合成一个系统的新概念可能显得令人眼花缭乱，但是我知道这项计划的最终目的是达不到的，就像从前想干扰苏联ICBM的制导系统及建立十全十美的弹道导弹防御系统那样。

在里根总统讲话后不久，我受《华盛顿邮报》邀请撰写一篇争论SDI优点的专栏文章，我在该文中批评了他的建议，指出："如果我们用20年的

————————————

① 高能射线武器是指定向的高能激光、粒子束、电磁波等。——译者注

② SDI以各种手段在敌方ICBM的各个飞行阶段（起飞后的主动段、外层空间的无动力抛物线飞行段和再入大气层的终端段）实施攻击。它在1985年1月被立项，宣称从1994年开始部署。实际上它是一场骗局，诱使苏联采取昂贵的应对措施，从而搞垮苏联经济。——译者注

时间研发、试验和部署一个打败苏联人的 ICBM 和 SLBM 的系统，那么他们当然有充分的时间考虑、研发和部署各种反措施。"[2] 我在后来为《科学》杂志写的文章中指出，在 SDI 中凡是可行的都是不希望有的，凡是希望有的都是不可行的[3]。我对 SDI 的技术可行性的怀疑有特别的分量，因为我曾把自己大部分精力花在使先进技术用于革命性的目的。我还指出，SDI 有一意孤行的危险，导弹防御系统，即使无效，会重新引起核军备竞赛。

我知道，研发高能射线武器及所需的火箭和卫星群无疑是极困难的，而且非常昂贵，但是我关于 SDI 不具备可行性的论点更重要。归根结底，它的成功将取决于被攻击的目标不做反应。SDI 本身将是易受损的，正如象棋选手所说的"最后一步损招"。它的制造和部署需要很长的周期，而且或多或少地处于苏联军方的全面监视之下。他们对于我们正在建造的是什么将有一个比较清晰的认识，并相应地调整他们的进攻系统。何况，与肯定很昂贵的 SDI 系统相比，苏联的这种调整将比较便宜。

20 世纪 60 年代，苏联曾给了我们一个历史事例，那时他们建造了一个很昂贵的全国防空系统。我们注意到苏联正在部署这个系统，于是调整了 B-52 轰炸机的攻击方案，让轰炸机在苏联上空几百英尺的高度低空飞行，以免被苏联防空系统的大部分雷达发现，这些雷达是按 B-52 高空轰炸设计的。在得知我们改变了轰炸机的战术后，苏联人花了约 10 年的时间改造他们的防空系统，试图打败我们的新战术。正如我在前面所说的，美国在那时研发了空中发射巡航导弹（ALCM），由 B-52 携带到离苏联数百英里之外发射，不会受到苏联防空力量的攻击。空中发射巡航导弹不仅在苏联上空以仅 200 英尺的高度飞行，而且它的雷达反射图像很小（不像早期制造的巨大且非隐形的 B-52），这样就可以使苏联的雷达失去发现和捕捉目标的能力。这些对 B-52 轰炸战术和武器运载方式的相对较便宜的改进使巨大且昂贵的苏联防空系统失去任何效用。这样，我们就能延长老旧的 B－52 的服役期，直到它被一种能突破苏联防空系统的隐形轰炸机（即 B－2）代替。

如我所述，我关于核时代进攻和防御问题的思想在多年前就已经改变了。那时，我经过观察和计算确定了穿透防御系统时"降低损失率"的明智极限。在最具灾难性的核时代，进攻系统，尤其是被设计成一次性使用的进攻系统，有根本性的优势。在第二次世界大战时，美国轰炸机必须在德国的同一个目标上空反复执行多次任务，德国人有时间使他们的防空系统适应我们的进攻战术的改变，结果我们的轰炸机部队遭受了重大损失。但是即使在那时，一个优良的防空系统能达到的杀伤率只是 4%—8%。由于我们的轰炸机必须在它们的目标上空反复飞行，这个损失率对于驾驶员和机组人员来说是令人震惊的：很少有人能在完成定额为 25 次的飞行任务后存活下来。然而在核时代，一个只能击落 10% 进攻者的防御系统是不够的。为了有效地对付 ICBM 的攻击，防御系统在第一轮就必须有超过 90% 的杀伤率！没有历史数据支持任何防御系统在实战中能达到如此高的杀伤率的论点。

在我的专栏文章中我解释道，如果开始搞 SDI，苏联肯定会制定对付它的计划。他们最可预期的战略将是用数量压倒 SDI。苏联人可以在他们的弹头内安放数千个诱饵，使 SDI 必须对付的目标数量大大增加，鉴别目标是 SDI 的一个大问题。而且，苏联人能够以比 SDI 便宜得多的成本制造更多的导弹和弹头。所以，即使我们永远不部署 SDI，单是启动这个计划就能使军备竞赛进入一个更危险的新阶段。

结局是，我们从未建成 SDI。然而，进攻—防御的辩证关系以不同的形式在后冷战时代继续着。美国部署在地面上的弹道导弹防御（BMD）系统，促使俄罗斯和中国制造更多的诱饵和 ICBM。

在思考不可能实现防御核攻击的信念时，我联系到历史，不禁想到这个信念典型地反映在爱因斯坦忧郁和痛苦的现实主义观点中："原子释放的能量改变了一切，除了我们的思维模式。"在历史上，考虑通过改进防御对付不断进化的军事威胁肯定是正常的。但是，核武器的大规模攻击肯定将导致巨大的毁灭，使任何防御不可能成功。在冲突中实施防御，这个传统的思维模式在此已不再令人信服。依靠防御这个长期以来的"规则"，在核战争中已成为一个自我欺骗，一个最显示人性并可以被理解的自我欺骗，一个固执地无视新现实的自我欺骗。

虽然各种事件促使我继续思考和讲授核时代的紧要问题，而且我在政府外的新生活给我提供了良好的环境去重新整理，但是我发现，在关于未来战略的许多问题上，"二轨外交"中的交流是对我有教益的一个重要经历。在20世纪80年代和90年代的头三年，我每年会见俄罗斯人时有许多令人厌倦的讨论，俄罗斯的代表们不停地表达耳熟能详的党的路线，忽略了"二轨外交"会见的本意，即希望在官方立场之外发现政府官员可能随后跟进的新途径。然而，我还是遇见了一些令人印象深刻的俄罗斯人，最重要的是，我与他们中的一些人形成了一个知识分子的关系圈，这在那时对我很有帮助，在我后来任国防部长时亦是如此。

我曾直接或间接地体会到这种关系的潜力和重要性。在与中国的政治和军事官员及技术人员的交往中、与北约国家的首脑及著名的部长和官员打交道中、与曾在战场上互为敌人的以色列和埃及军官们合作中，我同样体会到这一点。在核武器危机的气氛中，这种关系有可能克服长期的猜疑和敌对。

一位令我印象深刻的苏联人安德烈·库科申（Andrei Kokoshin）[4]成为我的朋友。在我们第一次会晤时，我称赞他写的一篇关于雷达技术的文

章。他很高兴自己的文章受到我的关注，我们长谈了一番。在后来的一些
会见中，我们讨论了其他许多技术问题，他还探讨了一些远离党的路线的
思想。苏联解体后，我安排了一个俄罗斯代表团访问斯坦福大学，莉和我
在家中招待了来访者们。我请安德烈给我的学生上一堂课，他的英语极
好，他的演讲对于那一年的学生们来说是一个高潮。我一直觉得惊奇，同
我遇见的俄罗斯人成为朋友是多么容易。他们之中每个人都曾被告诫要怀
疑美国人，我不得不设想他们将特别怀疑来自可恨的五角大楼的一名前官
员。然而，事实完全不是那样。一旦他们知道我将倾听他们的论点并给以
合理的反驳，他们就抛弃疑虑，同我讨论问题的实质。

在后来担任国防部常务副部长和部长期间，我每次去俄罗斯都要
会见安德烈。那时，他已成为国防部副部长，因此是我的关键对话
者。我们在"二轨外交"时建立的长期友谊大大地促进了我们后来作
为政府官员执行的业务。我将在后面叙述，安德烈和我在 20 世纪 80
年代建立的信任使我们很快实施了纳恩—卢格计划①，拆除了遗留在苏
联的加盟共和国内的核武器。

虽然在20世纪80年代的大部分时间里与大多数苏联人进行的"二轨外
交"讨论是无聊的，但是我注意到，在米哈伊尔·戈尔巴乔夫（Mikhail
Gorbachev）上任并宣布新的"公开化"②或公开讨论几年后，即 1988 年左

---

① 纳恩—卢格计划是指由美国资助和监督拆除苏联解体时遗留在乌克兰、白俄罗斯和哈萨
克斯坦的核导弹，并销毁地下发射井。纳恩是民主党参议员，卢格是共和党参议员，他们二人提
出的纳恩—卢格计划是美国国会两党一致通过的。——译者注

② 戈尔巴乔夫在 1985 年 1 月—1991 年 2 月任苏共中央总书记，1988 年 6 月宣布进行政治体
制改革。1990 年 3 月在苏联人民代表大会上提出"公开化"，即废除书籍报刊检查制度和为政治
异见者平反。他还提出了"新思维"：对内强调民主的社会主义，对外搞缓和外交。他与里根在
1987 年 1 月签订了历史上第一个核裁军条约（以前的条约都只是限制增加核武器，不减少核武
器）。——译者注

右的政治气氛中有一个明显的关键性变化。我们大多数人都曾怀疑这个公开化政策的真实性，但是在 1988 年的莫斯科"二轨外交"讨论中，语言犀利的公开辩论使我惊讶。大多数分歧不是在苏联人与美国人之间，而是在苏联代表团的成员之间！

当在爱沙尼亚的塔林①举行再次会见时，公开化激励下的政治气氛变得更加紧张。一位"二轨外交"的同事兼罗德学者②阿什·卡特⁵——他后来在学术界和国防界都有非凡的成就——和我一起参加了这次会见并立即感觉到苏联内部正在酝酿大变化。同我们谈话的爱沙尼亚人明显地鄙视我们的苏联同事，公开说他们认为苏联人是爱沙尼亚的"占领者"，爱沙尼亚应该重新取得独立（它在两次世界大战之间的短暂时期曾享有过独立）。在我们访问期间，他们以强烈的方式展示了渴望独立。例如，我们看到了爱沙尼亚国旗的第一次升起（这是被严格禁止的）。在我们从酒店走到会场时，会议的所有参加者都惊讶地看到了展示的爱沙尼亚国旗。我们每次会议中间休息时走出去看看苏联当局有没有把它取下来，他们没有取下来。后来，我们在晚上观看了一场歌舞演出，一个来访的芬兰合唱团演唱了西贝柳斯的芬兰国歌作为节目单上的结束曲目，然而随后他们又演唱了爱沙尼亚国歌（节目单上没有，而且在公众场所唱此歌确实是非法的）。许多观众流着泪，与合唱团一起唱。毫无疑问，公开化是真的，苏联内部正在进行深刻的变化，这个变

---

① 爱沙尼亚是苏联在波罗的海沿岸的 3 个加盟共和国（爱沙尼亚、拉脱维亚、立陶宛）之一，苏联解体后，这 3 个加盟共和国宣布独立，并在 2002 年 11 月成为北约成员。塔林是爱沙尼亚首都。——译者注

② 罗德学者的奖学金是 1902 年根据当时英国首富塞西尔·罗德（Cecil Rhodes）的遗嘱设立的，每年从 13 个国家选送 80 名 25 岁以下的优秀青年去英国牛津大学攻读硕士或博士学位，每年奖学金约 5 万美元，不超过 4 年。多年来这个奖学金培养了政界、科技界、医学界、经济界、文体界的一些名人，如美国的克林顿总统、加拿大和澳大利亚的总理、奥运会游泳冠军、美国篮球巨星等。——译者注

化远超过苏联政府想实现的改革。

　　与此同时，我在 20 世纪 80 年代每年都访问中国。斯坦福代表团是由
CISAC 的约翰·路易斯率领的，他是政治学教授，能说流利的中文，那时正
在写一本关于中国怎样研发原子弹的书。每年访问中国使我能保持我在 1980
年作为副部长访问时接触的关系，并建立一些新的接触，这些关系在我后来
于 1993 年回到五角大楼时很有裨益。其中最重要的一位是江泽民，那时他
是中国电子工业部部长。在一次访问时，他招待我共进午餐，并针对他提出
的大量投资于记忆存储芯片的计划征求我的意见。那时，几家日本公司控制
着这块儿市场。对于他的创意，我表示反对。他虽不喜欢，但还是按我的建
议做了（后来，那个市场的发展证实了我的建议）。他在午餐时送给我一首
他写的中文诗，赞扬我在技术方面的能力。虽然这首诗夸大了我的能力，但
它体现了中国人的热情好客。在我任美国国防部长而江泽民任中国国家主席
时，基于在"二轨外交"中与江泽民及其他中国官员们建立的互相信任关
系，我能更顺利地从事官方业务。

　　除了"二轨外交"的会见外，我还以讲授新课程《技术在国家安全
中的作用》为乐趣，它很受欢迎。与聪明好学的学生们的讨论鼓舞了我，
教学相长。对于我来说，这门课最有趣的部分是学生们对我讲述的曼哈顿
计划①和古巴导弹危机的反应。这些事件对于他们来说似乎更像是古代史。
但是，我经历过冷战的各种危险，它们都已铭刻在我的思想里。我要让我
的学生们能生动地体会这些历史关键时刻，因为那段历史的转折将深远地
影响他们的生活。讲课的挑战之一是提醒我，在核时代需要改变我们的思
维方法。

---

① "曼哈顿计划"是美国在新墨西哥州沙漠中研制第一颗原子弹计划的代号。——译者注

在这段时期，除了从事"二轨外交"之外，我还担任政府的技术顾问。作为总统国外情报顾问委员会（现在的总统情报顾问委员会）成员，我了解到当时的重要情报。作为由戴维·帕卡德（Dave Packard）[1] 主持的美国国防管理特别工作委员会的成员，我是改革国防采购的报告——《行动的公式》——的主要撰写者[2]。我还是总统设立的由布伦特·斯考克罗夫特[3]（Brent Scowcroft）主持的战略力量委员会的成员。阿什·卡特和我都是卡内基国防治理委员会的成员，这个委员会是几个顾问团之一。我们开始在苏联问题和改革国防采购方面合作。后来在我任国防部长而阿什在五角大楼从事降低核威胁工作时，这份友谊使我们密切合作实施纳恩—卢格计划。在我们二人都离开五角大楼后，阿什和我提出了一个"预防性防御计划"（Preventive Defense Project），这是斯坦福大学与阿什的学术生活所在地哈佛大学的联合研究项目。

这些顾问性质的工作及我在许多高科技公司董事会的工作使我能持续了解最新的技术，这些工作经历在我 1993 年回到国防部时（先

---

① 帕卡德（1912—1996）和他的斯坦福大学电机系同学休立特（Hewlett）一起在学校附近的一间车库内以 538 美元起家，开设了以他们二人姓氏第一个字母 H 和 P 命名的惠普（HP）公司，研发和生产新型电子产品，发展成为世界第三大电脑公司，引领许多电子和网络产品公司在斯坦福校园附近兴起，发展成为今天的硅谷；他们二人被称为"硅谷之父"。——译者注

② 在美国，凡是总统下令调查某个专项问题的委员会都被称为"特别工作委员会"。当时在国防采购合同中出现了大量腐败现象：一把榔头 435 美元、一个抽水马桶 600 美元、一个咖啡壶 7 000 美元。里根总统下令成立调查国防采购管理的委员会，该委员会最后写出了长达 113 页的报告，其中的改革建议被称为"行动的公式"，包括国防采购必须与国家安全计划密切相关、国防部设立负责军事采购的专职副部长、国会的国防拨款由一年一次改为两年一次等。——译者注

③ 斯考克罗夫特是温和派共和党人，与基辛格的观点一致。他毕业于西点军校并取得哥伦比亚大学博士学位，专业是国际关系和苏联历史，曾任尼克松总统的军事助理，帮助尼克松恢复中美关系，1975 年任福特总统的国家安全事务助理，1982 年任基辛格国际咨询公司董事长，1989—1993 年任老布什总统的国家安全事务助理，退休后任美国—中国协会副主席。他曾多次访问中国，受到江泽民主席的接见。——译者注

是任常务副部长，一年后任部长）起到了关键作用，使我能"跳上正在行驶的甲板"。我为帕卡德委员会撰写的报告在我回到政府办公室后成了我的《行动的公式》。

关于"旋转门"① 对政府官员们的腐蚀作用已经有过很多报道，但是我在企业界、学术界和政府顾问委员会的经验对于回到办公室从事政府工作来说是有利的。另一个突出的例子是阿什·卡特，几次进出哈佛大学、企业界和政府，明显有利于他开展政府工作。

当我不教书、不从事"二轨外交"、不为政府做顾问时，我为十几家高科技公司工作。这些公司从我创建自己公司的经验教训中获益，而我则从密切接触最新的数码技术中获益。

我从这些活动中得到的最根本认识是：我更清楚地看到我工作的首要目标是降低核灾难的危险。所以我在20世纪80年代的"二轨外交"活动中，特别专注于与苏联人的会见。我看到了横扫苏联的历史性转变。最值得注意的证据是雷克雅未克高峰会谈②。1986年10月11—12日在冰岛的雷克雅未克，里根总统和舒尔茨国务卿坐在戈尔巴乔夫总统和爱德华·谢瓦尔德纳泽③（Edward Shevardnadze）外长的桌子对面，他们都没有带各

---

① "旋转门"是指政府官员在公共部门任职时不敢贪腐，卸任后却利用在职时的关系和背景，通过为私有企业从事游说以获取政府合同而谋私利。——译者注

② 苏方在高峰会谈上表示愿意在撤出中程导弹、削减洲际战略导弹和停止核试验等方面大幅度让步，条件是美方10年内不在外层空间进行"星球大战"试验，美方拒绝放弃"星球大战"，会谈无果而终。——译者注

③ 谢瓦尔德纳泽（1928—2014）是格鲁吉亚人，他在1985—1990年任苏联的外交部长期间，配合戈尔巴乔夫的"新思维"，执行"缓和外交"政策，对美国让步，反对军事干涉东欧社会主义国家内的动乱，主张"让它们独立吧"，导致废除华沙条约，拆毁"柏林墙"，德国统一。苏联解体后，他成为独立后的格鲁吉亚的民选总统（1995—2003），后来在当地的"玫瑰革命"中下台。德国曾邀请他终生居住，他拒绝了。他在2014年去世时，格鲁吉亚为他举行了国葬。——译者注

自下属准备的"谈话要点",讨论两国消除核武器和运载工具的可能性。在一个激动人心的下午,这个令人难以置信的动议曾一度被认为是有可能的。

结果是,两位领袖未能达成协议,主要障碍是里根不接受戈尔巴乔夫坚持的美国新 SDI 计划只能限于"实验室试验"的观点。虽然这个建议失败了,两位领袖还是在削减核武器方面达成了历史性的协议,这个协议远远超过从前那个只限制增加核武器的协议。最重要的是,在 1987 年签署了《中程核力量条约》(Intermediate-Range Nuclear Force,INF),它撤除了射程范围在 300—3 400 英里的全部弹道导弹[6]。INF 还因它允许现场核查而具有重要意义:例如,它允许美国的检查员监视在苏联的伏廷斯克(Votinsk)生产的一切导弹,以核实其中没有一枚是属于禁止射程的。

老布什总统(George H. W. Bush)继续遵循这些军备控制协议。他在 1991 年签署了第一阶段削减战略武器条约(Strategic Arms Reduction Treaty,START I)[7],根据这个条约,双方均削减 ICBM 和弹头的数量:ICBM 减至1 600 枚,部署的核弹头减至 6 000 个。老布什总统在 1993 年即将离任前还签署了第二阶段削减战略武器条约(START II)[8],这对于战略稳定性来说有巨大的意义,因为它禁止携带分导式多弹头(MIRV)的 ICBM。考虑到众所周知的 MIRV 可能"鼓励"先发制人攻击的"经济毁灭论",因为一颗来袭的苏联弹头可以消灭一枚美国带有 10 颗弹头的 ICBM(它还在地下发射井内),禁止 MIRV 被认为能消除对"晴天霹雳式"攻击的鼓励,从而提高战略稳定性。因此,这个条约解决了此前 MX 导弹的各种机动部署方式最终被认为解决不了的问题(不幸的是,START II 不再有效。如我在后面所述,在老布什政府退出了与俄罗斯签订的 ABM 反弹道导弹条约后,俄罗斯退出了 START II,并开始制造携带 MIRV 的新型 ICBM)。

　　米哈伊尔·戈尔巴乔夫在 1985 年成为苏联的领袖，他提出 3 项重要的改革：缓和、公开化（公开讨论）和改革（经济改革）①。用里程碑式的核军备协议来衡量，缓和是一个杰出的成就，但公开化的成效大大超出戈尔巴乔夫的本意。改革则是一个可悲的失败。在他开始改革的几年后，我参加了一个莫斯科的会议，一位著名的苏联经济学家在会上把苏联实施的改革与英国决定把靠左行驶逐渐改为靠右行驶的规则相比拟，当时英国在实施时分为 3 步：第一年是轿车，第二年是卡车，第三年是公交车！

　　失败的经济改革，加上苏联人民兴奋地拥抱公开化，在戈尔巴乔夫内阁的保守派成员中引起巨大的不安。那些动乱的日子很可能导致国内战争。我在那个动荡的时期多次访问了莫斯科，深深地担忧其大流血的前景。在那个时期给我留最深刻记忆的是 1991 年 8 月在布达佩斯②召开的会议。有远见的卡内基公司③领导人戴维·汉伯格（David Hamburg）召集了一次由苏联问题专家参加的会议，包括萨姆·纳恩、阿什·卡特和我，评估苏联和新近获得自由的东欧国家正在发生的事件。他邀请了两位苏联人：我在此前的"二轨外交"中结识的朋友安德烈·库科申，他后来成为俄罗斯国防部副部长，以及安德烈·科兹列夫（Andrei Kosyrev），他后来成为外交部长。在会议的前夜，莫斯科发生了危机。戈尔巴乔夫内阁的一伙高层官员把戈尔巴乔夫软禁在他的克里米亚休养地，并夺取了政府的控制权。然后，"政变阴谋者们"（他们被这样称呼）举行了新闻发布会，

---

　　① 作者在此处叙述得不完全。戈尔巴乔夫的改革还包括政治体制改革，而且缓和、公开化及经济和政治改革都来自他的"新思维"，这个"新思维"是关键的要害。——译者注

　　② 布达佩斯是匈牙利首都。——译者注

　　③ 卡内基（1835—1919）是美国贫苦出身、白手起家的钢铁大王，临终前把全部财产捐献给教育、文化、慈善和世界和平安全事业。他的卡内基公司也被称为卡内基协会或卡内基基金会。——译者注

宣布（伪造的）戈尔巴乔夫病了，他们接替他行使权力，还宣布国家进入紧急状态。在逮捕戈尔巴乔夫时，政变阴谋者们可能也接过了其权力的首要象征物："核匣子"（我们称为"核足球"）——下达核攻击命令所需的通信设备。如果是这样，引发潜在灾难的权力在他们手中掌控了好几天。

在政变阴谋者们宣布他们夺权之后，莫斯科的人们上街抗议。鲍里斯·叶利钦（Boris Yeltsin）把反对政变的人们集中在身边，他自己和他的数百名支持者坚守在俄罗斯国会大厦。库科申和科兹列夫未能出席我们的会议，我们很快就得知他们在那些坚守在白宫的人们之中。我们担忧他们的人身安全。但是，幸好苏联军队的主要部队拒绝服从政变阴谋者们冲击白宫的命令，危机就像它的仓促开始那样很快结束了。库科申和科兹列夫在会议结束前赶到布达佩斯，成为会议剩余时间备受关注的中心。这是在一个核武器大国内发生的令人深省和惊人的政治动乱。

在 1991 年 12 月，苏联的 15 个加盟共和国在明斯克①开会，同意解散苏联。戈尔巴乔夫在 1991 年圣诞节辞职，苏联在第二天正式解体。新独立国家的大多数公民庆祝这个历史性的解体。但是，随着独立而很快来临的是经济和政治问题，新政府对此未做准备。我在那段时间访问俄罗斯和乌克兰时，到处都是令我震惊的混乱和贫困现象。老人们在街头乞讨；中年妇女们为了获得家庭的食物而沿街叫卖她们的家具、服装和首饰；年轻的流氓恐吓路人；投机分子们与腐败的政府官员们合谋，以 1% 的低廉价格购买贵重的国有资产。俄罗斯的新总统叶利钦没有处理这些毁灭性问题的成熟计划。美国的经济学家们给叶利钦提供了如何建立有活力的市场经济的建议，但是他们的有些建议并不适用于解决俄罗

---

① 明斯克是白俄罗斯首都。——译者注

斯当前的危机，而且大部分建议不可能在混乱中实施。20 世纪 90 年代，西方式民主在俄罗斯丧失了民心，这是可以理解的，也是不幸的。在那些日子里，许多俄罗斯人为他们的问题而指责美国，即使美国顾问们是试图对俄罗斯有所帮助的。

苏联的解体有一个未曾料到的极严重后果："失控的核弹"。这是在我们的危险时期含义最深的讽刺之一。卡内基公司资助的哈佛大学团队在阿什·卡特带领下撰写了一份权威性的报告，呼吁注意这个问题。他们指出，现在世界受到 3 个新的核国家的"祝福"：乌克兰、哈萨克斯坦和白俄罗斯。它们是苏联解体以前长期部署在它们领土上的核武器的继承者。几千件核武器现在存放在没有可信的保护措施的 3 个国家，它们正陷入沉重的经济、政治和社会动乱中。

参议员萨姆·纳恩感到这个危险是紧迫而明显的，在戈尔巴乔夫被解除软禁后不久他就去莫斯科会见了这位苏联领袖。他离开时认为，这个危险程度之高对于我们的国家乃至全世界来说是不可接受的。他在回到华盛顿后与参议员卢格一起商量，能做些什么来束缚这些失控的核弹。

在纳恩和卢格规划他们的行动时，戴维·汉伯格邀请阿什·卡特、布鲁金斯学会（Brookings Institution）① 的约翰·斯泰因布鲁纳（John Stein-brunezr）② 和我在纳恩的办公室开会讨论那些行动。那时我在斯坦福大学主持研究美国如何能帮助俄罗斯把它巨大的军工联合体转向商品生产，使它成为复苏俄罗斯灾难性经济的发动机。阿什在哈佛大学的研究结论是，

---

① 布鲁金斯学会是美国大企业家罗伯特·布鲁金斯在 1927 年创立的公共政策智库，地址在首都华盛顿。学会经费来自布鲁金斯遗留的专项基金、大公司和媒体的资助、军方和政府支付的咨询费等。——译者注

② 斯泰因布鲁纳是公共政策教授，曾任马里兰大学的国际与安全事务中心主任。——译者注

对付失控的核弹，需要美俄之间的紧密合作。斯坦福大学的研究同样强调，这两个国家的合作是不可或缺的。必须强调的是，这两项研究都呼吁两个长期敌对者立即展开深度合作。

在拟定合作行动计划的早期阶段，纳恩、卢格及他们的助手们大胆地适应变化中的核武器动态，决定抓紧机会解决失控的核弹造成的窘境。阿什在会后留下来与他们共同起草后来被称为"纳恩—卢格计划"的文稿，旨在结束这个危机。两天后，纳恩和卢格召集了一次两党参议员们的早餐会，为这个新法案争取支持。阿什向参议员们简要地报告了这个新的核危险。纳恩和卢格解释了他们处理这个危险的计划，指出这是一个大胆的创新行动，它授权国防部帮助苏联解体后独立的 3 个核国家遏制这个新的核危险。我们的军方将提供资金并参加必要的领导，以结束来自大量部署而缺乏保护的核武器的危险。

这次会议起到了决定性作用。一个星期后，针对年度国防预算的《纳恩—卢格修正案》在参议院以 86：8 获得通过。此后不久，众议员莱斯·阿斯平在国会众议院也征集到足够的支持，口头表决通过了这项修正案。

在修正案获得通过后，纳恩和卢格访问了俄罗斯、乌克兰和白俄罗斯，为国会做一次现场调查。他们邀请阿什和我，还有资助斯坦福大学和哈佛大学研究苏联动乱影响的卡内基公司的戴维·汉伯格，一同参加这次访问。这次访问令人深感不安。我们发现"失控的核弹"问题的潜在危险比我们想象的要严重得多。在飞回美国的途中我们一致认为，帮助那些国家处理这个问题是极其符合美国利益的，我们讨论了如何以最佳的方式实施这个新通过的修正案。阿什和我认为，在处理美国面临的这个最严重的潜在问题时，这项预防性的修正案极其重要。但是，我们那时没有想到，在一年后我们将负责实施这个法案。

　　然而，命运安排我回到五角大楼，这次是作为国防部排在第二位的执行官①。在苏联解体后有机会大量地减少已部署的核武器，这在阴暗的冷战时期是不可想象的。纳恩—卢格计划，作为国会山上产生的最明智的立法之一，等待着在现场实施撤除构成威胁的武器（指那些险恶的"失控的核弹"）。接着展开的事件，包括在新的核时代继续改革武器采购及取得灵巧的军事装备等几个片段，构成我回到华盛顿后的早期历程的中心部分。

　　在担任了一年的常务副部长后，我成为国防部长，继续领导实施纳恩—卢格计划及处理朝鲜的核危机、波斯尼亚的维和任务和海地的政变，这是我后续历程中的关键场面。

---

　　①　排在第二位的执行官即常务副部长（Deputy Secretary），高于其他负责某一方面事务的几位副部长（Under Secretary）。——译者注

11

回到华盛顿:"失控的核弹"的新挑战及国防采购改革

我们的首要任务是在克林顿总统的第一届任期内从乌克兰、哈萨克斯坦和白俄罗斯移走这些核武器。

——佩里和卡特为个人制定的目标,1993年2月

在比尔·克林顿当选总统两个月后的1993年1月，我在牙买加的国会休养地做了一次讲话。当我在会议间歇与戴维·汉伯格和萨姆·纳恩谈论克林顿新内阁的组成时，刚被确定任国防部长的莱斯·阿斯平打电话给我，请我担任他的常务副部长。我告诉他，我不愿中断我的平民生活再回到政府。但是在讨论了一会儿后，我同意在回家的途中到华盛顿去见他。莉同意我的拒绝，但是戴维·汉伯格和萨姆·纳恩强烈建议我接受这个邀请，他们指出，我将处于有利的地位去处理"失控的核弹"问题。他们还建议，这个职位可以帮助我开展在为卡内基委员会和帕卡德委员会撰写的报告中推荐的国防采购改革。这两项挑战——"失控的核弹"和改革国防采购——似乎是互不相关的，但是我知道这两件事都处于防止使用核武器这个极其复杂使命的中心位置。汉伯格和纳恩，作为知情的局内人，清楚地知道这两件事都需要立即采取行动。对于五角大楼的高层领导们来说，这两件事与他们认为重要的其他事件将因为同时要求尽快解决而发生矛盾。要解决这个矛盾，不可能按部就班。

在五角大楼与阿斯平进行了未能使我信服的长谈后，我与他的助理拉里·史密斯（Larry Smith）及鲁迪·戴伦（Rudy deLeon）——政府中最能干的人们中的两位——共进午餐。我在20世纪70年代任国防部副部长时曾与拉里密切合作过并且很钦佩他。作为参议院战略武器小组委员会的工作人员，他在避免核军备竞赛螺旋式上升而失控方面起过关键作用。拉里和鲁迪一再强调必须采取预防性措施处理"失控的核弹"问题；解决这个严峻的新危险无可否认地早已在我的思想里成为最主要的事项。

他们还强调了改革国防采购的最后机会，认为灵活的军事采购能力是有效地采用新技术和新型作战理论的基础。没有高效率的采购过程将浪费其他的良机。

最后，他们指出，阿斯平部长缺乏管理的经验，需要一位有经验的副部长来协助他。史密斯和戴伦设想我们能超过梅尔文·莱尔德（Melvin Laird）[1] 和戴维·帕卡德领导的通常被认为是极其成功的国防管理团队（莱尔德和阿斯平都是来自威斯康星州的众议员；帕卡德和佩里则都是来自硅谷企业的执行官）。

于是，莉和我决定再次从加利福尼亚起程，回到华盛顿。这次离别比第一次更伤感。我们又离开家人和亲爱的朋友们，卖掉我们可爱的家园，解除了过去 12 年间取得的股票。付出的最大代价是，我放弃了担任几家很有前途的公司董事而拥有的优先股认购权，这是一种"机会成本"，最终可超过 500 万美元。莉又辞去她在会计事务所的工作，这次是永远的。我从斯坦福大学请假，打算在 4 年后回来。

可以想象，我作为副部长的两个优先项目——实施纳恩—卢格计划和执行帕卡德委员会的改革国防采购建议——都不是容易完成的。

我在执行纳恩—卢格计划时面临两个挑战：一个是狭隘的经济利益问题，另一个是广泛的对大量"失控的核弹"危险性缺乏认识。由于上届政府没有授权拨款，我只得白手起家。我的第一项挑战是从上一届预算已确定的优先程度较低的项目中找钱，并要求把钱转用于实施纳恩—卢格计划。受到影响的那些项目的管理者们及他们在国会的支持者们对我造成很大的阻力。但是，国防

---

① 莱尔德（1922— ）是尼克松总统第一届任期（1969—1973）内的国防部长，他曾在 1953—1969 年连任七届众议员，他对国防部的高效领导得力于他的前任麦克纳马拉奠定的"知识分子领导国防部"。——译者注

部长有实权，如果他选择压倒这些反对。我下定决心并取得了胜利。

我必须组织一支有奉献精神和决心并赞同我对纳恩—卢格计划重要性观点的队伍。阿什·卡特被阿斯平提名为负责国际安全政策的助理国防部长和实施纳恩—卢格计划的理想人选，他离开了哈佛大学来到华盛顿，在等待拖拉的国会确认期间担任临时顾问。我们二人都感到实施纳恩—卢格计划的极度紧迫性，我允许作为顾问的阿什深入接触此事，这导致了复杂后果。五角大楼内阿什所涉及的那个部门的文职人员之一向参议院军事委员会的一位成员报告，阿什"担任了这个部门的职务"，这是对参议员们的极不尊重。我接到通知，参议员德柯·坎普松（Dirk Kemptorne）① 把阿什的提名确认案无限期地搁置。我在震惊之余决定反击。我曾考虑请参议员纳恩介入，但担心这会增强坎普松的决心。于是，我在国防部的主任律师，能干的杰米·戈尔里克（Jamie Goerlick）的陪同下拜访了这位参议员。我一开始先来一个 mea culpa（认错），承认阿什确实任职了，但那是我的错，不是他的错。我继续解释，自己正艰难地促使国防部在极其紧迫的"失控的核弹"问题上前进，因此过于催促阿什拿出成果——阿什只不过是做我催促他做的事。我请求坎普松参议员撤回他对确认阿什提名的搁置，并由我承担错误。这位参议员接受了我的道歉，撤回了他的搁置。在参议员纳恩的帮助下，阿什的提名在那个星期获得通过。

我从这件事（及其他类似的事）再次认识到需要引起人们对核冲突的危险及亟须防止它的关注。人们有认知能力，我们需要做的是激发他们对此事的思考和行动。

同时，我们召集了由 4 位副助理部长组成的精英团队，这个职位不需要

① 坎普松（1951— ）是来自爱达荷州的参议员，在担任一届参议员（1993—1999）后回到爱达荷州任州长（1999—2006），后来被小布什总统任命为内政部长（2006—2009）。——译者注

参议院确认，可以尽快开始执行被拖拉的纳恩—卢格计划。阿什的纳恩—卢格团队中的 4 名成员都是女性：伊丽莎白·舍伍德（Elizabeth Sherwood）、格洛丽娅·达菲（Gloria Duffy）、劳拉·霍尔盖特（Laura Holgate）和苏珊·科赫（Susan Koch），她们都是俄罗斯问题专家，其中 3 位能说流利的俄语（阿什和我都不会）。在我们为执行纳恩—卢格计划而首次访问莫斯科时，阿什、我及 4 位副助理部长会见了俄罗斯的国防部长巴维尔·格拉切夫（Pavel Grachev）将军和其他 5 位俄罗斯将军。俄方对我方队伍的组成表示困惑，对女士们能否做出有意义的贡献有所怀疑。当格拉切夫问我关于实施计划的某个部分的问题时，我说："舍伍德博士将全权负责那个部分的实施，所以我让她回答这个问题。"她用俄语相当仔细地回答了问题。会议桌对面的俄罗斯人大吃一惊。此次会见的后续情节是：3 年后，在我们成功地完成了拆除导弹的最末阶段与格拉切夫将军举行的一个小庆祝会上，一位俄罗斯摄影师走过来给格拉切夫、阿什和我拍照，格拉切夫叫摄影师暂停，"把伊丽莎白加进来，她是使所有这一切得以成功的人！"这是使伊丽莎白，还有阿什和我，高兴的一刻。这件事的寓意在于时代需要良知与合作。

佩里在五角大楼会见伊丽莎白·舍伍德、阿什·卡特和俄罗斯国防部长格拉切夫

虽然我的最优先任务是降低从未经历过的"失控的核弹"的危险，但我还得负责保持我们的常规力量，这个长期的要求是为了从根本上支持核遏制，因此需要对国防采购进行改革。此处回顾 20 世纪 70 年代我任副部长时把最大的精力放在抵消战略上是很重要的，那时的目标是大大增加我们的常规力量，使我们的核遏制在核均势时代依然有效。现在到了 90 年代，我们需要维持常规力量优势，使我们不必使用或不必威胁使用核力量就能保证我们国家的安全。我们要减少核武器的作用（及它的数量），这只有在我们的常规力量足够强大时才能安全地做到。

在核时代，常规力量与核力量之间的相互作用对于遏制来说是一个基本原则。俄罗斯便是目前未能保持强大的常规力量，造成不良后果的危险例子。由于常规力量下降，俄罗斯人走上了大量增加核力量之路，他们的领袖们毫不掩饰地说，如果面临安全威胁，他们计划使用核力量，即使不是核威胁。

保持我们常规力量中的现代化装备的最大障碍是高成本和较长的研发周期。我们的国防采购系统非常低效。当我在卡特政府中任副部长时，我还兼任国防采购执行官，我当时面临一个两难的局面：我们的采购系统低效，我有权改进它，但是我判断（正确地说，我依然相信），为了从头到脚彻底改革采购系统，需要发起一个激烈的运动，这将消耗时间、精力和注意力，而这些却是最紧迫的优先任务——用尽可能快的速度设计和实施抵消战略以弥补下降的核遏制——所需要的。与其把我的时间和精力用在改革整个采购系统上，不如选择绕过它而用于紧急的项目：隐形技术、巡航导弹、GPS 全球定位及几项灵巧武器。

这是一个令我担忧的两难局面。我知道传统的流程将导致官僚主义的拖拉作风，很容易低估精简这些流程的重要性。我也知道我们正在进入一个战略不确定性的时代，它需要建立一支能灵活适应的美国军队。设计和部署武器系统的人们——我们依靠并向其提出巨大要求的人们——所需的士气和奉献精神应该得到高效率采购系统的服务。在一个不断变化的危险世界，没有什么事比我们适应军事的能力更重要，这是不言自明的常理。

虽然我在任副部长时没有从事采购改革，我还是从我们在抵消战略项目使用精简方式取得成功中获益匪浅。我看到了能够大大改善采购效率的业已证实的步骤，我曾期望我能广泛地实施这些步骤的时间到来。

在我的两次任期之间，我在卡内基委员会和帕卡德委员会工作过，这两个委员会都提出了如何改革国防采购的建议。我是帕卡德委员会一份题为《国防采购改革：行动的公式》的主要作者，我们在这份报告中给出的结论是："许多人已把10—15年的采购周期视为正常和不可避免的。我们认为有可能把这个周期缩短一半。这将需要根本性改革……及行政部门与国会协同行动。"[1]那时，我惊讶地得知国防部长温伯格（Weinberger）[1]认为这个系统不需要改革，他不理睬这份报告。现在该是我做主了。

我很快发现提建议比实施容易得多。我现在的权力大于我任副部长时，这当然是有帮助的，而且我还得到副总统艾伯特·戈尔（Albert Gore）[2]的强力支持，他通过政府渠道极力推动效率提升。但是我需要一个能干的团队执行"行动的公式"中的使命。我有一个很得力的国防部副

---

① 温伯格是里根总统时期的国防部长（1981—1989）。在尼克松总统时期曾任联邦贸易委员会主席，保健、教育、福利部长，管理与预算局局长等职务。——译者注

② 戈尔（1948— ）是克林顿总统时期（1993—2001）的副总统。此前，他曾是代表田纳西州的四届众议员（1977—1985）。他在2001年美国大选败给小布什后淡出政界，从事环保和科技革命（信息高速公路、数字地球等）的宣传。由于在环保方面的努力，他被授予2007年诺贝尔和平奖。他的名字"艾伯特"（Albert）的昵称是"艾尔"（Al）。——译者注

部长（这是我从前的职位）约翰·多伊奇（John Deutch）①（后来保罗·卡明斯基接任他的职位）。但是我知道，大多数采购是由各军种办理的，所以我为3个军种分别雇用了采购执行官（助理部长），这些执行官在国防采购方面，主要在我们的核遏制力量的几个组成部分方面，有广泛的经验。

我亲手选择了一个"梦之队"，努力劝说他们接受这份工作（每人的薪金都降了不少），然后把他们的提名交给国会确认。白宫的人事处立即埋怨说，3个人中有两个是注册的共和党人。"你不能找到任何民主党人吗？"我对此解释道，掌握必要的技术和管理技能的人才极少，而且许多最称职的人不愿到华盛顿来担任薪金少的职务。我还进一步指出，这份工作是技术性的，不是政治性的，而且它太重要，不能留着用于照顾党派性质的任命②。与我打交道的人事处官员不认可我的这些观点，于是我不得不告诉艾尔·戈尔，除非他干预此事，否则他的提高效率的倡议在国防领域会夭折。他干预了，虽然此事得到解决，我们还是失去了几个月的时间，而且我们还得在令人恼火的国会确认提名过程中损失更多时间。

最后在11月末，我们的团队就位：陆军的吉尔·德科（Gil Decker）、海军的约翰·道格拉斯（John Douglas）和空军的克拉克·菲斯特（Clark Fiester）。道格拉斯是一位退休的空军准将，他曾担任空军采购的高级职务。德科和菲斯特担任过与我管理 ESL 公司时相似的职务。这3位都被誉为能干、诚实和杰出的管理者。3年后，陆军参谋长戈登·沙利文（Gor-

---

①　多伊奇是科技专家，曾任麻省理工学院化学系主任；进入政府后曾任卡特总统的能源部副部长、克林顿总统时期的国防部负责采购和技术的副部长（1993—1994）以及常务副部长（1994—1995）。——译者注

②　克林顿和戈尔是代表民主党赢得大选而任总统和副总统的，佩里也是民主党人。——译者注

don R. Sullivan）将军在退休时告诉我，他认为我为陆军做得最好的事是选择吉尔·德科作为它的采购执行官。克拉克·菲斯特也是一位杰出的采购执行官，他在 1995 年访问一个空军基地时因一次悲惨的空难事故牺牲。于是，阿特·蒙奈（Art Money）成为我们的第三名采购执行者。德科、菲斯特和蒙奈在冷战时期开始他们的政治生涯，像我一样参与了遏制政策的关键组成部分——侦察技术的革命。

改革计划深远而广泛。我任常务副部长时的最后采购计划涉及国防工业本身。冷战已离我们远去，国家在联邦预算中寻求"和平红利"。在老布什总统任期之初，国防开支是 5 120 亿美元，在克林顿总统的第二届任期末，国防开支是 4 120 亿美元："国防红利"是 1 000 亿美元（在那段时期的最后几年，美国的联邦预算实际上还有盈余，这大概不是一个偶然的巧合）。

但是，我下定决心不让军费支出的下降给我们国家留下一支"空洞的军队"，那曾是越南战争后国防开支大幅削减的结果，是我们时代的危险后果。我们相应地在将近 8 年内，包括老布什总统早期由他的国防部长迪克·切尼（Dick Cheney）[①] 实施的削减计划在内，逐渐地缩减军转民导致的国防费用下降，使之维持在每年约 4%。

而且，我们保证了整个军队的高水平训练不受预算问题的影响。

然而，我担心如果工业领域不做相应的削减，我们的采购将变得更昂

---

① 切尼（1942— ）曾任福特总统的白宫办公厅主任（1975）、众议员（1977—1987）、老布什总统的国防部长（2001—1909）和小布什总统的副总统（2001—1909）。2004 年曾访问中国，在复旦大学演讲。他主张单边主义和先发制人战略，被称为新保守主义的掌门人。他以萨达姆有大规模杀伤性武器的假情报为由，在小布什内阁中第一个动议攻打伊拉克，他还骗取小布什签署可以虐待战俘的命令，导致伊拉克和关塔那摩的虐俘事件。——译者注

贵,因为国防工业过剩的生产能力将使国防部支付高昂的维护费①。我请阿斯平部长主持一场为主要的国防工业执行官们举行的晚宴,在晚宴上,我解释了我对今后5—10年国防采购预算的观点。我告诉这些执行官们,他们不应保留我预计的国防预算支持不了的设备和人员,因为国防部将不支持过高的维护费。我后来得知,马丁·玛丽埃塔公司(Martin Marietta)② 总裁诺尔曼·奥古斯丁(Norman Augustine)对他的两位邻座耳语:"我们之中将有一人明年此刻不会出现在此地。"6个月后,由于与洛克希德公司谈判合并,他的预言成真了。使奥古斯丁出名的还有他给这次晚宴取的外号:"最后的晚餐"。

作为国防部常务副部长,我把纳恩—卢格计划和改革国防采购放在最优先的位置,我能把许多关键的人物和流程用于实施需要完成的任务。我即将成为国防部长,实施纳恩—卢格计划及使我们能研制出创新性作战系统的前期工作将有利于面对困难但重要的新工作。

---

① 指薪金、房屋租金和维修、设备保养、水电气暖等费用。——译者注

② 马丁·玛丽埃塔公司成立于1961年,是导弹、航天、电子、化学工业的领先者之一;它研制过大力神(Titan)、和平守卫者(Peacekeeper)、侏儒(Midgetman)等洲际导弹及潘兴(Pershing)中程导弹和短跑(Sprint)近程反弹道导弹等。1995年与洛克希德公司合并成洛克希德·马丁公司。——译者注

上左：12 岁时的佩里；1939 年

上右：佩里应征加入陆军航空兵；1944 年 10 月

下左：佩里在基础军训时

下右：佩里在陆军后备队；1950 年 7 月

上：佩里与妻子莉以及他们的 5 个孩子

下：作为国防部负责研究与工程的副部长，佩里在叙述国防部的高科技项目；1978 年

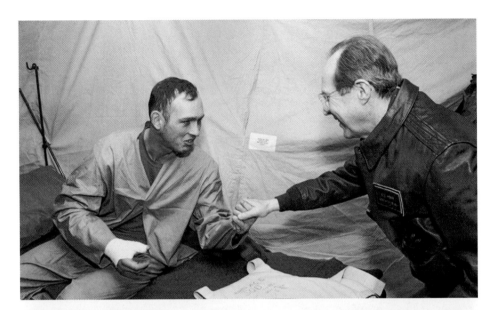

上：佩里在匈牙利的塔扎尔空军基地探望波斯尼亚战争的伤员；1996 年

下：佩里会见潜艇军人；1995 年 7 月

上左：保罗·卡明斯基上校；他在20世纪70年代佩里任国防部副部长时是佩里的军事助理；他在实施隐形计划中起到关键作用

上右：阿什·卡特是佩里的长期朋友和伯乐；他在实施纳恩—卢格计划中起到了关键作用，卡特在2015年2月12日被确认为美国第25位国防部长

下左：西格弗里德·海克在学术领域和二轨对话中同佩里合作，他现在是斯坦福大学弗里曼·斯鲍格利国际问题研究所的资深研究员

下右：阿尔贝特·威龙曾任中情局的技术发展主任，他在冷战的早期同佩里一起在分析苏联导弹成像的政府小组里工作。加州山景城（Moutain View）圣安东尼环形路11号B的照相馆，约瑟夫·伽拉珀洛和克里斯琴·皮斯拍摄

12 我成为国防部长

我希望你不要为自己言辞柔软而过于抱歉。我
们在这个星球上有过一些言辞柔软的著名前辈。乔
治·华盛顿、罗伯特·李、奥马尔·布雷德利、亚
伯拉罕·林肯、耶稣。你就保持你的原样吧。

——参议员罗伯特·伯德，美国参议院确认提名的

听证会，1994年2月2日[1]

1993 年 12 月 15—16 日，我同艾尔·戈尔、后来任常务副国务卿的斯特罗布·塔尔博特（Strobe Talbott）① 及阿什·卡特在莫斯科参加名为"戈尔—切尔诺梅尔金委员会"的计划会议，这是戈尔副总统与俄罗斯总理切尔诺梅尔金（Chernomyrdin）② 为促进两国之间的合作而设立的²。在会议即将结束时，斯特罗布把我拉到一旁说，克林顿总统已请莱斯·阿斯平辞去国防部长的职务。总统做出这个决定的起因是灾难性的"黑鹰坠落"事件，在该事件中一架黑鹰直升机在索马里的首都摩加迪沙被叛乱者击落，18 名美国军人丧生³。

在从莫斯科飞回来的途中，斯特罗布、阿什和我及俄罗斯外交部副部长乔吉·玛梅道夫（Georgie Mamedov）一起在基辅停留，并同乌克兰外交部的官员谈判一项"三边协议"⁴。协议的要点是：乌克兰人同意放弃苏联解体后他们在当地继承的核武器；美国同意在拆除导弹和核弹头的复杂和昂贵的任务中帮助他们；俄罗斯同意把拆下来的裂变物质在混合稀释后供给美国的核反应堆③（今天，美国许多核发电厂的核反应堆使用的都是

---

① 塔尔博特是美国外交（尤其是对俄罗斯）和军控方面的专家，曾长期担任《时代周刊》的外事主编（1971—1992），进入政界后曾任无任所大使（1993—1994），负责处理苏联解体后成立的"独立国家联合体"（独联体）事务（1993—1994），以及常务副国务卿（1994—2001）。他自 2002 年退出政界后任智囊机构布鲁金斯学会的主席。——译者注

② 切尔诺梅尔金（1938—2010）曾任苏联的石油与能源部部长（1985—1990）；他在苏联解体后被叶利钦任命为俄罗斯总理（1992—1998），主持经济体制改革（"休克疗法"），改革失败后被任命为驻乌克兰大使（2001—2009）。自 2009 年起担任了一年总统顾问后去世。——译者注

③ 铀有两种同位素：铀 - 235 和铀 - 238。只有铀 - 235 能维持链式裂变反应，释放巨大的原子能。天然铀矿含有大量铀 - 238，只有少量铀 - 235。所以，制造原子弹必须把铀原料浓缩，使之成为含有足够浓度铀 - 235 的"武器级"铀。反之，核弹头中的铀必须稀释后才能用于制造核电站反应堆中的芯棒。——译者注

来自苏联的核武器中经过混合稀释的核燃料）。乌克兰的核武库是冷战时代建立的核军备中最危险的遗产之一。在苏联解体为 15 个独立的共和国时，乌克兰继承了苏联部署在那里的将近 2 000 枚核弹头，大部分安装在我们称之为 SS–19 和 SS–24① 的洲际弹道导弹上[5]。这使乌克兰拥有世界第三大的核力量，其核武器数量超过法国、中国和英国的总和。乌克兰人没有保障武器安全的组织和经验，而且国家处于社会、经济和政治动乱中。我们遇到的是罕见的危险形势。阿什和我把拆除乌克兰的那些核武器视作最优先的项目，但是在那个刚诞生的共和国内，对于交出他们的核力量有很大的阻力。许多乌克兰人担忧俄罗斯可能挑战他们刚获得的自由，在发生这种情况时，核武器可以保护他们。乌克兰当局说，只有当美国给予他们安全保证时，他们的国家才能交出核武器，但是美国不愿做出这样的保证。

斯特罗布·塔尔博特想出来的解决办法就是与俄罗斯和乌克兰缔结三边协议。除了上述条款外，关键的是俄罗斯和美国正式承认乌克兰的边界，从而给予乌克兰一些安全感。在我们从莫斯科飞抵基辅后的清晨，阿什和我帮助斯特罗布同俄罗斯外交部副部长和乌克兰外交部长一起在措辞方面确定最后的协议文本。1994 年 1 月，三国总统签署了这份协议，我们已准备好开始落实纳恩—卢格计划[6]。

在历史上，根本性的改变似乎常常以令人惊讶的速度突然发生，有时却又静悄悄地发生。在拥有"超杀"能力的美国与苏联经历了数十年紧张的核对立和顽固的僵局后，我们突然在美国、俄罗斯和一个被解放了的苏联共和国之间谈成了一项高度合作的协议，拆除和改造核武库内的大批武

---

① SS–19 是液体燃料的导弹，携带分导式多弹头，北约代号为"Dagger"（匕首）；SS–24 是可以机动发射的三级固体燃料导弹，也携带分导式多弹头，北约代号为"Scalpel"（手术刀）。——译者注

器。这个三边协议从多方面预示着防止核灾难的性质在后冷战时代正在发生改变。它是一个先例，为继续取得成功提供了一些宝贵的经验。首先，"失控的核弹"问题对于后来全世界担心的核材料被恐怖集团或其他好战分子攫取来说是一个凶兆。其次，为了抓住在乌克兰的机会，需要直接的、有远见的、随机应变的和果断的领导。历史给了我们一个机会防止正在出现的核危险，不是用互相恐吓，而是通过经典外交考虑各方利益和尊重各国传统关心的问题——地区安全、国家独立及防止扩散核武器和核材料。

匆忙起草的协议很快成为法律。1994 年 12 月 5 日，俄罗斯、美国、乌克兰和英国的领导人在布达佩斯正式签署了《布达佩斯备忘录》（*Budapest Memorandum*），它确认了我们在基辅达成的协议。后来，法国和中国也签署了这个备忘录。根据该备忘录中的条款，签字国同意"尊重乌克兰的独立和主权及现有的边界"，"不以武力威胁或使用武力反对乌克兰的领土完整或政治独立"[7]。

可惜，导致这个里程碑式协议的合作精神未能持久。20 年后，俄罗斯并吞了克里米亚，违背了这个协议，其理由是站不住脚的。他们说，美国煽动民众动乱，导致那时的总统维克多·亚努科维奇（Viktor Yanuk-ovych）① 下台，这就已经先违背了这个协议。

回到华盛顿，我得知总统已提名博比·英曼任国防部长，他是我亲密的同事，曾任国家安全局（NSA）局长，那时我是国防部副部长。我很尊敬英曼，认为他将是一位杰出的部长。我到他在得克萨斯州的办公室向他

---

① 亚努科维奇是乌克兰独立后的第二届总统，倾向俄罗斯，在 2004 年美国煽动的民众动乱中被迫下台。后来，他抵制北约东扩到乌克兰，被乌克兰的亲西方分子煽起的动乱赶下台，流亡到俄罗斯。——译者注

做一个简报，以便他在提名获得确认后能迅速开始工作。英曼在1994年1月召开了一个新闻发布会，宣布撤回他的提名。虽然在那以后的许多年内我同他保持密切关系，但我始终不知道他撤回提名的原因。

在那一周的星期五，克林顿总统打电话给我，提议我担任国防部长的职务。我告诉他，我将同我的妻子讨论后在星期六给他答复。莉和我在那天晚上苦恼地讨论后决定拒绝这个提议。我们珍惜我们的隐私，觉得我们不喜欢媒体注视、跟踪我们的每一个行动。此外，我基本上是在无政党色彩的基础上担任副部长和常务副部长的职务，我担心在部长的岗位上无法继续这样做。虽然我是（现在还是）一个民主党人，而且完全支持克林顿总统，但我强烈地感到应该在无党派的基础上处理国防问题。我认为，作为内阁成员将不可避免地被拉进党派政治的议题。我在星期六上午打电话给克林顿总统，谢绝了他的提议。

副总统艾尔·戈尔是我在白宫中关系最密切的人，我拒绝这个机会使他感到惊讶。他请我在星期六下午到他的住处去讨论我的决定。我们谈论了几个小时，戈尔副总统试图使我相信我过多地考虑了隐私。他向我保证，他和总统完全支持我以无党派的方式处理国防问题。我觉得他的说法令我信服，我在同莉再次商量此事后决定接受总统的提议。于是，我再次打电话告诉总统，我最后决定接受他的提名，虽然我承诺只做一届。总统说，他将在几天内宣布这个提名。

星期一，我在中情局（CIA）与局长詹姆斯·伍尔西（James Woolsey）① 共同主持一个关于情报预算的会议。伍尔西的助理进来说，克林顿

---

① 伍尔西是民主党人，在外交政策上是鹰派，在国内的经济和社会方面是自由派；他曾在1977—1979年任海军部副部长，1983—1988年是参加战略核裁军谈判的无任所大使，1993—1995年任中情局局长。——译者注

总统要同我说话，我离开会议室去接电话。总统的信息很简单：他将在一个小时内举行新闻发布会，宣布我的提名，我应该放下手头的事，到白宫去。我打电话给莉，告诉她，我将在30分钟内带她一起到白宫。莉对这样仓促的通知喘了一口气，但是在我的汽车到达时还是做好了准备。我还请我的5个孩子中居住在附近的两个来参加新闻发布会，并告诉另外3个孩子打开他们的电视。在我回到CIA的会议室时，每个人都站起来鼓掌——新闻在华盛顿传得很快，特别是在中央情报局！

在新闻发布会上，克林顿总统走上讲台，简要地称赞了我的品行后宣布提名我任国防部长[8]，并把讲台让给我。我用简短的语言表达了感谢，然后开始接受提问。这是我第一次面对采访白宫的记者团，令我奇怪的是问题几乎都与国家安全无关。沃尔夫·布利策（Wolf Blitzer）问我有没有"保姆问题"（指过去有 些被任命的人没有为家务人员付必要的税）。我说，"没有"。安德烈亚·米切尔（Andrea Mitchell）问我是否继续实施阿斯平部长提高妇女在军中地位的政策[9]。我说，"是的"。白宫的媒体不习惯于简单的回答，要我扩展我的回答。我说："阿斯平部长在他任职的一年内①留下了许多重要的遗产——自下而上的评论是，他在军队中的一切社会问题方面做了工作，特别是允许妇女上战场，在这一点上我非常支持他。"（3年后，克林顿总统在我的告别仪式上评论说，我总是以数学家的精确度而不是以政治家的绕弯思路回答问题。我把这当作是表扬，但是我自己知道，有时候我的直率回答使白宫懊恼。）我以可能是最佳的政治回答——无瑕疵、无张皇失措、无错误——通过了我的第一次新闻发布会！

---

① 阿斯平（1938—1995）担任国防部长仅一年就辞职，原因是在索马里暴乱事件中美军准备不周而遭受损失。他在任期内遇到一些权利平等问题，如允许军人同性恋，提高妇女在军中的地位。——译者注

总统在离开新闻发布室时给我一个大大的笑容和"竖起的大拇指"。然后，我的家人和我及他和戈尔副总统一起在椭圆形办公室拍照留念。

我们在及时确认提名方面曾遇到一些困难，有些提名被拖拉8—9个月。但是这次不同了，参议员萨姆·纳恩作为参议院军事委员会主席将我的听证会安排在提名后的第9天。确认的过程进行得很顺利，但是它确实出现了一个意外。在我的听证会上，轮到参议员罗伯特·伯德发言时，他开始引用一篇新闻报道中指出的不赞成我言辞"柔软"。伯德参议员显然不受该文的影响，他像吟诗那样说："有些人生来伟大，有些人取得伟大成就，有些人的伟大从天而降。我希望你不要为自己言辞柔软而过于抱歉。我们在这个星球上有过一些言辞柔软的著名前辈。乔治·华盛顿、罗伯特·李、奥马尔·布雷德利①、亚伯拉罕·林肯、耶稣。你就保持你的原样吧。你将得到压倒多数的赞成票是因为你就是你。"惊讶之余，我明智地保持沉默。在听证会结束前，委员会一致推荐我的提名；参议院在第二天以90∶0确认了我的提名[10]。莉列席了听证会，她在我们离开时幽默地问我，伯德怎么会如此肯定言辞柔软是一项资产，因为在她的想象中他在参议员或内阁成员中没有同这种性格的人打交道的经验。

我在提名被确认后的一个小时之内宣誓就职，承担起国防部长的责任。第二天，我飞到慕尼黑，代表美国出席每年一度的欧洲安全会议，这是我第二次有机会遇到欧洲的国防部同行们（第一次是我在去年秋天出席北约国防部长会议，因为莱斯·阿斯平在那时住院了）。那天晚上，我们从安德鲁斯空军基地起飞，我的几位助手及十几个驻五角大楼的记者与我同行。我们在空中举行了一场漫长的新闻发布会，这是驻五角大楼的记者

---

① 罗伯特·李是美国国内南北战争时的南方司令，虽然战败投降，但仍是美国历史名人。布雷德利是美国的五星上将，他在第二次世界大战时是欧洲和北非战场的美军司令。——译者注

团第一次听到我以部长的身份讲话。我睡得很少，直到我们在慕尼黑着陆。

美国驻德国大使理查德·霍尔布鲁克（Richard Holbrooke）① 到机场迎接我们，他告诉我的头条新闻是波斯尼亚的塞尔维亚人向萨拉热窝（Sarajevo）② 的市场发射了一枚炮弹，炸死 68 人，伤 200 人。后来他通知我，他为我安排了一场新闻发布会，回答记者们关于这次炮击的提问。我的高级助手之一鲍勃·豪尔（Bob Hall）认为让刚上任的部长就如此敏感的事件面对媒体的提问（美国将如何应对这个暴行）可能只会造成麻烦。但是发布会已经宣布出去了，我们必须面对。我们紧张地准备了一个小时，老兵鲍勃对他的新手部长的建议是："不要闹出新闻来！"幸好，我没有闹出新闻。

虽然北约的会议不合时宜地安排在我上任仪式之后，但我利用这个场合在我的任期之初就同几位重要的国防部长及德国总理赫尔穆特·科尔（Helmut Kohl）③ 建立了工作关系。我认为建立互信是有效外交的关键，我要立即开始奠定这个基础。

在回程的飞机上，我抓紧时间为第二天上午国会关于国防预算的听证会做应急准备。这个应急准备是成功的，因为海伦·托马斯（Helen

---

① 霍尔布鲁克（1941—2010）是美国的资深外交家，他只为民主党总统服务，是四届民主党总统的外事顾问。他曾任主管亚洲事务（1977—1981）和欧洲事务（1994—1996）的助理国务卿，美国驻德国大使（1993—1994）和驻联合国常任代表（1999—2001）。他曾作为奥巴马总统的特使，处理阿富汗和巴基斯坦问题。他最为人称道的贡献是 1995 年在美国俄亥俄州的代顿市经过 20 天的努力达成《代顿协议》，使前南斯拉夫的塞尔维亚、波斯尼亚、克罗地亚休战。——译者注

② 萨拉热窝是南斯拉夫解体后独立的波斯尼亚—黑塞哥维纳共和国首都。——译者注

③ 科尔是战后德国任期最长的（1982—1998）总理，他代表德国基督教民主联盟执政。——译者注

Thomas），一位以咄咄逼人的问题而闻名的常驻国会记者，在听证结束时她评论道，这是她第一次能听懂国防部长解释预算问题。我永远搞不清楚，这是评论我的简报出色还是她的理解力超强。

2月18日我在梅尔堡（Fort Myer）① 有一个正式宣誓就职的仪式，我的家人，还有许多朋友一起参加了这个仪式。没有一个仪式比我们的军队举行的仪式更激动人心——接受检阅的包括穿着殖民主义时期服装的士兵、演奏爱国乐曲的军乐队和整齐队列的各军种。

我在宣誓就职仪式后主持了一个漫长的接待会，其中最值得回味的是我会见了非委任军官（NCO）陆军总军士长理查德·基德（Richard Kidd）。他向我提出了一个简单的建议："关心你的军队，他们将会关心你。"

我自己也曾服役，所以基德总军士长和我有一个来自共同经历的不言自明的特殊理解，这对于我是最贴心的。我把他的建议铭记在心，引导我通过我将遇到的许多困难决策。

我将在本书后面告诉你们，这位新的国防部长如何"关心他的军队"。

---

① 梅尔堡基地位于首都华盛顿特区附近的弗吉尼亚州的阿灵顿市，毗邻五角大楼。——译者注

13 拆除核武器及建立
纳恩—卢格遗产

我曾投票赞成的最值得花的钱就是目前使我们
能合作拆除这些大规模杀伤性武器的钱。

—— 参议员萨姆·纳恩，俄罗斯北德文斯克，北方

机械制造厂的船坞，1996年10月18日[1]

我从德国回来并举行了一次关于国防预算的新闻发布会后就立即着手实施纳恩—卢格计划。我在担任常务副部长时已安排了必要的拨款,组建了一流的团队,帮助谈成由 3 位总统在 1994 年 1 月签署的三边协议,我们准备好前进了。阿什·卡特和我决定,为了显示纳恩—卢格计划的重要性和确保顺利地拆除核武器——这是该计划最重要和可以看得见的部分,我将访问苏联最大的导弹基地之一,乌克兰的贝尔沃玛伊斯克(Pervo-maysk,五一城)①,那里有 80 枚洲际弹道导弹和 700 颗核弹头。我要亲自监督拆除过程的 4 个阶段:取下那些弹头,挖出它们的裂变材料;取出那些导弹,使它们变成废金属;炸毁地下发射井;把导弹基地变成农田[2]。在访问五一城的同时,我访问了附近的前国防工厂,乌克兰人在我们的帮助下已把它改成了为乌克兰退休军官制造预制房屋的工厂。我们的目标是在克林顿总统第一届任期剩下的 3 年内完成这个雄心勃勃的计划。

　　我在 1994 年 3 月首次访问五一城。美国空军的飞机把我们送到基辅,在那里,乌克兰国防部长维塔里·拉德茨基(Vitaly Radetsky)将军提供直升机送我们到五一城。在我们着陆后,拉德茨基将军带领我们通过一道装甲大门进入一个水泥地堡。那里的一部电梯把我们送到地下深处。我们出现在一条微微照明的地道里,它通到控制着 700 颗核弹头的导弹控制中心,这些弹头几乎都是瞄准美国境内的目标。在发射台前坐着两个年轻军官,显然因为有美国高级官员在场而感到不安。但是,他们被命令为我们"演示和解

---

① 贝尔沃玛伊斯克在俄语中指"五一城",为节省篇幅,以下译为"五一城"。—— 译者注

说"，他们照办了。他们按照实际发射程序运作，只差最后的发射指令。在我的生涯中，我常常参加模拟战争的演习，但是那些演习从未使我有这样的体验。我被这种情景下的荒谬行为所震惊——注视年轻的俄罗斯军官模拟摧毁华盛顿、纽约、芝加哥、洛杉矶和旧金山，同时知道美国的导弹正瞄准我们所站立的地方。

确实，对于我来说冷战的超现实恐怖从未比此刻更历历在目。我站在第一批为数不多的美国人之中，亲眼看到苏联人曾准备用这些设施和发射程序使核弹头下雨般地打击美国的目标。我从未期望能亲眼看到全面打击中的一个恐怖阶段——苏联洲际弹道导弹的发射过程。我站在那里注视模拟倒计时，设想着什么情况会导致这样的打击：有可能是在危机时期由于误算而触发；或者因为虚假的警报（像我本人经历过的那次）；或者来自火气十足的场合，例如美国用海上封锁阻止苏联船舶驶往古巴。不过，尽管我在设想那些触发核战争的情景，我的注意力仍集中在五一城的地下控制中心。在我注视实况模拟一枚洲际弹道导弹攻击美国时，我还想象了美国那边随之而来的警报和决策程序。我在早期生涯中经历过北美防空司令部发出苏联核导弹攻击的虚假警报，它使仓促决策的情景戏剧化——在仅仅几分钟内经过超出传统的"合理性"思考，做出历来最险恶的决策。这个可怕的决策可以被现实主义地理解为：不存在成功的防御。做出这个决策必须全面理解进攻性核武器的"超杀"规模。某种世界末日性的毁灭可能唤醒第二次世界大战毁灭城市的情景。但是事实上，这种攻击及其后果是难以想象的。

在五一城控制中心看完模拟发射后，我们乘电梯回到地面，沉默而清醒。然后，拉德茨基将军带领我们到藏有 SS－24 导弹的地下发射井之一。这个地下发射井的巨大井盖是敞开的。我们朝井内往下看，确认所有的弹头已经被从这枚多头导弹上取走。我们看到的是，冷战时期"恐怖平衡"的最可怕武器之一现在已被"斩首"了。这些弹头已被装载在火车上运回制造它们的俄罗斯工厂，现在它们在那里被分解。这是那难忘的一天内经历的最光明的一面。

我们在1995年4月回到五一城视察下一阶段的拆除工作。我们看到一台巨大的起重机把SS－19导弹从地下发射井提出。有毒的燃料①从它的弹体贮箱中被排光。然后，导弹将由铁路运到一家工厂，在那里分割成金属碎块。

我们离开导弹场，开车去附近的小镇，参观我们为导弹部队的退休军官建造的房屋。乌克兰（和俄罗斯）的法律规定要为退役军官提供住房。但是乌克兰没有现成的住房，而且政府缺乏建造住房所需的资金。在美国参议员纳恩的帮助下，我们从一位美国的合同商那里取得了预制房屋的设计，并把乌克兰的一座国防工厂改造为生产预制房屋的工厂，其首要任务是为退休的导弹部队军官们提供住房。

我们视察了这家工厂，然后开车去建造房屋的工地，那里正处于建造的早期阶段。访问建房工地（爱开玩笑的随员们称之为"佩里镇"）是我任国防部长时比较快乐的时刻之一。按照古老的乌克兰传统，我们都尝了一点面包和盐。然后，又按照传统，莉和我在住房工地上栽种了一棵树。一位东正教神父洒圣水为这个工地祈祷，一个欢乐的儿童合唱团唱了赞美歌。

我们在1996年1月第三次访问五一城。美国团队——我、阿什·卡特、来自白宫的契普·布拉克（Chip Blacker）②、驻乌克兰大使比尔·米

---

①　SS－19是使用液体燃料偏二甲肼和四氧化二氮的导弹，两者都有毒，偏二甲肼的毒性更大。——译者注

②　布拉克曾在斯坦福大学国际安全与军备控制中心（CISAC）工作，克林顿借调他到白宫任俄罗斯问题顾问，他在克林顿辞职后回到CISAC。布拉克的名字是克维特（Coit），契普（Chip）是昵称。——译者注

勒（Bill Miller）和即将任驻俄罗斯大使的吉姆·柯林斯（Jim Collins）——同俄罗斯国防部长格拉切夫率领的代表团及乌克兰新任国防部长（他也是乌克兰的副总统）瓦列里·史马洛夫（Valeriy Shmarov）① 率领的代表团汇合。我们被大雪纷飞的寒冷天气堵在基辅机场好几个小时，等待天气转晴。一开始我们都认为这次行程将被取消。最后，史马洛夫部长来到候机室告诉我们可以继续此行。我们登上了一架乌克兰空军的飞机，在暴雪中起飞。飞行将近一个小时后，我们进入离五一城最近的机场上空。我们的飞机在持续的大雪中试图进场着陆，我看不见地面，驾驶员也看不见，他错过了跑道。飞机向左倾斜，机翼插进跑道边上的雪堤。格拉切夫和我都从椅子上被甩到地上（乌克兰空军的飞机座椅没有安全带）。驾驶员设法重新控制飞机，使它停住。严重受损的飞机还伫立在那里，但不能再飞了（后来，乌克兰人调来了另一架飞机送我们回基辅）。我们后来听说，国防部长史马洛夫不想让我们失望，因此没有取消这次行程，独自断定飞行将是安全的。我在此生中飞过数千次，这次降落肯定是我经历过的最激动的一次或者是不希望再经历的一次。

激动消退后，我们驱车去五一城现场。天气非常恶劣，穿戴着厚重衣帽的3位部长被领到有突出标记的3个按钮的讲台前，我们将要上台讲话并同时按下这些按钮。在这种天气下，我们的讲话非常简短，然后我们同时按下按钮，发出信号到一个导弹地下发射井，把它炸毁。看到烟云从地下发射井升起，这是我在国防部长任期内最值得纪念的瞬间。由于导弹的地下发射井在建造时被设计为抗爆炸的，因此我们走到地下发射井前确认它已被炸毁。然后，我们一起举行了电视转播的新闻发布会，谈论我们刚做的事的历史意

---

① 史马洛夫仅任两年国防部长（1994年10月—1996年7月），他在苏联时期曾荣获红旗劳动勋章。——译者注

义。在我回顾那天时，我的主要记忆不是那次吓人的飞机着陆或部长们说了些什么，而是 SS – 19 导弹的地下发射井化为烟云。

我们第四次，也是最后一次，访问五一城是在 1996 年 6 月的一个美丽日子。我与格拉切夫部长及史马洛夫部长再次见面。在会见的前夜，最后一颗核弹头被运到俄罗斯的分解工厂。导弹、弹头、地下发射井都已消失，地下发射井的洞穴已被垃圾填满。我们要开始把可怕的导弹场地改造成恢复生机的向日葵田地（向日葵对于我来说是有象征意义的，但对于乌克兰人来说则是用于创收的经济作物）。我们每个人拿着一把铲子，一起种下了第一批向日葵。在那天的晚些时候，我们 3 双手握在一起，祝贺顺利地完成了一件困难而重要的工作。看着我们握手的照片并回忆我们以善意和合作的精神完成了那么多的事，我悲哀地意识到，这样的场景和这样的合作在今天是不可想象的。

然后，我们回到住房建筑场地，那里在过去的几个月内已完工。我们访问了西托夫斯基（Sitovskiy），他和他的家人刚搬进新家。两年后，我回到斯坦福大学，收到了西托夫斯基的信，信中有一张他们全家在菜园里的相片和一段话：

> 我们在每次收获时都会想到与您在五一城的热情会见及您说的话："我希望你们富裕及和平。"我们为您努力使地球免遭核导弹之火而表示最深切的感谢。我们希望您在乌克兰土地上播下的和平种子将同样奇妙地生长在全世界。我们祝您健康、快乐，祝您和您的祖国和平。[3]

这封感人的信象征了我们怀着一切善良意愿从事那个令人心悸的计划。这封信使我更伤感地认识到，我们当年合作从事那个计划的精神今天已一去不返，而且难以想象它能复活的环境。

早在3年前，阿什和我就已把我们的目标定为，在克林顿总统的第一届任期内拆除乌克兰、白俄罗斯和哈萨克斯坦的全部导弹，因为这些国家都有走回头路的危险，而且我们无法肯定总统有第二届任期。我们成功地克服了有时似乎是无法逾越的障碍。我们坚持不懈，我们团队的能力和奉献精神是出众的，同我们一起工作的俄罗斯和乌克兰团队很快就被这个计划激起了与他们的美国同事一样的热情。看到人们超越敌对并合作降低我们的核武库造成的危险，是我最满意的经历之一。

当然，我们不仅拆除了苏联的导弹，还拆除了同等数量的美国导弹。俄罗斯国防部长格拉切夫因为我们访问五一城而在国内被公众批评："你让美国人解除我们的武装，而他们将保留他们的导弹。"所以，我们安排他到美国的洲际导弹基地，并把他的访问在俄罗斯和乌克兰广为曝光。1995年9月28日，星期六，阿什和我陪同格拉切夫部长以及一群美国、俄罗斯及乌克兰的记者们到怀特曼（Whiteman）空军基地①。我安排格拉切夫部长坐在怀特曼空军基地的一架B－2的驾驶员座位上，B－2是我们战略力量中最新和最奇特的飞机②，他兴奋地打了一个手势〔后来，作为回礼，格拉切夫安排我坐在他们的"海盗旗"（Blackjack）③轰炸机的驾驶员座位上〕。在怀特曼空军基地，格拉切夫和我站在按钮前，当我们按下按钮时，一枚民兵－Ⅱ型（Minuteman-II）导弹的地下发射井化为浓烟。第二天，格拉切夫和佩里炸掉一个美国导弹地下发射井的照片被刊载在《华盛

---

① 怀特曼空军基地在美国中部密苏里州的堪萨斯市西南约110公里。怀特曼（Whiteman）是从前英国人称呼仆人的用语，不含"白人"的意思，所以报刊和文献中通常把Whiteman音译为怀特曼。——译者注

② B－2是隐形轰炸机，代号为"幽灵"（Spirit）。——译者注

③ "海盗旗"（Blackjack）是北约给俄罗斯的Tu－160轰炸机起的代号。——译者注

顿邮报》及莫斯科和基辅报纸的头版⁴。那个小小的手势传到远方，缓解
了格拉切夫和史马洛夫因与纳恩—卢格计划合作而遭受的指责。

五一城的故事有两个后记。

后记1：从弹头中取出的高浓度铀被运到俄罗斯工厂，混合稀释成适
用于商业发电反应堆的低浓度铀后运到美国。这些燃料成为我们"百万吨
换百万瓦"计划（Megatons to Megawatts）^① 的一部分，它为我们的许多商
用反应堆提供燃料。换言之，从前瞄准美国的炸弹的原料，现在为美国的
家庭和工厂提供电力⁵。

后记2：在我们种植向日葵一年后，米勒（Miller）回到五一城，他
从我们种植的田地上收集了一些向日葵籽寄给我。我非常感激，并愉快地
收下它们。这件事是我一生中最有意义的活动之一。我把一些种子给我的
一个孙子去种植，希望他的成长中不再面临核毁灭的危险。

我们能大大地降低核武器引起的超出人类理智的危险，这不是幻想。
向日葵种子是我们实际上这样做的一个证据，它唤起一个希望——我们能
再次这样做。

我们还从事纳恩—卢格计划中的另一个项目，五角大楼称之为"合作
降低威胁计划"（Cooperative Threat Reduction Program）。除了帮助乌克兰、
哈萨克斯坦和白俄罗斯拆除他们的洲际导弹外，我们还拨款帮助俄罗斯人
拆除他们的战略轰炸机和潜艇。1995年4月4日，我和阿什及其团队访问
了以恩格斯命名的空军基地（它位于莫斯科以南约450英里的萨拉托夫州

---

① "百万吨换百万瓦"计划的全名是《美—俄浓缩铀购买协议》。这个想法是麻省理工学院
（MIT）一位教授在1991年10月24日《纽约时报》的一篇专栏文章中提出的。1992年老布什政
府开始与俄罗斯政府谈判。1993年克林顿政府签署了这个协议。这个计划在2013年12月完
成。——译者注

的伏尔加河对岸），见证那里的拆除工作。我们在冷战时期研究苏联核武库时就已知道恩格斯基地是苏联最新型、最好的战略轰炸机的主要基地，这些轰炸机的首要目的是向美国投下数百枚核炸弹。恩格斯基地的轰炸机携带历来制造过的最大炸弹。我们从未知道苏联人如何武装他们的轰炸机，但是正如我在前面提到的，我们知道苏联有过当量为1亿吨级的"沙皇炸弹"，那个炸弹的缩小型（5 000万吨级）曾用改进过的"熊式"轰炸机（TU–95）空投试爆，这是驻扎在恩格斯基地的机种之一。我们还知道在恩格斯基地的现役战略飞机中有最新的俄罗斯轰炸机"海盗旗"（TU–160）①。

一名俄罗斯士兵注视着被"非军事化"的苏联"熊式"轰炸机（TU–95）等待回收使用的金属碎块。1995年4月

这些知识使我们对在恩格斯基地着陆有所期待。但是当我们走下飞机时，我们看到的是一个大垃圾堆。凹凸不平的废金属——曾经是轰炸机的部件——沿着跑道堆积到我们视力所能及的远处。我被这个景象所吸引。

————————————

① "TU"代表苏联著名的飞机总设计师图波列夫，他的设计局以他命名。关于TU–95和TU–160，请参见第十二章的注5。关于"沙皇炸弹"，请参见第三章的注7。——译者注

在我们沿着机场的飞机滑行道行走时，工人们在用电锯切割从轰炸机上拆下来的机翼和机身。从轰炸机上拆下来的金属碎块将供给俄罗斯工厂生产商业产品。我不知道恩格斯基地的俄罗斯工人们在用美国人提供的工具破拆他们国家的轰炸机时想些什么——不久前曾是他们最大敌人的美国人现在来视察他们的工作。

当我把视线从废金属堆移开时，我注意到几架现代的"海盗旗"轰炸机——当然不包括正在被破拆的几架。我立刻接受基地司令的邀请去检查其中一架。几年以前，我曾研究过卫星拍摄的它在试飞阶段的图像，试图评估它的作战能力。我从未想过自己能这样近距离，实际是坐在驾驶员座位上，观察它。

在我们检查后，基地司令主持了一个午餐招待会，我立即发现，他想把美国国防部长灌醉。在他敬我第二杯伏特加酒后，我就请他见见我的随行人员。他同意了，于是我带着他围着桌子走了一圈，他逐一向我的随行人员们祝酒。在回到我们的座位时，他已没有兴趣再向我祝酒。在午餐后，我靠自己的能力走回我们的飞机。

我们在"合作降低威胁项目"的工作继续进行。我和阿什的团队在1996年10月18日访问了白海岸边北德文斯克（Severodvinsk）的北方机械制造厂（Sevmash）的船坞①。我们陪同使纳恩—卢格计划成为可能的3位关键的参议员纳恩、卢格和利伯曼（Lieberman）② 在那里观察拆解苏联的核潜艇。由于每艘潜艇上有核反应堆，这个拆解工作在技术上是一个挑

---

① 白海在俄罗斯的西北端，它经过巴伦支海通往北冰洋。俄语"Sev"和"Severo"是"北"和"北方"的缩写，"mash"是"机械制造"的缩写。——译者注

② 利伯曼曾连续当选四届联邦参议员（1989—2013）。他在2000年美国总统大选中曾作为民主党的副总统候选人与戈尔搭档，结果败给共和党的小布什与切尼。他在2013年退休。——译者注

战，在环境保护方面是危险的。北德文斯克离阿尔汉格尔斯克港（Archangel）约30英里。这个港口在第二次世界大战期间被盟军用于向苏联提供400多万吨供应物资，这是使苏联在战争早期不被德国打败的一个关键因素。100多艘盟军舰艇和3 000多艘商船被击沉在貌似安全的冰水中。温斯顿·丘吉尔曾把它称为"世界上最坏的旅程"[6]。在我们开车去那个船坞时，那一段悲惨的历史呈现在我的脑海中。我们在中午过后不久到达那里，但是明亮的太阳已经低垂。北德文斯克在北极圈内，在晚秋时节，每天只有几个小时的日照，整个地区沐浴在美丽的金色余晖中。

当我们在船坞内行走时，我紧盯着干船坞里一艘巨大而锈蚀的潜艇和悬在它上面的貌似霸王龙机器人的起重机。这些老化的壳体曾是冷战时期携带瞄准美国的核导弹在海洋深处静悄悄移动的潜艇，看到它们被肢解真是深感欣慰。鉴于潜艇的核反应堆有安全风险，因此这个过程特别敏感。废旧的潜艇有在北方的水域中泄漏放射性物质的危险，这将是一个严重的环境风险。在俄罗斯讨论了关于在海上简单地凿沉这些潜艇的问题后，挪威政府担心危险的放射性物质会漂流到它的北部海岸，它敦促我们尽一切力量帮助组织安全地拆除。

我们为此动用了纳恩—卢格计划的拨款，向俄罗斯人提供一些昂贵的专用机械（包括像霸王龙那样的起重机），我们要看看他们用得好不好。我们先参观了待拆解的潜艇，然后注视这台类似爬行动物的起重机把大块拆下来的金属板从潜艇上甩到锯床上，把它切成小块，就像剪刀裁纸那样容易。我们走进一栋建筑，从潜艇内取出的几英里长的电线在那里被送入一部机器，从珍贵的铜芯上剥离相对无用的绝缘皮。难以想象比这更能解释"铸剑为犁"一词含义的实例了。

在我们视察纳恩—卢格计划的工作时，俄罗斯和乌克兰的媒体与我们同行。在这次行程中，有线电视新闻网（CNN）报道五角大楼新闻的记者杰米·麦金泰尔（Jamie McIntyre）也跟随录制我们每个人的访谈，其中最值得回忆的是参议员纳恩的访谈。亲眼看到纳恩—卢格计划的惊人成果，纳恩显然印象深刻，他对杰米说：

> 我投票造导弹，我投票造轰炸机，我投票造潜艇。在我看来，它们都是我们的国防需要的。但是，我曾投票赞成的最值得花的钱就是目前使我们能合作拆除，而且安全拆除这些大规模杀伤性武器的钱。[7]

在视察后，我们会见船坞的高级管理层并告诉他们，他们的工作对于安全和环保是多么重要。我曾想过，他们可能对于被派来做拆毁工作感到恼火——他们显然更愿意建造而不是拆毁。但是令我惊讶的是，他们以自己能从事这项困难和危险的任务而自豪。

在纳恩—卢格计划中，还包括化学武器的非军事化。冷战的结束给美国和苏联留下了数量相当的化学武器（分别是 3 万吨和 4 万吨）。储存在国内 6 个以上地点的美国化学武器已被销毁 90%，大部分是在我离开公职后销毁的。剩余的少量化学武器储存在两个小地方，计划在 2023 年年底前销毁。

纳恩—卢格计划帮助俄罗斯将苏联的巨大化学武器库非军事化。截至 2013 年，苏联老旧化学武器的将近 3/4 库存已被非军事化。对于最佳销毁方法的不同技术意见及俄罗斯政府在动荡的 20 世纪 90 年代普遍混乱导致化学武器非军事化被拖延。即使没有那些问题，安全地销毁这些致命的化学武器遇到了很现实的困难和经费问题。尽管如此，俄罗斯估计在 2020 年年底前完成它的化学武器非军事化。

"合作降低威胁计划"中一个鲜为人知但重要的部分是防止技术和炸弹落入危险分子手中。在 20 世纪 90 年代早期，当俄罗斯经济遭遇经济危机，以至于政府几乎无钱资助俄罗斯的核武器实验室时，曾有过一个很现实的危险：一些想拥有核力量的国家，甚至恐怖集团，打算雇用有经验的俄罗斯核科学家和工程师。为了防止这种招募，我们利用纳恩—卢格计划的拨款在莫斯科设立了一个技术学院，雇用苏联的核科学家从事非军事活动。这是一个成功的项目，用相对较少的拨款使世界免遭核扩散的灾难。

除了拆除核武器之外，我们还用纳恩—卢格计划的拨款使苏联境内有可能丢失的裂变物质得到较好的控制。我们很清楚地了解来自核武器计划或研究性反应堆（有些反应堆使用高浓缩铀作为燃料）的裂变材料的危险程度，它可以被用于制造炸弹。事实上，研究性反应堆可能有最大的危险性，因为它们通常疏于安全管理。

利用纳恩—卢格计划拨款使可能失控的裂变物质摆脱危险的最佳例子是蓝宝石计划（Project Sapphire）[8]。这个计划的起因是，哈萨克斯坦总统纳扎尔巴耶夫（Nazarbayev）① 在 1993 年秋天通知美国大使科特尼（Courtney），在该国的乌斯季卡缅诺戈尔斯克②的库房内存放着大量高浓缩铀。库房的安保措施只比铁丝网稍好一点，这些铀吸引了恐怖团伙购买或盗窃它。纳扎尔巴耶夫总统极其明智，他要求美国把这些裂变物质搬迁到安全的储存地[9]。当美国技术专家们在 1994 年年初进入这个库房时，他们发现它存有 600 公斤高浓缩（武器级）的铀——足以制作几十颗广岛级原子弹。白宫指定国防部把这批核材料以最高级的保密和安全搬迁到田纳

① 纳扎尔巴耶夫（1940— ）在苏联解体前就是哈萨克斯坦共产党中央第一书记；在该国独立后，他自 1991 年至今一直连任总统。他自 2010 年开始推行多党民主制，此前他一直实行一党专政和总统独裁。2016 年总统大选中，他的得票率达 98%，他在该国有极高的威望，被人民奉为国父。——译者注
② 乌斯季卡缅诺戈尔斯克在哈萨克斯坦的西北角，毗邻俄罗斯、中国和蒙古。——译者注

西州的橡树岭（Oak Ridge）①。核材料在那里被混合稀释成我们的商业反应堆使用的燃料。国防部把这项计划交给阿什·卡特负责，他制定了一个确保这批铀安全转移的顶级机密计划——蓝宝石计划，把它装入几架C－5运输机，空运到田纳西州。这个计划必须以最快的速度和全程保密予以执行，因为如果恐怖团伙或有核野心的国家听到风声，他们可能在我们转移它之前尝试攫取。事实上，中情局曾报告，伊朗的特工们已经在试图接近乌斯季卡缅诺戈尔斯克的铀。

蓝宝石计划是一个典型的成功案例，它展示了由能干和积极的人们管理一个高风险的计划时，我们的政府确实能迅速而有效地行动。这个计划的成功是美国能源部、中情局、国务院和国防部的许多人专心致志工作的结果。只是因为有纳恩—卢格计划，才有可能组织和迅速实施这个计划。若没有哈萨克斯坦和俄罗斯政府的全面合作，它也不可能完成。然而，我要把主要的赞赏给予阿什·卡特的领导及其团队——杰夫·斯塔（Jeff Starr）、劳拉·霍尔盖特、苏珊·科赫——能干和迅速地规划和实施蓝宝石计划。

在核时代的险恶历史中，纳恩—卢格计划显得几乎是奇迹。危险的时期、历史性的威胁、生命攸关的风险、把握宝贵的机会、基于共同利益的国际合作的必要性、亟须展示一种思想必将来临的理由——这些因素使纳恩—卢格计划作为历来最明智的创意在国会站住脚。纳恩—卢格计划的各个方面都是出色的，每一方面都旨在提高我们的安全，归根结底是提高文明本身的安全。

---

① 橡树岭在田纳西州西部，那里有国家能源实验室。这个实验室是1943年为制造原子弹的"曼哈顿计划"而设立的，因为用数千台离心机串联生产浓缩铀需要大量电力，而这里可以利用1933年"田纳西流域治理计划"建造的巨大水力发电设施。—— 译者注

　　我们紧张地工作，以充分利用这个计划提供的特殊机会，我们也确实取得了令人瞩目的成果。阿什·卡特领导的这个团队异乎寻常地能干、专心和精力充沛。不过，最后的回忆应聚焦于创新的、有雄心壮志的和有远见的纳恩—卢格计划及参议员纳恩本人。基于参议员纳恩的作用和他在参议员卢格的帮助下推动这个法案的通过，以及他对美国安全的无数其他贡献（其中一些在本书中有所叙述），克林顿总统授权我向参议员纳恩颁发"国防部杰出服役勋章"，这是我唯一一次颁发这类奖章给参议员，我深感荣幸。

14 朝鲜危机：遏制一个
核国家的出现

这个战争狂人（美国国防部长佩里）狂呼"北
方在研发核武器"，甚至发表挑衅性的荒谬言论：
"美国打算使它结束，即使其代价是再打一场朝
鲜战争。"
——《劳动新闻》（朝鲜报刊），1994年4月5日[1]

俗话说"时不我待"，军事和国家安全方面的各种危机不等待国防部长。这些危机汇聚起来并要求处理。按先后顺序线性地叙述我遇到的那些关键性挑战不符合多个危机同时发生的实际情况。的确，当我作为国防部长刚坐进新办公室时，一个涉及朝鲜的危机就爆发了。

　　自从朝鲜战争以停火协议而不是以和平条约结束以来，朝鲜半岛是世界上军力部署最集中的许多地区中最不稳定的。朝鲜认为朝鲜和韩国应该在它的领导下统一，它曾采取蛮横的侵略行动，最明显的是朝鲜战争，以达到这个目的。

　　朝鲜研制核武器触发的这个新危机考验着我们的决心和适应性。最主要的是需要有创新的思想。一个核武装的朝鲜将使东北亚不稳定，并且会促使核武器扩散到世界其他地区。单是后一个因素就使这个危机成为高度优先的事项。但是，为了外交成功而展示决心需要冒着触发另一场朝鲜战争的风险。何况，自朝鲜战争以来，美国一直未与朝鲜有官方的外交接触，这个情况使外交工作变得很复杂。在我上任仅几个月后，我们就面临着在两个可怕的方案中进行选择：听任朝鲜走核武装之路，或者冒险打另一场朝鲜战争。那时，我告诉克林顿总统，我担心他可能要在灾祸和灾难之间做出选择（我们的真正目的是创造第三种选择，我们确实这样做了）。我们是怎样来到这个危险点的呢？

　　在第二次世界大战后的最初几年里，朝鲜和韩国都以统一为目标，但是每一方都要使自己成为统一后存活下来的政府。在 20 世纪 40 年代末，金日成在苏联的大力帮助下建立了一支强大到足以打败韩国的军队。在苏联的核试验成功及美国的国务卿表示韩国不在我们的防卫圈内之后，斯大林给予朝鲜他的许可，并增加了军事援助。结果是美国援助韩国打败了朝鲜的军队，在中国的介入下，双方陷入僵局，最终签署停火协议，而不是和平条约。在朝鲜战争结束后，苏联大量投资于朝鲜重建，到1990年年底，朝鲜重新成为对韩国的重大军事威胁。但是随着苏联的解体和俄罗斯的经济枯竭，俄罗斯停止援助朝鲜。

那时，朝鲜人口约2 000万，极度贫困，却拥有世界第五大的军队：它的军队有100多万人（约为美国军队的两倍），大部分部署在靠近韩国的边界地区，还有近百万的后备役军人。这个巨大的军力受到强大的韩国军队（约75万人）和美国军队的遏制。美国部署在韩国的兵力只是韩国本身兵力的一小部分，但是他们背靠着美国部署在日本、夏威夷、阿拉斯加和美国西海岸的高度戒备的强大军队。我们能迅速地增加我们的空中力量，把部署在日本、夏威夷和阿拉斯加的战斗机调动过来；部署在怀特曼空军基地的 B－2 轰炸机能在不到一天的时间之内飞到朝鲜上空；部署在日本附近的第六舰队的航空母舰也可以快速调动。我们每年安排被称为"团队精神"（Team Spirit）的军事演习，它涉及调动驻韩国的军队及与我们的韩国盟友们的配合。我们的战争模拟显示，朝鲜肯定会被打败，如果它向韩国发起另一次无缘无故的攻击的话。我认为，朝鲜的领导人也相信这一点，从而在这几十年里保持了朝鲜半岛的和平。

朝鲜从未放弃按它的条件统一的野心，但是随着苏联解体和不能寄希望于得到俄罗斯的援助，它现在知道永无希望强行达到这个目的，因为他们在常规武器方面比较落后。可能是冷战后形成的这种环境使他们试图秘密地取得核突破。他们准备冒很大的风险取得这个结果。

　　朝鲜的秘密武器计划的基础是它在宁边①的"和平"利用核能发电项目。作为《核不扩散条约》（*Non-Proliferation Treaty*，NPT）的成员国，朝鲜同意不研制核武器，并同意允许国际原子能机构（International Atomic Energy Agency，IAEA）检查他们的设施，以确保他们没有向武器计划迈进。但是在1993年年初，朝鲜与IAEA之间发生了关于IAEA要求进行特别检查的争执，IAEA认为朝鲜已经在先前添加燃料的过程中未经检查地取得了少量的钚。1993年3月12日，我作为国防部常务副部长上任后不久，朝鲜宣布退出NPT。1993年6月2日，美国和朝鲜开始会谈，讨论关于IAEA检查核设施所在地的分歧。6月11日，朝鲜暂时取消它退出NPT的决定。这些讨论持续到1994年1月，并导致朝鲜允许检查几个地方。但是在1994年4月（这时我已是国防部长）外交努力遇到阻力，朝鲜不允许IAEA的检查员们执行所需的重要活动，以便完成他们的检查任务并证实宁边的核设施遵守NPT。

　　朝鲜拒绝检查的背后是什么？答案令人不安。朝鲜在那时已准备好从宁边的核反应堆中取出用过的铀燃料。如果朝鲜人把用过的铀燃料进行后处理②，得到的钚可以作为核炸弹的燃料③。

　　在1994年的春季末，争议达到了危险的程度。虽然朝鲜人已准备好从

---

　　① 宁边位于朝鲜的平安北道，距首都平壤约100公里，距中朝边界也是约100公里。——译者注

　　② 为了维持核反应堆正常运行，堆内必须有最低数量的核燃料。核燃料裂变产生的物质会吸收中子而妨碍反应堆正常运行，因此反应堆运行一段时间后就必须取出核燃料棒进行化学处理，除去裂变产生的物质，回收未用尽的铀燃料和新生的也可作为核燃料的物质（钚），这就叫"后处理"。——译者注

　　③ 核弹的"燃料"是指能通过链式裂变反应释放巨大原子能的铀-235（铀弹）或钚-238（钚弹）。美国投在长崎的是钚弹，投在广岛的是铀弹。天然铀主要是铀-238，只含少量铀-235（小于0.7%），提炼铀-235十分困难，需要大量设备和电力。自然界没有钚，但是铀-238原子吸收一个中子后可以蜕化为钚-238。把铀-238放在核反应堆内吸收中子变成钚-238，然后可以轻易地通过后处理使铀和钚分离。所以落后国家通常研制钚弹。——译者注

宁边的反应堆中取出铀燃料，IAEA却还是没有得到同意检查的许可。担忧之下，我在4月份未做事先安排就去了韩国和日本。在约一年前我任常务副部长时曾访问过韩国，但是这次是任部长后第一次去那里。我要同韩国总统和军方领导人讨论形势，并会见驻韩国的盟军司令盖瑞·路克（Gary Luck）将军①。我觉得需要听取路克将军关于我们准备怎样应对朝鲜对韩国发起攻击的第一手报告。路克将军带我沿着非军事区（Demilitarized Zone，DMZ）巡视了军队，然后重新评估了击退朝鲜进攻的长期军事计划（OpPlan 5027）② 的一些细节。他告诉我，他指挥下的美国和韩国军队已做好了准备，能打败朝鲜的任何攻击，但是如果给他增加两万人的兵力、更多的阿珀契直升机③和一支完整的爱国者防空导弹部队④，他就能立即挡住他们，从而大大减少韩国平民的伤亡。

　　他的计划和建议给我留下深刻的印象，我立即同意调入阿珀契和爱国者并告诉他，如果朝鲜不撤销其提取钚的计划，我将请他到华盛顿向国家安全委员会（NSC）报告增援问题。在那次访问回来后，美国向朝鲜发出不允许提取钚的公开警告。这引起了朝鲜政府的发言人对我的恶意攻击，包括称我为"战争贩子"[2]。朝鲜依然不允许IAEA进行全面检查，并于5

---

　　① 路克自1959年（22岁）起就在美军中服役。他参加过越南战争和打击伊拉克萨达姆的"沙漠风暴"之战。他在1993—1996年任驻韩美军司令，1996年以四星上将的军衔从这个职位上退役。——译者注

　　② OpPlan是作战计划（Operational Plan）的缩写，5027是编号。——译者注

　　③ 阿珀契（Apache）是美洲的一支土著民族，现居住在美国西南部的沙漠地区。阿珀契直升机的代号是AH-64，它是波音公司和麦道公司研发的美军用于攻击地面的主力武装直升机，在1984年开始服役。经过三代改进后的型号是"阿珀契—长弓"（Apache-Longbow），自2003年起部署在韩国。——译者注

　　④ 爱国者（Patriot）地对空导弹是雷神（也称雷西恩，Raytheon）公司研发的，它自1984年起服役，已经发展了三代：Pac-1、Pac-2和Pac-3。Pac-1主要用于攻击飞机，Pac-2可以对付弹道导弹，Pac-3是Pac-2的增程型，可以覆盖战区。路克将军要求部署的显然是Pac-1。——译者注

月 14 日开始从他们的反应堆中取出用过的燃料棒。这个行动使危机达到
顶峰。如果朝鲜对用过的燃料进行后处理，他们就能在几个月内生产出足
够制造 6—10 枚炸弹的钚，其后果难以预料，但显然是很危险的。

　　我请参谋长联席会议主席沙利卡什维利（Shalikashvili）将军[3]和路克
将军更新我们的应急计划以适应关于朝鲜军力的最新情报，包括专门对付
朝鲜大量部署使首尔处于射程之内的远程火炮的计划。然后，我下令准备
一个用巡航导弹对宁边的后处理设施进行"外科手术式"打击的计划。这
个打击是考虑到反应堆内可能有已用过的燃料，甚至它可能还在运行。由
于我们的分析未显示出有可察觉的放射性蒸汽升空，因此我们认为可以
"安全地"打击它。这个计划可以在得到警报后的几天之内实施，这个打
击很少或不会涉及使美国人伤亡。但是，这样的打击有可能激发朝鲜进攻
韩国，这种结果就很难被认为是"外科手术式"的。我依然生动地记得当
阿什·卡特向坐在我的会议桌周围的小团队介绍这个计划时的紧张感觉及
这个重要决策的内在压力。这样，打击计划"摆在了桌面上"，但它不是
首选方案。我们将把外交作为首选，而且我认为是最佳选择。

　　这是一个恐吓外交的经典例子，恐吓的内容是强加制裁。通过国务卿沃
伦·克里斯托弗（Warren Christopher）①的外交活动，日本和韩国同意与美国
一起向联合国提出要求朝鲜停止它的后处理并允许检查员全面进入，否则就施加
严厉的制裁。朝鲜的反应不容乐观：首先，他们威胁要把首尔变成"火海"；然
后他们宣布，他们认为施加制裁是"战争行为"[4]。虽然这可能是虚张声势，但我

---

　　① 克里斯托弗（1925—2001）只为民主党执政时的政府服务，他是肯尼迪总统的对日本贸易
谈判代表，约翰逊总统的司法部副部长，卡特总统的常务副国务卿，克林顿总统第一届任期内的国
务卿。他提倡全球民主革命，支持北约东扩，但是对中国友好，主张加强中—美关系及国际贸易与
人权问题脱钩。—— 译者注

们不能对此充耳不闻。朝鲜被逼得走投无路时可能会绝望地背水一战。

我在参联会的秘密办公室内召集一旦爆发军事冲突将会涉及的美国军事领导人开会。路克将军飞回来参加会议，美国驻太平洋地区的司令（他负责在必要时提供增援）和驻波斯湾地区的司令（我们担心萨达姆·侯赛因可能利用我们分心于朝鲜而在科威特制造麻烦）也来了。这个严加保密的会议开了两天，详细地评估路克将军为对付可能的紧急情况而制定的计划。

在那些紧张的日子里，《华盛顿邮报》的一篇专栏文章引起了相当大的震动。前国家安全事务助理布伦特·斯考克罗夫特（Brent Scowcroft）和他的同事阿尼·坎特（Arnie Kanter）①——两人都是我的老朋友——在文章中说，如果证实朝鲜未停止它的后处理，美国将打击宁边的核反应堆。关键的语句是："或者必须允许持续的不受限制的 IAEA 监视，以确认（朝鲜）未再进行后处理；或者我们将毁掉它的后处理能力。"[5]

毫不奇怪的是，这篇专栏文章在美国和朝鲜双方都引起了极大关注。虽然我们有一个应急计划，但我们实际上并没有打算发起这样的打击（当然，这个打击需要得到克林顿总统的授权，且尚未征求韩国总统的同意）。不过，我一直认为在这个危机中，斯考克罗夫特和坎特公开呼吁打击是起了积极作用的，因为它使朝鲜的官员们把注意力聚焦在这样干下去的代价上。朝鲜的官员们可能误以为斯考克罗夫特是代表美国政府说话，事实上，甚至有些美国人也错误地想象，是我鼓励斯考克罗夫特写了这篇文章。无论是什么原因，朝鲜很快就做出降低危机的行动，邀请前总统詹姆斯·卡特（James

---

① 坎特是助理国务卿，1992 年 1 月与朝鲜副总理兼外交部长金永南举行了第一次高层会谈。金永南是朝鲜政坛的"常青树"，自 1998 年至今连任朝鲜最高人民会议常委会委员长（名义上的国家元首）。在 2016 年召开的朝鲜劳动党第七次代表大会上再次被肯定为朝鲜仅次于金正恩的第二号人物。——译者注

Carter）访问平壤，他们在那里提出一个解决办法，请卡特转达美国政府
（那里没有官方的通信渠道）。

这个危机最后以一种独特的，几乎是古怪的方式得到解决。在1994年6月16日，沙利卡什维利将军、路克将军、国务卿克里斯托弗和我在内阁的会议室里提交了行动计划供总统考虑。我们向总统报告，对朝鲜施加制裁，从韩国撤出美国公民和加强我们的军队。我开始向总统和国家安全委员会（NSC）报告了应对朝鲜进攻韩国的作战计划（OpPlan 5027）及立即加强我们驻韩国军队的各种选择，其中一个选择（我建议的）是增加两万人的兵力，使我们部署的军队几乎增加50%。总统必须从这些选择中挑选一个，然后我们将立即开始新的部署。我们知道，增加兵力可能会导致朝鲜在我们的增援到达之前就向韩国发起进攻。由于单是制裁也可能触发这个进攻，因此我建议把制裁推迟几个星期，等待我们完成增援的部署。新增的军力将加强我们对朝鲜的遏制，如果遏制不成功，我们很可能在朝鲜的进攻到达首尔之前挡住它，首尔距离非军事区（DMZ）的最近之处只有一个小时的车程。

正当总统要决定批准哪一种增援方案时，一位助理气喘吁吁地进来报告，詹姆斯·卡特从平壤打电话给总统。国家安全事务助理安东尼·莱克（Anthony Lake）① 被派去接电话，几分钟后我们得知，卡特报告说，如果我们暂停我们的行动（制裁和增兵），朝鲜愿意谈判他们的核燃料后处理计划。在简单讨论后，莱克带着克林顿总统的回答通过电话给予了回复，我们愿意开始对话并在对话期间暂停行动，如果朝鲜同意在对话期间暂停

---

① 莱克在1969—1970年是基辛格的助理，在克林顿和奥巴马竞选总统时是他们的外交政策顾问，在1977—1981年是卡特政府的外交政策计划处主任，1993—1997年任克林顿总统的国家安全事务助理。淡出政界后，在2010年任联合国儿童、教育、食品署（UNICEF）主任。——译者注

宁边的一切后处理活动，这个条件旨在事先防止朝鲜使我们陷入永无休止的谈判中，而他们却继续提取钚。几分钟后，莱克回来转达，卡特认为朝鲜会同意在谈判期间暂停它的后处理。克林顿总统在 NSC 的一致支持下决定持坚定的立场，卡特把这个信息传给金日成①，他接受了。眼前的危机过去了，增援计划被搁置了，一位极其能干的外交事务官鲍勃·加卢奇（Bob Gallucci）② 率领美国谈判代表团与朝鲜代表团谈判。

　　1994 年年底前，谈判以缔结所谓的"框架协议"（Agreed Framework）结束；根据该协议，朝鲜同意停止建设两座大型反应堆的一切活动，并暂停从一座已在运行的较小反应堆③的后处理中生产钚。韩国和日本同意为朝鲜建造两座轻水反应堆（LWR）④ 用于发电；在 LWR 投入运行前，美

---

① 一个月后，金日成于 1994 年 7 月 8 日突发心脏病去世了。——译者注

② 加卢奇是政治学博士，从政前先后在乔治城大学、约翰·霍普金斯大学和美军战争学院任教授。进入政界后，在 1992—1994 年任负责政治和外交事务的助理国务卿，1994—1996 年任负责朝鲜事务的无任所大使，1996 年回到乔治城大学任外交学院院长，自 2009 年起任麦克阿瑟基金会主席。——译者注

③ 即宁边的功率仅为 5 兆瓦的反应堆。——译者注

④ U－235 原子不能吸收快中子，只能吸收慢中子。它在吸收一个慢中子后裂变，产生能量和放出 2—3 个快中子。这些快中子必须减速成为慢中子后才能被另一些 U－235 原子吸收，从而维持链式反应。根据减速剂的不同，反应堆分为石墨堆、轻水堆（普通的水，即氧化氢）和重水堆（即氧化氘，氘是氢的同位素，它的原子比氢原子多含一个中子）。石墨堆可以提取钚，世界上第一个核反应堆就是发现慢中子能引发链式反应的诺贝尔物理奖获得者费米在美国芝加哥建造的石墨堆。根据朝核问题六方（中、俄、美、日、朝、韩）会谈的协议，朝鲜在 2007 年关闭的宁边反应堆就是石墨堆，2013 年朝鲜又重启了这个反应堆。重水堆可以利用天然铀，铀燃料利用率高，产生的钚也较多，但是天然水中只含 0.015% 的重水，所以重水很贵，印度用重水堆中产生的钚制造了它的第一颗原子弹。轻水堆用便宜的天然水作为减速剂，但不能生产钚。轻水堆又分为沸水堆和压水堆。沸水堆发出的热能把含有放射性的水变为蒸汽，并直接送到涡轮机带动发电机。压水堆必须耐高压，水在高压下温度高而不沸腾，高温水通过热交换器使低压水成为不含放射性的蒸汽（称为一次回路），输送到涡轮机（称为二次回路）。压水堆的高压设备很贵，但避免了直接排放从反应堆中出来的有放射性的水。反之，轻水堆便宜，但排放的水有不安全的放射性。日本和韩国为朝鲜建造的轻水反应堆应该是沸水堆。——译者注

国同意提供燃油以补偿朝鲜因关闭其反应堆而缺少的电力。我认为这是一个对美国有利的协议：避免了战争，钚的生产暂停了，朝鲜放弃了（似乎是永远放弃）他们已经在建造的大型反应堆的计划。

最重要的考量是这样的。为了明白朝鲜人放弃了什么及我们防止了怎样的核灾难，请做如下考虑：美国的核专家估计，到 2000 年年底（前后相差几年），朝鲜的那 3 座①核反应堆能生产足够每年制造 50 枚核炸弹的钚！

虽然这个防止措施显然是核时代的一个重要事件，特别是它意味着核不扩散的新责任及世界范围的核安全，美国国会中却出现大量的反对意见：我每年都为数量不大的、用于给朝鲜提供燃油的拨款而斗争（但总是能得到它们）。与此同时，日本和韩国开始在朝鲜建造轻水反应堆。在克林顿总统的剩余任期内，美国保持了"框架协议"，并且使朝鲜保持没有核武器的状态。

后来，情势向不良方向发展。在下一个 10 年内，朝鲜又威胁要退出"框架协议"。这次，美国的外交未能成功地阻挡它。我们现在面临一个核武装的朝鲜，这本来是我们曾努力避免的危险。

在这幕危险和持久的戏剧中，朝鲜及核武器的新动向构成下一章，我将在下一章叙述核扩散是如何形成的，以及它如何导致严峻的新安全挑战。

---

① 宁边的 5 兆瓦小型反应堆及朝鲜正在建设的两座大型反应堆，共计 3 座反应堆。—— 译者注

15 批准第二阶段削减战略武器条约及为禁止核试验条约而斗争

我不是攻击你个人，这是就政治。

——弗拉迪米尔·日里诺夫斯基（Vladimir zhirinovsky）
对佩里说（非原话），[1]俄罗斯杜马关于第二阶段削减战略
武器条约的听证会，1996年9月17日[2]

在我的历程中，持续挑战之一是提出和支持军备控制协议。为降低核危险而与苏联（后来的俄罗斯）及其他国家寻求达成这类协议一直是我的优先事项。与各方的联系和合作对于取得进展来说当然是关键的。幸运的是，在我任国防部长时，美国与俄罗斯之间的关系已进展得有利于采取有效的军控措施，我非常支持由国务院进行谈判。

克林顿总统决意与俄罗斯达成有意义的裁减军备协议。全球性的措施，如禁止扩散和试验核武器，也显得越来越有必要。例如，朝鲜核危机惊人地突显了加强国际措施以阻止扩散核武器的需要。

与俄罗斯的协作成为最优先事项。克林顿总统认为，除了迅速和安全地拆除以前的那些条约规定的核武器外，必须通过法定的程序批准①老布什总统与叶利钦总统在1993年签署的里程碑式的第二阶段削减战略武器条约（START II）。START II要求拆除携有分导式多弹头的洲际导弹并要求严格核查是否遵守条约。总统的观点得到整个行政部门，当然包括我，的强烈支持，他在1995年把START II呈交国会批准。沙利卡什维利将军和我到美国参议院作证，强烈支持国会批准START II。

当我们努力在参议院及其他地方抓住这个军备控制的机会时（在冷战时代核军备增长的最黑暗的日子里我们曾长期等待这个机会），我们毫不意外地遇到了障碍。虽然冷战的紧张和敌对确实已显示出筋疲力尽的迹

---

① 这一类重大条约必须通过签约国的立法机构（国会）通过才能生效。国家的行政当局（政府机构）只负责谈判和签约。——译者注

象，美国参议院和俄罗斯杜马①的某些成员却不完全相信冷战已经过去。部分美国人根据一个奇怪的逻辑认为，冷战的结束消除了来自俄罗斯的威胁，从而使军备控制成为无的放矢。他们认为美国应保持一切核武器作为挡住未来紧急事件的篱笆（他们忽视了保持这些核武器是一个"自我实现的预言"②，即它恰恰可能刺激紧急事件的发生）。总之，杜马和参议院的某些成员认为批准 START II 不是什么紧要的事。尽管如此，我们还是在1996 年 1 月赢得了美国参议院的批准[3]。然而，我的许多俄罗斯同事认为杜马的投票很值得怀疑。

一个非同寻常的，我在今天仍无法想象的事件是，我被邀请到俄罗斯杜马就俄罗斯为什么应该批准 START II 做证。我认为有两个原因：首先，我已立即抓住机会按照纳恩—卢格计划拆除了一些核武器。那时，这个新共和国内的俄罗斯人民和官员们在苏联解体后希望我们去引导和帮助。我同阿什·卡特及其能干的团队指导实施了纳恩—卢格计划，因此被俄罗斯同事们认为是可以信任的人（我认为信任是外交中最宝贵的资产）。其次，他们还从我的行动中知道我坚决主张减少超现实的核武器"超杀"能力，那是冷战的遗产。许多俄罗斯官员和领袖们也有这样的感觉，他们也面临着必须予以反对的旧思维模式，他们希望我能比他们更好地阐述批准问题。

国务院的一位不如我胆大（但可能比我聪明）的同事建议我不要去，但我毅然接受了这个邀请。1996 年 10 月 17 日，我对满座的杜马全体并通

①　"杜马"的俄语原意是"思想"，俄国沙皇实行君主立宪制时的议会被命名为"杜马"。苏联解体后俄罗斯把苏联的议会名称"苏维埃"改回沙皇时期的名称"杜马"。—— 译者注

②　"自我实现的预言"是 20 世纪社会学家罗伯特·莫顿（Robert Merton）提出的一个概念，它的意思是：一个预言本来是错误的，但是按照它来做却导致错误的预言成为现实。—— 译者注

过莫斯科的电视媒体向无数的俄罗斯人讲话。我的开场白很受欢迎，杜马内多年来与我合作的俄罗斯同事们提出的前几个问题是正面的。这时，主持人看到杜马议员弗拉迪米尔·日里诺夫斯基要发言，他是一个臭名昭著的、极端民族主义的强硬路线者，以粗暴的反美立场出名。日里诺夫斯基一上讲台就没完没了。他长篇阔论地列举了杜马应该拒绝批准该条约的一切理由，冗长地讲述了叶利钦政府的失误。他大谈为什么美国是俄罗斯的敌人，热衷于毁灭俄罗斯[4]。只要摄像机对着他，日里诺夫斯基就讲话。在听证结束时，我不禁想到，我本应听从国务院的那位同事的建议。

接下来的怪事是，在我收拾笔记本准备离开时，日里诺夫斯基走过来私下与我谈话。他散发着魅力，但是他的话并不友好："我不是攻击你个人，这就是政治。"他请我第二天到他的办公室去谈论我们可能合作的途径，我拒绝了。

我难以判断自己出现在杜马对于批准 START II 来说是否有利，但是我愿意再试一次。这是一段不寻常的经历。我可能把俄罗斯的一些骑墙派——他们不是日里诺夫斯基那样的人——争取过来了，这至少没有坏处。我依然认为讲道理的严肃对话在持续地追求防止核灾难中是重要的步骤。可以肯定的是，我在杜马的出现与传统的做法相去甚远。

不过，在军备控制方面艰难取得的胜利并不确保成功。俄罗斯的杜马在 2000 年 4 月最终批准了 START II，但是这个条约从未真正有效。使它无效的原因是俄罗斯对北约在科索沃的战争①做出负面反应及俄罗斯担心

---

①　科索沃原是塞尔维亚的一个自治省，毗邻阿尔巴尼亚，居民大部分是阿尔巴尼亚族（信奉伊斯兰教）。由于阿族人宣布独立而与塞尔维亚当局发生武装冲突。以美国为首的北约本来就仇视塞尔维亚，这时就乘机以高科技的军事手段大举轰炸塞尔维亚首都贝尔格莱德，甚至炸到中国大使馆。这次战争持续了一年多，对国际战略格局和军事理论有重大影响。——译者注

美国计划把反弹道导弹系统（ABM）部署到欧洲。小布什总统在 2002 年
6 月宣布美国退出 ABM 条约，第二天俄罗斯宣布 START II 作废。几年后，
不再受 START II 限制的俄罗斯人开始制造新型的多弹头导弹，这表明降
低核武器危险倒退了一大步。

　　当我思考当代各项军备控制协议的历史时，我注意到，日里诺夫斯基
那天对我说的话具有更深层次的含义。他的攻击反映出某些很陈旧的人类
行为模式，包括极端民族主义和孤立主义倾向。他说："这就是政治。"换
句话说，"政治一贯如此"。这个通常聪明地表示遗憾的诙谐语在核时代具
有更发人深省的含义——古老的病态癖好战胜了理智。在"一贯如此"已
成为反义语的时代，它使最惊人的新历史现实化为乌有。军备控制及更全
面地降低核危险的必要性往往就垮在"政治一贯如此"上。在我看来，这
个模式显示了我们多么需要让公众更深刻地认识到核威胁使我们面临史无
前例的危险。

　　其他军备控制方面的斗争持续了几年，却没有得到解决。例如，争取
美国参议院批准《全面禁止核试验条约》（*Comprehensive Test Ban Treaty*，
CTBT）。克林顿总统在 1995 年 8 月宣布他支持禁止真正的零当量核试
验①。美国自 1992 年 9 月起一直遵守暂停试验。我相信如果美国签字了，
其他国家也会签字，而且我认为，签字显然符合我们国家的最大安全利
益。我们已进行了 1 000 多次试验[5]，具备了世界上最佳的模拟武器性能的
科学能力，因此我们能比任何国家更好地接受条约的限制。何况，我们不
签字将给其他国家一个进行试验的借口，我认为这个结果将削弱我们的安
全。但是我知道，为了赢得参议院的 2/3 赞成票，我们必须得到参谋长联

---

　　① 零当量核试验即在实验室内用电脑模拟核试验。—— 译者注

席会议和核实验室主任们的支持。所以，我与沙利卡什维利将军密切合作以取得其支持。我们安排了一系列的会议，使实验室主任们及外界的专家们能够充分地讨论这个问题。参谋长们被邀请参加会议，目的是使他们也能听到我们所听到的争辩。

在几个月时间内举行了一些会议后，沙利卡什维利将军告诉我，如果美国发表几个单方面的说明，参谋长们将支持签字。最重要的单方面行动是，总统同意将该条约与一项行政指令相结合，该指令要求每年进行评估以证实我们的武器库处于执行我们的遏制任务所需的准备状态。当然，这个条约含有标准化的条款：如果我们的最高国家利益受到该条约的威胁，则允许总统退出条约。然而，参谋长们还是担心，如果我们的核力量因禁止试验而失灵，总统仍不能因迫于政治压力而拒绝退出条约，除非确有来自核实验室主任们的明确警告。

最后，在许多研究、讨论及几个单边声明之后，参谋长们同意了，克林顿总统在 1996 年 9 月 24 日签署了 CTBT。可惜在 3 年后，在我回到斯坦福大学期间，CTBT 没有获得足够的参议院批准票。尽管如此，核实验室主任们每年向总统呈递一封评估信[6]。所有的评估都是正面的，虽然这些信的内容逐年增多。

16 北约、波斯尼亚的维和及增进与俄罗斯的安全联系

我的政治生涯中的大部分时间都花费在仔细地计划用核武器打击北约的军队。我从未梦想过自己能站在这个北约司令部里，同北约的军官交谈和计划一次联合的维和演习！

——一位俄罗斯将军在北约司令部对佩里说（非原话）

除了正式的军备控制协议以外，北约（NATO）国家与构成前华沙条约（Warsaw Pact）① 的欧洲国家之间出现了新的合作机会。仅仅几年内，这个合作就从联合军事训练演习发展成为联合维和行动。其中，波斯尼亚②维和就是一个最重要的事例。作为国防部长，我深入地参与了这些活动。它们提供了改变冷战时代敌意的重要机会。但是我知道，处理新关系不仅带来很大的机会，还带来很大的风险。

在冷战时期，北约是遏制苏联扩张其领土野心的关键。起遏制作用的一个被因素是北约威胁将用战术核武器打击红军，如果后者侵犯西欧。北约击退苏联进攻的决心超过核武器在盟国土地上爆炸的严峻前景。为了处理这两个互相矛盾的问题，北约成立了一个被称为高层团（High Level Group，HLG）的核计划组织，用于研究使用核武器的战术和战略。在我任国防部长时，北约同盟已变得与之前大不相同——我们通常请俄罗斯人出席北约会议。北约继续保留 HLG（在我任部长时阿什·卡特是它的主席），但是在后冷战时代它的最优先任务是核武器的安全和保护。

这种转变是由于人们越来越深刻地认识到，冷战时期积累的核武器"超杀"力量是一份具有威胁的遗产，这是一个不同于传统军事思想的现

① 华沙条约成立于 1955 年，它包括以苏联为首的东欧社会主义国家（除了南斯拉夫）。苏联解体后，华约于 1991 年解散。——译者注

② 波斯尼亚是前南斯拉夫联邦共和国解体前的 6 个共和国之一，它包括波斯尼亚和黑塞哥维那两部分，简称"波黑"，它在南斯拉夫解体后独立，国内的塞族（信奉源自东罗马拜占庭帝国的东正教）和克罗地亚族（信奉源自奥斯曼土耳其帝国的伊斯兰教）人口各占约 50%。民族纠纷愈演愈烈，酿成一场伤亡惨重的内战，导致北约以维和为名，打击塞族及与其同族的亲俄罗斯的塞尔维亚。——译者注

实主义观点。简言之，积累核武器现在被看成是增加危险而非安全的政策，必须降低这个危险。

但是，与此同时还有另一个重要的发展。当时在东欧国家显然出现了一股有兴趣加入北约的洪流。

建立北约是为了提供一支能遏制或打败红军的军事力量，但是随着冷战结束，我们看到北约变成了把来自苏联的那些新共和国①及前华约成员国纳入欧洲安全组织的最佳工具。为了使共同安全取得历史性进展，我们必须克服从前那种把北约视为它们的敌人的传统对抗观念。第二次世界大战刚刚结束后，我作为占领军士兵与日本人共同工作，后来又作为高级国防官员同俄罗斯人、中国人及过去和现在的其他敌人互相往来，我的经历使我认识到，对抗观念可以转变为允许实质性的合作。现在的情况是，前华约国家和那些新共和国已变成民主国家（有些民主尚不稳定），它们的军事领导层是在华约的意识形态下成长起来的，不知道在民主政体内军队应如何作为，他们想成为北约成员以找到答案。

简言之，一个关键的形势出现了：随着东欧国家加盟兴趣的日益增长，北约很快发现自己面对一个巨大的机会和一个巨大挑战。与东欧国家的新合作是受欢迎的，但是当时不可能立即克服双方长期以来的互相猜疑和不信任。

最主要的是，北约没有一个处理东欧国家加盟的计划。在我看来，东欧国家的加盟兴趣——可以理解和令人鼓舞的——是不成熟的，这是一种具有某些远期风险的雄心壮志，除非用聪明的外交管理和调整加盟的节奏。俄罗斯对地区稳定的传统观念及它在历史上对东欧的影响力需要得到

---

① 在华约中，苏联是一个整体，苏联内部的15个加盟共和国不算是华约的成员国，所以本书把它们称为苏联解体后独立的"新共和国"，以区别于前华沙条约的成员国。——译者注

考虑。东欧国家蜂拥加入北约会导致失去与俄罗斯合作降低核威胁的机会。

怎样才能完美地达到这个目的呢？

为了迎接挑战和利用机会，我们采取了一项独特的创新计划，名为"和平伙伴关系计划"（Partnership for Peace，PFP）。PFP 是乔·克鲁泽尔（Joe Kruzel）的心血来潮[1]，他是负责欧洲事务的副助理国防部长，是一位特别有创新性、有远见和有干劲的官员。乔有一个简单、出色和仔细斟酌过的想法：邀请急于保护其新获得的自由的前华沙条约的全部东欧国家和苏联解体后独立的全部新共和国参加北约的一个附属组织 PFP。PFP 国家可以参加北约的一些会议（没有表决权），还可以同北约一起进行联合维和的军事训练。它们的高级军官可以同北约的高级军官一起工作，前者可以在联合行动中取得重要的经验。在适当时候，参与国将有资格加入北约，这是几乎所有参与国都希望的结果，许多参与国将在下一个 10 年内获得加入资格。美国国防部于 1993 年在德国的加米施（Garmisch）设立了一个"马歇尔中心"（Marshall Center）①，挑选这些国家的一些军官和高级国防官员同北约的军官一起到那里"学习"[2]。我认为，这个中心是我们的战略中极其重要的部分，有利于建立一个广泛的欧洲安全网，包括曾经与北约敌对的国家［我随后在檀香山（Honolulu）市建立了一个"亚太安全研究中心"（Asia – Pacific Center for Security Studies）[3]，并建议在华盛顿建立一个"半球防务研究中心"（Center for Hemisphere Defense Studies）[4]，在我卸任后不

————————

① 马歇尔中心的全名是"乔治·马歇尔欧洲安全研究中心"（George C. Marshall European Center for Security Studies）。"加米施"全名"加米施 – 帕滕基兴"，是德国南部巴伐利亚州的一个小城，毗邻奥地利。—— 译者注

久这个中心开始运作。我特别高兴的是，我的继任者们继续支持这些中心]。

在 PFP 的所有东欧国家中，俄罗斯处于优势地位。在 1993 年的北约会议上，我遇见了俄罗斯国防部长帕维尔·格拉切夫，当时我是代表阿斯平部长出席会议。后来我在莫斯科又会见过他，彼此变得更加熟悉，特别是因为我们合作实施纳恩—卢格计划。所以在参加 1994 年秋季的北约国防部长会议时，我为表示对他的敬意而举办了一次北约全体国防部长出席的晚宴。晚宴安排在北约会议之前，欧洲的国防部长们都有兴趣结识这位俄罗斯国防部长。作为建立北约与俄罗斯之间友好联系的一种方式，格拉切夫被邀请参加会议。除了格拉切夫同意参加 PFP 之外，北约为俄罗斯设立了准成员国地位，使俄罗斯的国防部长能参加北约会议（无表决权），俄罗斯则派一名高级军官常驻北约作为俄罗斯与北约之间的联络员。格拉切夫很严肃地对待此事，选择了一位优秀的军官担任此职。这位军官后来告诉我："我的大部分时间都花费在仔细地计划用核武器打击北约军队。我从未想过自己能站在这个北约司令部里，同北约的军官交谈和计划一次联合的维和演习！"

维和演习是最令人瞩目的 PFP 活动。在我任部长时有过 5 次大规模的演习，两次在美国，两次在俄罗斯，一次在乌克兰。我参加了其中的 3 次，得出的结论是，它们取得的成绩比我们所希望的还要好。如我所期待的，美国军人认真和严谨地进行这些演习，他们还激起了华约军队的巨大热情，后者钦佩我们军人的专业技能并与美国军人建立了个人之间的多年友谊。除了 PFP 的维和演习，我们还安排了一次美—俄救灾演习。俄罗斯海军和海军陆战队的舰艇联合美国海军和海军陆战队的舰艇在夏威夷进行救灾演习，模拟毁灭性海啸后的恢复过程。这次演习进行得很专业，互相怀着如今很难想象的良好愿望。

　　无比真实的 PFP 维和演习对于所有参加者来说都是宝贵的学习过程。我们很快就迎来一次真正的维和行动。在 1995 年 12 月，当我们进入波斯尼亚执行维和任务（不是维和演习）时，大部分东欧国家同我们一起执行了这次维和任务[5]。我感谢 PFP 使它们能够参加维和，更感谢 PFP 的演习提高了它们的专业性，从而能与美国军队协同作战。

　　波斯尼亚维和任务是我任期内最大的军事行动。在我宣誓就任国防部长两天后，一枚炮弹打到萨拉热窝（Sarajevo）① 的市场，造成 68 个平民死亡。当时人们普遍认为炮弹来自俯视萨拉热窝的、地处山上的波斯尼亚塞族炮兵阵地，这只是波斯尼亚的塞族在残酷的波斯尼亚战争中的诸多暴行之一。这场开始于 1992 年（即老布什政府的最后一年）的战争是波斯尼亚的多种族居民——信奉东正教的塞尔维亚族、信奉天主教的克罗地亚族和信奉伊斯兰教的波斯尼亚族［被称为“波斯尼亚人”（Bosniaks）］——之间历史性敌意的最后复苏。塞尔维亚总统斯洛博丹·米洛舍维奇（Slobodan Milosevic）② 通过类似希特勒的讲话，煽动起宗教敌意和种族主义狂热，激发了这场战争。他的明显动机是把波斯尼亚境内塞族占多数的地区并入塞尔维亚。由于塞族在波斯尼亚四处居住，特别是在首都萨拉热窝，他们同克罗地亚人及波斯尼亚人和平共处了许多代，简单的分割是不可能的。然而，米洛

---

　　① 萨拉热窝是波斯尼亚的首都。——译者注

　　② 米洛舍维奇是塞尔维亚和黑山共和国的总统，他主张“大塞尔维亚主义”，要求南斯拉夫解体后各自独立的 6 个共和国内凡是塞族居住区都应自治，但是反对他自己国内阿尔巴尼亚族占大多数的科索沃自治。他掀起了 3 场种族主义的战争（克罗地亚、波斯尼亚和科索沃）。他下台后被国际法庭以种族虐杀罪起诉，在长期囚禁后于 2006 年在监狱里去世。2015 年国际法庭判决他的罪名不成立。——译者注

舍维奇的种族主义狂热叫嚣唤醒了人们的种族分歧，点燃了狂暴的国内战争。

欧洲国家宣布波斯尼亚危机是地区性事务，它们不需美国帮助就能解决。老布什总统高兴地接受了这个判断。联合国组建了一支没有美国参加的维和部队，并把它部署到波斯尼亚。在我成为国防部长时，联合国维和部队（UN Protection Force，UNPROFOR）的维和行动未实现预期目标。据媒体报道，战争的伤亡超过 20 万人，大部分是波斯尼亚人，越来越多的波斯尼亚人被赶出家园和关进集中营。由于联合国的兵力太弱，而且受到限制作战行动的规则约束，它无力制止暴行。

到了 1995 年，美国公众被波斯尼亚的持续暴行所激怒，许多人建议美国介入。媒体讨论了 3 种介入方式：派遣美国军队增强联合国的维和部队；"空运和打击"；在联合国之下组建一支强大到足以强制实现和平的新军队。我反对第一种选择，因为它只是给失败的战略加码，特别是联合国有那些限制作战行动的规则。我也不赞成"空运和打击"。"空运"意味着取消武器禁运并把武器交给波斯尼亚人，而"打击"则意味着有选择地空袭波斯尼亚的塞族——这是一个简单的选择，但是欧洲国家认为这个选择将使他们已部署的军队遭受危险。我认为压制强硬而训练有素的波斯尼亚塞族军队需要有美国的"军靴踏上那块土地"。然而我的选择——美国军队作为北约军队的一部分去干涉——与广泛传播的热情支持把武器交给波斯尼亚人以拯救他们的"空运"战略不一致，许多人误认为这样做简单且有效。

我于 1995 年 6 月在斯坦福大学举行的毕业典礼上讲话时，一架飞机在运动场上空飞行，并拉出一道由彩色烟雾组成的标语："佩里——派军队到波斯尼亚去。"7 月，我和赞成"空运和打击"的前英国首相玛格丽特·撒切尔（Margaret Thatcher）①　在阿斯平②会议上讲话，她引用了第二次世界大战时丘吉尔对罗斯福说的话："给我们工具，我们将结束这件事。"⁶我在演讲中提醒听众，我们那时确实给英国送去了"工具"（武器、舰船和飞机），但是为了"结束这件事"，我们后来不得不派遣数百万"军靴踏上那块土地"。虽然我赞成第三种选择——部署美国地面部队，但是我坚持这样做的基础必须是美国军队作为北约军队的一部分，这样可以使他们按照比作为联合国军队更强硬的作战规则行动。

在这样做之前，需要得到北约主要国家的领导者们，特别是克林顿总统的同意。但是，欧洲的强国已承诺支持联合国的 UNPROFOR，并提供兵力给它。波斯尼亚的塞族人在 1995 年攻占了斯雷布雷尼察（Srebrenica）③，包围了约 8 000 波斯尼亚人，大部分是男人和男孩，迫使他们列队走到城外加以杀害，并把尸休扔在万人坑里。在骇人听闻的斯雷布雷尼察大屠杀发生时，联合国的部队无助地目睹了这场暴行。联合国部队的欧洲成员们再也无法认为联合国部队是足够的，或者说再不需要强大得多的军事行动。

在斯雷布雷尼察大屠杀仅 10 天后，美国、北约国家和俄罗斯的外交部长、国防部长和军队领导人在伦敦开会。在我们回到华盛顿后，克林顿总统召集我们及他的国家安全团队开会。总统在那次会议上授权国务卿沃伦·克里斯托弗和我同我们的北约盟友们一起采取强硬立场，支持北约介

---

① 撒切尔夫人是英国历史上第一位女首相，也是任期最长的首相（1979—1990），她激烈反苏反共，苏联媒体戏称她为"铁娘子"。她曾 4 次访华，在 1984 年签订了《中英关于香港问题的联合声明》，奠定了香港回归中国的基础。她在 2013 年因中风而去世。—— 译者注

② 此处的"阿斯平"不是那个前众议员和国防部长阿斯平（佩里的前任，只做了短期的部长），而是 1950 年在首都华盛顿成立的研究所，后来它在美国科罗拉多州的一个名叫阿斯平的城市开办了一所大学，所以研究所也就以阿斯平为名。—— 译者注

③ 斯雷布雷尼察是波斯尼亚东部的一个小城，毗邻塞尔维亚。—— 译者注

入。其他的北约部长们和我们一起向波斯尼亚的塞族人发出最后通牒：停止你们军队的步伐（正在向斯雷布雷尼察临近的城市格拉泽挺进）并停止炮击城镇，否则我们将采取军事干涉，大规模轰炸你们的基地。[7]

波斯尼亚的塞族人从最近的事态中看到没有力量能阻挡他们，所以他们蔑视最后通牒，继续他们的地面进攻和炮击，而且蔑视到了极点——抓了数百名联合国维和人员。美国领导下的北约空军摧毁了几处波斯尼亚塞族人的基地。第一次遭到优势军事打击的波斯尼亚塞族人退却了。他们停止了军事行动，同意谈判［《代顿协议》（*Dayton Accords*）］①，由强制实施和平的北约部队代替联合国的维和部队[8]［主要谈判者理查德·霍尔布鲁克在《结束一场战争》（*To End a War*）一书中详细叙述了在俄亥俄州代顿市的莱特–帕特逊（Wright-Patterson）空军基地进行的那场谈判[9]］。

1995 年 11 月达成的《代顿协议》于 1995 年 12 月 14 日在巴黎签署，它使北约几乎 6 万人的军队，其中有两万美军，在当年年末部署到波斯尼亚。一位美国海军上将莱顿·史密斯（Leighton Smith）② 率领北约的全部军队，美国驻欧洲部队的司令乔治·朱尔万（George Joulwan）③ 将军则以极大的技巧和精力部署了美国军队。朱尔万的军队由比尔·纳什（Bill Nash）少将指挥，这支军队的核心是驻扎在德国的第一装甲师，他还指挥一个俄罗斯旅、一个土耳其团和一个北欧旅。北欧旅包括曾按照 PFP 计划受过丹麦军队培训的波罗的海国家的部队。俄罗斯的国防部长授权他最训

---

① 《代顿协议》是 1995 年 9—11 月在美国俄亥俄州代顿市举行的会议上达成的关于塞尔维亚、波斯尼亚和克罗地亚停止战争的和平协议，出席会议的有美国国务卿、俄罗斯副外长及塞尔维亚、波斯尼亚和克罗地亚的总统们。——译者注

② 史密斯在 1994 年是美国驻欧洲海军司令，1995 年是驻波斯尼亚的北约军队司令。——译者注

③ 朱尔万在 1990—1993 年是美国驻欧洲部队司令，1993—1997 年是欧洲盟军总司令。曾两次参加越南战争（1966—1967 年和 1971—1972 年）。——译者注

练有素的空降旅之一参加北约的维和部队。

**1995 年 8 月，国务卿沃伦·克里斯托弗（左）、佩里和沙
利卡什维利将军在北约关于波斯尼亚问题的伦敦会议上；
这次会议被认为是解决波斯尼亚问题的转折点**

为什么俄罗斯政府会把它的精英旅之一交给一位美国将军指挥？这是
一个值得记载的事（我无法想象今天还能重复发生这样的事）。在参加伦
敦的北约会议讨论为阻止波斯尼亚的塞族人暴行而采取重大的新行动时，
俄罗斯提出他们要贡献一个旅作为强制实施和平部队的一部分，但是他们
不愿意置于北约的领导之下。北约的司令员坚持认为分割的领导没法工
作。克林顿总统和叶利钦总统在 1995 年 10 月会见时同意由两国国防部长
考虑以何种方式工作——说得倒容易！

在此后的两个月内，俄罗斯国防部长格拉切夫和我不得不 3 次会晤，
考虑工作的办法，我们在日内瓦的第一次会晤完全失败。在第一次会晤结
束时，阿什·卡特挽救了这个过程，他建议我们应该放弃这个毫无希望的
讨论而协商在特定的地点和时间再举行一次会晤。我们把下次会晤定于几
个星期后在美国。第一天，我们在五角大楼我的办公室里举行了第二次会
晤，我们在波斯尼亚的指挥问题上完全没有进展：格拉切夫毫不动摇地坚

持他的军队不能对北约的司令员负责。最后，为了缓和气氛，我带格拉切夫去赖利堡（Fort Riley）① 参观，他在那里骑上了一匹仪仗队的军马，然后到怀特曼空军基地，他在那里坐到了 B - 2 轰炸机的驾驶员座位上②。气氛开始缓和了，在我们举行最后一次会晤时，我终于"打破了准则"。格拉切夫允许他的军队对美国的司令员而不是北约的司令员负责！我们达成临时谅解，格拉切夫将军可以接受俄罗斯的旅长处于俄罗斯的"本国指挥"、朱尔万将军的"作战控制"和比尔·纳什将军的"战术指挥"之下。几个星期后，格拉切夫和我在布鲁塞尔的北约总部会晤并签署了协议，使我们早些时候达成的临时谅解正式成立。在我们签字时，旁边有一块写着"北约＋俄罗斯＝成功"的标语牌。

在此背景下，我认为我们终于在波斯尼亚问题上采取了正确的步骤，但是沙利卡什维利将军和我多次被国会召去做证。在一次听证会上，一位众议员警告我们：如果我们派军队去波斯尼亚，结果将是每星期几百个尸袋（美军的死亡）。沙利卡什维利将军和我都不认同，虽然我们知道我们的军队任务艰难，但我们仍然计划采取一切合理的预防措施使危险最小。我私下会见克林顿总统，使他知道我对我们军队面临的危险的估计及我们正在采取哪些措施使那些危险降到最低。他说他理解，投入大量兵力如果出现错误，将会结束他的总统生涯，但是他认为这是一件正确的事，并授权我继续。

在我们的军队进入波斯尼亚的几个星期之前，我在 1995 年 11 月访问

---

① 赖利堡始建于美国向西扩展时的 1853 年，用于防备土著印第安人的袭击，后来成为美国陆军的骑兵司令部。1995 年成为美国维和部队的基地，美俄维和部队首次联合训练在此举行。——译者注

② 此处原书的前后有矛盾。在第十三章，佩里是在 1995 年 9 月 26 日陪格拉切夫参观怀特曼空军基地，格拉切夫坐在 B - 2 的驾驶员座位上；此处却变成了 1995 年 10 月陪格拉切夫参观怀特曼空军基地，格拉切夫坐在 B - 2 的驾驶员座位上。——译者注

**俄罗斯国防部长格拉切夫在赖利堡骑着仪仗队的军马，
1995 年 10 月**

了第一装甲师在德国的主要基地，向部队解释我们为什么派他们去波斯尼亚以及他们将面临什么。然后，我访问了一个训练基地，纳什将军在那里模拟了军队在波斯尼亚将遇到的环境：冰冷的天气、路边炸弹、游击队活动、恐怖分子袭击岗哨和黑市买卖。纳什将军不留任何偶然性，要求即将被部署到波斯尼亚的每个营都经过这个特殊训练——"平时多流汗，战时少流血"[10]。因此，我们的军队在波斯尼亚非常顺利地度过了一年。他们完全控制了他们负责的那一部分地区，在重新安置波斯尼亚人和使基础设施重新运行方面取得了重大成就，且伤亡极少。

在这些军队于 1996 年进入波斯尼亚后，我曾 4 次访问他们。第一次，我飞到他们在克罗地亚的营地，同他们一起走过他们建造在萨瓦河上的浮桥。沙利卡什维利将军和我在桥中央被一位还在建桥的军事工程师拦住。他告诉我们，他的服役期将在那个星期结束，他要我们在此时此地主持他再服役 4 年的宣誓仪式。于是，在冰冷的雨天和泥泞中，沙利卡什维利将军和我主持了他的宣誓。我们军队显示的精神和信念增强了我对我们将在波斯尼亚取得成功的观点。

克林顿总统和佩里讨论派美国军队去波斯尼亚，1995 年 11
月，白宫摄影室

佩里和沙利卡什维利将军通过军事工程师们建造在萨瓦河
上的浮桥进入波斯尼亚，1996 年 1 月

　　我后来在春天第二次去那里时，访问了俄罗斯旅和波罗的海国家的旅及美国军队。纳什将军说，俄罗斯司令员的表现是出色的，俄罗斯士兵参加徒步巡逻减少了不必要的伤亡，因为波斯尼亚的塞族人愿意和平地接受他们的巡逻。在他的要求下，我给俄罗斯旅长佩戴了美国国防部的奖章。

　　在第三次访问时，我同部队一起过感恩节。我的最后一次访问是到他们在德国的驻地，他们已怀着真正的成就感回到那里。值得注意的是，这次维和行动的伤亡比他们前一年和平地部署在德国期间还要少（他们告诉我，在德国的伤亡主要是由于公路上的交通事故）。

　　对于我而言，波斯尼亚行动是由约翰·沙利卡什维利将军、乔治·朱尔万将军、比尔·纳什将军及使这次任务成为强制和平行动典型模式的其他所有人做出的一次美军技能和专业特长的展示。它还显示了北约的力量及PFP在短短几年内就变得如此有效。

　　波斯尼亚行动还显示了北约作为一个泛欧联盟是多么有效，幸运的是有俄罗斯和我们一起行动，而不是反对我们。

　　在回忆我们为组成一个泛欧联盟而努力时，我想到了PFP的关键作用及当初组建它的根本理由。历史为PFP提供了一个有指导意义的背景。第二次世界大战结束后，美国实施了"马歇尔计划"（Marshall Plan）[11]，不言自明的是，它开启了西欧数十年的和平与繁荣，也是遏制苏联的大战略的中心要素。在冷战结束带来在核时代提高泛欧安全的新战略机会之时，有许多人建议为经济处于萧条的东欧国家提供某种形式的马歇尔计划，东欧国家羽翼未丰的民主政府处于巨大的危险之中。显然，这些国家的崩溃将威胁到我们正在形成的大安全前景。

　　这个新马歇尔计划并未成形，但是好在我们组建了PFP，我们通过它在东欧促成了我们的战略安全目的。关键是，PFP缔造了东欧的军官们对

作为北约军队的组成部分，俄罗斯士兵和美国士兵在波斯
尼亚观察他们哨岗周围的当地动乱，1996 年

于西方同事们的高度尊重和模仿的愿望。PFP 的经验强调，军队在民主社
会里的作用是支持民选的领导人，而不是搞反对他们的政变。确实，与北
约军队有效合作的新经验在广泛的维和方面是极其宝贵的，典型实例就是
在波斯尼亚战争中的泛欧行动。从战略方面看，PFP 确保我们在可见的将
来不会同东欧国家有军事冲突。重要的是，它也是我们的军队与俄罗斯合
作的基础。的确，如果没有 PFP，我不相信我们能使俄罗斯全面参加波斯
尼亚的维和行动。自然，我们也就不可能把一个俄罗斯旅置于一位美国师
长的战术指挥下。

　　但是，PFP 的成就带来了它自己的特殊问题。许多参加者把它当作取

得北约成员国地位的入口——都想成为西方安全联盟的一部分。我很支持
这种愿望，但是我认为，特别敏感的长期战略问题与短期的政治有矛盾，
必须掌握成为北约成员国的时间节奏。时间决定一切。在我们的时代，共
同合作安全的解决依赖时间。

　　因此，我花了很多时间访问东欧国家的首都，解释北约成员国的标
准，建议它们要有耐心，在等待期间继续促进这些国家积极参加 PFP。我
在每一处都发现 PFP 不仅是一个伟大的成就，而且似乎是一个过于伟大的
成就。在 PFP 待了 3 年后，所有的东欧国家，包括苏联解体后独立的波罗
的海国家，都想参加北约。不是再过 5 年，也不是再过 3 年，而是现在就
参加！

　　有条不紊地、耐心地扩大北约的战略必要性对于与俄罗斯的关系来说
绝对是关键的。随着东欧各国对 PFP 的热情日益高涨，俄罗斯也成为 PFP
的一个积极成员和北约会议的参加者，但是它同时发现自己陷入一个矛盾
中：从传统意义上，它反对东欧国家，特别是反对它周边的那些东欧国家
参加北约。俄罗斯仍旧把北约视作一个潜在的威胁，一个不再有东欧国家
作为缓冲的威胁。然而在那个转折时期，俄罗斯人对于那些国家参加 PFP
持正面态度，事实上，他们自己就是积极的参加者。归根结底，我们的一
个重大突破是，在波斯尼亚的维和任务中使俄罗斯派他们的精锐旅在美国
师长指挥下作战。不过，我肯定俄罗斯对于他们的地区安全尚未形成全新
的观点。我不认为推动北约东扩的时机已经到来。更重要的是，我们需要
保持与俄罗斯一起前进的状态，我担忧北约在此时的扩张会把我们送上回
头路。我认为，走回头路会破坏我们在冷战后的机遇时期内辛勤和耐心建
立起来的积极关系，它可能在将来把我们从有希望的进程中拉回去，在核
时代不可能有比这个进程更重要的问题了。我明白，北约的成员国资格最

后将给予也应该给予东欧国家，但是我认为，我们需要更多时间把另一个核大国俄罗斯纳入西方的安全圈。这个压倒一切的优先事项对于我来说是显然的。

当助理国务卿理查德·霍尔布鲁克在1996年建议把PFP的一些成员，包括波兰、匈牙利、捷克共和国及巴尔干国家①，纳入北约时，我极力反对他的建议。我的具体想法是：我要把这个提议推迟2—3年，俄罗斯在那时将适应他们在西方安全圈内的地位，不会因北约东扩而感觉安全受到威胁。

但是霍尔布鲁克不折不挠地推动他的建议。我和克林顿总统解释了我的担心，并请求召开国家安全委员会全体会议以论述我的担心和我所要求的推迟。总统专为此事召开了国家安全会议，我解释了为什么要把北约扩大成员之事推迟几年。令我惊讶的是，国务卿沃伦·克里斯托弗和国家安全事务助理安东尼·莱克都不发言，而副总统戈尔提出反面意见，他强烈主张立即扩大北约成员国。他的论据比我的论据更有说服力，总统同意立即赋予波兰、匈牙利和捷克共和国北约成员国的地位，但是推迟波罗的海国家加入的时间。副总统戈尔的论据立足于把东欧国家纳入欧洲安全圈的价值，我完全同意这一点。他认为我们能够处理与俄罗斯发生的矛盾，我不同意这一点，我继续把同俄罗斯保持积极关系与把北约扩张推迟几年相联系。最根本的问题仍然是：考虑到俄罗斯依然拥有巨大的核武库，我把保持这个积极关系放在很高的优先位置，因为事关未来是否能够降低核武器威胁。

我的信念顽强到甚至考虑辞职。但是我想到，我的辞职会被误解为我

---

① 华约解体后，捷克斯洛伐克分裂为两个国家：捷克共和国和斯洛伐克共和国。巴尔干国家包括南斯拉夫分裂后分别独立的6个国家及保加利亚和阿尔巴尼亚。——译者注

反对波兰、匈牙利和捷克共和国成为北约成员国，我很赞成此事，只不过现在为时尚早。最终，我决定不辞职，希望我的继续介入有助于缓解俄罗斯日益增长的不信任感。克林顿总统召开国家安全会议给我一个绝佳的机会，即叙述我的想法，不幸的是，我的说服力不够。

回顾这个关键的决策，让我遗憾的是，我未能更有效地为推迟北约扩张的决策而战。在克林顿总统召开国家安全会议之前，我本来可以同沃伦·克里斯托弗和安东尼·莱克进行一对一的激烈讨论，尽力为推迟北约扩张争取支持。我本来可以写一篇文章仔细阐述我的论点，并请总统在会议前把此文发给一切与会者。或者，我可以按我曾考虑过的那样提出辞职。与俄罗斯关系的破裂可能不管怎样都会发生。但是，我不愿在这个问题上让步。

在美俄关系中，1996 年是极其重要的一年。建设性的积极关系显然符合两国的最佳利益，我们本来应该能保持这种关系。但是在此后的几年里，如我将在此书后面叙述的，这个关系变得几乎像冷战时期那样负面。我们现在面临一场爬坡战，力图恢复两国至少能在那些对我们双方都具有重大意义的安全问题上合作的气氛，其中最主要的是防止核恐怖主义和地区性核战争。

17 "无瑕疵地入侵"海地及加强西半球安全联系

这些原则指导着我们与我们自己所处半球之间的关系，它在美国的国家安全中是最重要的。我们的目标仍然是本半球的全面民主、善意的密切关系、安全问题上的合作及使我们的所有公民有走向成功的机会。[1]

——《科学、法律和技术方面的国家安全问题》
（*National Security Issues in Science, Law and Technology*），CRC 出版社，2007年4月

维持美俄关系当然是降低传统的核危险的关键，但是新的核安全问题正在出现，如核恐怖主义。处理这些问题需要与许多国家（包括我们自己所处半球的那些国家）在安全问题上有更密切的联系。在历史上，五角大楼往往忽视这些联系。

回顾过往，有几个原因导致我们对这些联系的忽视。冷战的一个意想不到的后果是，美国对安全的关注集中于苏联及苏联力图扩展其影响的那些地区。结果是，我们在欧洲部署了20多万人的军队，在亚洲部署了几乎10万人以及强大的太平洋舰队。除了在欧洲同样部署了大量军队的北约成员国加拿大之外，五角大楼很少注意西半球。时任国防部长们没有一个深刻地关注西半球的国家，他们也不把访问这些国家以建立关系作为优先事项。但是这个情况正在改变，改变的部分原因是冷战的结束。不过，这个改变也反映了我自己的观点：安全始于家中。

即使我没有这个观点，西半球的安全问题也会突然出现并立即落入我负责的事项范围。在我宣誓就任国防部长时，一个安全方面的危机在海地①出现来了。海地的叛乱军官集团在1991年推翻了民选总统让-贝特朗·阿里斯蒂德（Jean-Bertrand Aristide）②。叛乱者们指定了一个傀儡总

---

① 海地是加勒比海北部的岛国，黑人居民约占95%，官方语言是法语和克里奥尔语。1804年，起义军打败了拿破仑的占领军，获得独立，成为世界上第一个黑人共和国。1957年，深得民心的卫生部长杜伐利埃（Duvalier）当选为总统，他上台后却实行独裁恐怖统治，宣布自己是终身总统。1971年老杜伐利埃让儿子接班。1986年爆发的大罢工迫使小杜伐利埃逃亡国外，结束了近30年的家族专政。——译者注

② 阿里斯蒂德是神学博士，1990年年底当选总统，8个月后被军人政变赶下台。1994年复任总统，1996年期满卸任，2000年再次当选，2004年军事政变，他流亡到南非，2011年回国，不再参政。——译者注

统，实权落入军人集团的头目拉乌尔·塞德拉斯（Raoul Cedras）① 手中，他强制实施粗暴的军事管制。美国要求塞德拉斯下台，恢复阿里斯蒂德的合法政府[2]。在塞德拉斯拒绝后，我们威胁要采取军事行动。克林顿总统告诉我准备一个入侵计划。我指示大西洋地区司令保罗·大卫·米勒（Paul David Miller）海军上将制定这个入侵计划并组建入侵的兵力。

米勒上将在制定计划和组建兵力方面显示了出色的创造性：为了空投到海地而把第 82 空降师的部队集结在北卡罗来纳州布拉格堡（Fort Bragg）附近的波普（Pope）空军基地；将第 10 山地师驻扎在几艘航空母舰上，以便跟在空降师后面用直升机空运进海地作为维和部队[3]。海地没有空军，所以米勒上将命令航母的舰长们把他们的战斗机挪到地面上，腾出航母上的地方给直升机和第 10 山地师。航母的飞行员们自然不喜欢离开海上入侵而干坐在陆军基地的这种计划！我在预定入侵前一天飞到停泊在离海地数十英里外的航母上去检查兵力部署。米勒上将的杰出计划给我留下深刻印象，我们深信这个入侵计划会成功。

但是，我们希望外交能提前化解入侵的必要。前美国总统詹姆斯·卡特、参议员萨姆·纳恩和最近退休的科林·鲍威尔将军——一个特殊而杰出的外交团队——接受塞德拉斯的邀请去谈判一个解决办法。克林顿总统派他们带着一个不容谈判的要求去谈判：塞德拉斯把总统的职权还给阿里斯蒂德。詹姆斯·卡特发回报告说，塞德拉斯拒绝了这个要求，于是我们开始执行入侵计划。

1994 年 9 月 18 日，星期日，我们准备派美军进入海地，我在总统的椭圆形办公室让总统时刻了解我们军队的动向。我震惊地听说，我们的外交团队竟

---

① 塞德拉斯毕业于美国军校。美国和法国推荐他负责 1990 年海地总统选举的安全。阿里斯蒂德当选总统后任命他为中将衔的军队司令，他却搞军事政变推翻总统，在美国干预下，他的军人政府在 1994 年被推翻，他流亡到巴拿马。—— 译者注

然延迟执行克林顿总统请他们回家的指示，而且不了解我们的入侵计划，依然留在海地，同塞德拉斯在一起。詹姆斯·卡特在电话里对克林顿总统说，他们同意继续同塞德拉斯做最后的讨论，他相信他们能达成协议。由于这个谈话是通过公共电话线路进行的，克林顿总统不能在电话上解释他的担心，但是他指示卡特立即带领他的外交团队离开。卡特显然很失望，在他刚要中断谈判时，一个助理奔进塞德拉斯的办公室大叫，美国的空降部队刚离开布拉格堡——塞德拉斯显然部署了人员监视布拉格堡及其附近的波普空军基地。听到这个消息，塞德拉斯退却了，同意下台。卡特得到了他想要的协议，但是我们永远不可能知道，当塞德拉斯得知入侵的消息时如果卡特已经离开海地，他是否能达成这个协议。我立即命令我们的空降师回到布拉格堡，并指示米勒上将把即将实施的直升机入侵改变为第二天的和平着陆。我们的部队作为维和部队进入海地，双方均没有伤亡。这次登陆被称为"无瑕疵地入侵"。

克林顿总统在椭圆形办公室会见内阁成员，讨论海地危机，1994 年。白宫摄影室

这个故事有一个幸运的结局，但是它也反映出强制性外交的不确定性和危险。如果通信系统稍有差池，可以想象会有一个很不同和不那么幸运的结局。的确，历史充满着由于双方通信失灵或误解对方的意图而导致军

事冲突甚至战争的事例。在核时代，误解的后果将是不可想象的。

几天后，沙利卡什维利将军和我飞到海地，会见塞德拉斯将军，并向他解释我们在中美洲国家为他安排了安全居住地。起初，塞德拉斯不愿离开海地，试图谈判一个替代计划。那时，我们告诉他，这不是谈判，而是命令。

两个月后，在感恩节，我和莉、沙利卡什维利和妻子琼（Joan）、马德琳·奥尔布赖特（Madeleine Albright）①｜大使及众议员约翰·莫萨（John Murtha）和妻子乔伊丝（Joyce）在海地会见了阿里斯蒂德总统，然后同我们的军人一起享用了感恩节晚餐。当我们抵达机场时，看到了美国军医治疗的海地儿童们。在庆祝感恩节的仪式上，刚回归总统职位的阿里斯蒂德送给我一只活火鸡——每个人，除了那只火鸡（及美国国防部长），似乎都认为这很有趣！

在能干和训练有素的美军及后来我们的盟友加拿大军队的控制下，维和行动进行得很平稳。对于美国，幸运的是，联合国在 1995 年 3 月正式接管了海地维和的责任，由加拿大军队组成联合国军队的主要部分，解脱了美国军队，以便用于正在出现的波斯尼亚危机。

虽然海地的维和行动属于我倡议的半球安全，但我知道我在本半球的兴趣要广泛得多。这是一个新时期，冷战结束了，但是核危机没有结束，它增加了一些新形式。我们不能再认为美俄的核对峙是唯一存在的实际问题，我们需要相应的新思路。如果你审视冷战后早期动乱出现的迹象，例如需要提高核材料和许多地方的核设施的安全，我们显然应该对安全问题

---

① 奥尔布赖特，1937 年出生于捷克的一个犹太人家庭。她的父亲曾任捷克驻南斯拉夫和英国的大使，1939 年从纳粹占领的捷克逃到英国，她的祖父母则死在纳粹的集中营里。第二次世界大战后，全家在 1945 年回到捷克，1948 年逃离捷克到美国寻求政治避难。她在克林顿总统的第一届任期被任命为美国驻联合国大使，在第二届克林顿政府任国务卿。她是美国历史上第一位女性驻联合国大使和女国务卿。—— 译者注

给予更全球性的关注，尤其是关注我们自己所处这个半球的问题。

我决定抓住这个机会。在我宣誓担任部长仅 3 个月后，我访问了我们在这个半球的邻居加拿大。然后，我计划访问另一个邻居墨西哥，但是被美国国务院劝阻，理由是美国军人在墨西哥历史上不受欢迎。

我觉得这个理由缺乏说服力。正如我在本书中多次指出的，我个人的经验往往显示，过去和现在有敌意的人们可以在共同利益下，特别是在最严峻的问题上，有效地走到一起。所以，我在与墨西哥就防御问题开通对话方面做了一些调查，包括会见墨西哥驻美国大使。我很快就确认，在我们西半球的邻居之间启动新的关于防御问题的讨论和计划会产生好结果。我邀请墨西哥国防部长访问美国，他接受了，这次访问是务实和友好的。后来，他邀请我回访墨西哥，我愉快地接受了。

这是有史以来美国国防部长第一次访问墨西哥，这次访问在政治和互相关心的安全方面是一个巨大的成功。

我决定继续推动和安排访问巴西、阿根廷、委内瑞拉和智利。在那些会见中，国防部长们和我一致认为，召开一次西半球所有国防部长的会议将是有益的，于是我开始组织这个会议。在 1995 年 7 月，34 位国防部长（除了古巴）在弗吉尼亚州的威廉斯堡见面，实质性地讨论了互相感兴趣的问题（打击毒品走私及其暴力行为是优先问题）。阿根廷的国防部长（起初持怀疑态度）可能是对这次会议的结果最满意的一位。他建议每两年召开一次这样的会议，并承诺下一次会议可以在阿根廷举办。自那时以来，这个两年一度的会议一直持续举行，这重新唤起了美国对西半球的邻居们的兴趣，也促使了"半球防御研究中心"（Center for Hemispheric Defense Studies）的设立（2013 年《国防授权法案》要求将其命名为"威廉·J·佩里半球防御研究中心"，对此我深感荣幸）。[4]

18 军人作战能力与其生活质量之间的"钢铁逻辑"

关心你的军队，他们将会关心你。

——美国陆军总军士长理查德·基德对佩里说（非

原话），1994年2月

在我宣誓就职仪式之后的招待会上，总军士长基德给我的建议，我长期铭记在心。在后来的几个月里，我时常想起它并决心大范围地实践之。我认为，军队的训练和士气对于我们军事能力的一切方面来说都是关键的，而且我知道我接管的军队是世界上最优秀的，也许是历来这种规模的军队中最有能力的。我认识到了这一点，但更重要的是，要让世界上所有强国的军事领导人也都认识到这一点。美国常规军事力量的一个重要附加价值是它降低了核武器的重要性，减少了使用或威胁使用核武器的可能性，从而给我们自由，以追求减少世界上核武器数量。在现今的核时代，这个重要性怎样强调都不为过。

美国军队的优越性在1989年第一次伊拉克战争的"沙漠风暴"之战中已经突显出来，我也知道在海地和波斯尼亚我可以寄希望于它，它确实在那些地方又展示了它优良的军事能力，虽然是在很不同的环境下。我知道我必须是这支出众的力量的管理员：我有责任保持我们军队的生活质量并将其传给我的继任者。

但是，怎样才能做到这一点呢？美国常规军事力量作战能力的关键部分来自它独有的超级武器系统。在20世纪70年代晚期我提倡和发展的"抵消战略"中，它起过重要作用，那时我是负责研究和工程的副部长。我还认为，能干的、有高度积极性的和在优秀领导人率领下的战士至少也是同样重要的。不过，我在这方面没有相应的经验。在思考我在这方面的责任时，我认为，我在企业积累的管理经验是有用的，但是培养有高度积极性的战士涉及一些特殊因素。

"关心你的军队"是我从陆军总军士长基德那里获得的好建议。虽然我马上意识到他的建议的重要性，却不清楚如何做。不过，我确实有一个起始点——我有自己作为一名应征士兵的经历，我对每个士兵对生活美好充满向往有切身感受。

在我去过的每一支军队，我都遇到过在我们的非委任军官①（Non-Commissioned Officer，NCO）中最高水平的天才。我的高级军事助理保罗·克恩（Paul Kern）少将说，我们的NCO的能力是我们相对于其他各国军队的"不公平的比较优势"②，它可能像我们的超级技术一样重要；他还认为我应当把保持这个优势当作高度优先事项。随着军事预算的削减和设施的老化，克恩将军建议我视察一下我们的军人及其家属们生活得怎样，我欣然接受了他的建议。我的访问及同数千名应征入伍军人的直接谈话给了我一个重要的教益，我称之为"钢铁逻辑"：我们的战斗人员的作战能力与他们家属的生活质量密切相关。我从这些访问和谈话中很清楚地了解了这个"钢铁逻辑"，以及如何根据我了解到的情况采取行动。

为了使我开始接受这方面的教育，克恩将军安排了我与每一个军种的资深NCO会见，先单独会见¹，然后集体会见，倾听他们的建议。接着，我们每个季度访问不同的军事基地。"巡行的规则"是由每个基地的资深NCO计划和组织行程，带我去看他认为重要的地方——没有军官介入。这就是我在早期生涯中发现的卓有成效的"到处走走的管理"的基本方法在军队中广泛实践。

---

① "非委任军官"是指无军官委任状的军士级（如中士或下士）现役军人或军队中的文职官员。——译者注

② "不公平的比较优势"是指这个优势来自美国有钱和有条件培训高水平的NCO。别的国家不在同一个起跑线上。——译者注

　　每到一个基地，基地的领导人先表示欢迎，然后把我们转交给基地的资深 NCO，后者已与军人们安排了一个日程。这个日程总是包括一些"视察和交谈"。在我任国防部长期间，我曾同数千名现役军人坦诚地交流。起初，我想他们可能会太拘束而不敢同国防部长直率地交谈，但这从来不是问题。每次飞回来的途中，克恩将军和我都会讨论我们从与资深 NCO 们交谈中学到了什么和接受了他们的哪些批评。我从这些访问和讨论中了解到我们的军人面临的最迫切问题，并制定一个我必须怎样做，以保持我们由于军人的超级作战能力而享有的"不公平的比较优势"的计划。

　　我看到，美国军队的强化训练计划对于培养 NCO 的卓越能力来说是基本的因素。这个训练计划紧密地贯穿 NCO 的整个生涯。世界上的其他国家没有类似的训练，在任何地方的企业中也没有类似的培训（最接近的培训是 IBM 公司在第二次世界大战后数十年内实行的培训计划，那时 IBM 认为投资于培训将收到很好的回报，因为 IBM 的工程师和营销人员通常把他们的整个生涯放在 IBM，这个状况一直持续到计算机行业的兴起，使其他公司开始雇用 IBM 培训出来的工程师）。为了使美国军队能从昂贵的强化训练计划中获益，我们需要较高的 NCO 再次入伍率。我从谈话中了解到的情况是：军人再次入伍，而家属们跟着再次入军营。较高的再次入伍率与军人家庭生活质量的满意度之间的关系不容忽视。

　　在得出军人的作战能力与他们家庭的生活质量之间存在钢铁逻辑关系的结论后，我向克林顿总统建议拨出一项 150 亿美元的专项补助款对世界各地的美国军事基地进行必要的改造。令许多心中只考虑自己的"五角大楼观察家们"感到惊讶的是，总统批准了这项建议。我们把这笔钱很好地用于对军人家庭特别重要的项目，如儿童日托中心。除了从这些可触摸项目中得到的实质成就外，我们可能得到的更大成就是军人家庭中强烈增长的一种感受：有人倾听他们，有人关心他们的问题。

不过，对于克服最大的生活质量问题，即基地中那些不够好的和陈旧的家属住宅来说，那些款项只是一个开始。每个年度的国防预算包括了一项用于基地新建住宅的拨款，通常有几十亿美元。但是，新建住宅实际需要的费用估计在几千亿美元。因此，我们不是每年供大于求，而是每年供不应求。我们的许多军人家庭——NCO 的和军官的——住在低于标准的住房里。在我访问基地的过程中，我尴尬地看到居住条件如此差劲。但是除了我的主观感受之外，客观的事实（"钢铁逻辑"）是，如果我们不解决这个问题，它将毁掉我们保持高水平战斗力的优先目标。

我决心改善这种状况。我请负责经济安全的助理部长——乔希·戈特鲍姆（Josh Gotbaum）为基地住房寻找利用私人资金的途径，不依赖国会提供的不够用的住房拨款。我寄希望于私营合同商用他们的资金为军事基地建造住宅。然后，他们把这些住房出租给军人，租金与军队发给士兵的每月住房补贴相等。我设想，这将实现不用拨款就能得到质量较好的住宅。乔希得到各军种副参谋长们的鼓励，他们都报告说住房是个大问题，并同意派人员协助实现这个解决办法。于是他组织了一个各军事部门代表参加的家庭住房工作团。在 1995 年年初，这个工作团提议了一系列新的授权和更灵活地使用现有授权，称为"军人家庭住房"（Military Family Housing）提案。

作为乔希提案的补充，我任命前陆军部长杰克·马什（Jack Marsh）领导一个"马什生活质量特遣队"（Marsh Task Force on Quality of Life）。马什特遣队在 1995 年秋天给我递交了一份报告，它完全支持工作团的提议。

满意于我们正走在正确的轨道上，我在一系列早餐会上把我们的新建议提交众议院授权与补款委员会的资深众议员们。然后，乔希参加听证会并谈判立法问题，法案在 1996 年获得批准。该法案允许在 5 年的试用期后成为永久的授权。为了使这个项目尽快开始，乔希设立了一个临时办事处，后来被"住宅社区创意计划"（Residential Communities Initiative）代替。这个项目受到各军种的热情接纳，用于装修美国几乎全部军人的家庭住宅——约 20 万户[2]。

我在离任后还曾有一些机会访问军事基地，并在那里参观新的住房。我为它的面积和质量而感到极其自豪。它远远超出我的预期，我感谢我的继任者们看到了它的价值并热心地继续推进。

另外，我同时了解到，我们军队的质量与《退伍军人安置法》（G. I. Bill）也存在钢铁逻辑关系。我清楚地知道 G. I. Bill 对于我自己以及第二次世界大战后退伍的整整一代人得到学校教育来说极其重要（大约有 800 万第二次世界大战的老兵得到了 G. I. Bill 给他们的优惠。归根结底，这来自美国经济的巨大优越性、美国的全球竞争力和美国人民的生活水平）。在访问基地期间，我询问了无数的年轻士兵，为什么要入伍，大多数回答都可以归结为："我付不起大学的学费，所以我入伍以得到 G. I. Bill 的优惠。我服完兵役后将去大学攻读一个学位。"可见，G. I. Bill 是把有雄心壮志的高质量青年吸引到军队的主要动力。当这些军人回归平民生活时，他们之中的许多人就可以得到 G. I. Bill 带来的优惠。有些服役者因欣赏军队的优良训练而再次服役，并留在军队接受高等教育。G. I. Bill 对于提高军队质量的重要性（还有它对于公民社会的巨大价值）给我留下深刻的印象，进而决定把"国防部杰出服役勋章"授予众议员"小伙子"蒙哥马利（"Sonny" Montgomery)①，他是使国会通过新的 G. I. Bill 的领袖人物。

这些就是我在如何保持我们军队高水平战斗力方面得到的教益，即使是在经济衰退期或削减预算的年代。回顾之下，这些教益似乎是明显的，但是如果没有克恩将军的指导，我可能不会及时得到教益并采取行动。在五角大楼这样的官僚机构内做出改变需要时间、专注的行动、耐心和持续的坚持，还要选择值得打的战斗。我依然相信这场战斗值得打。

回忆起我为使战士们有较好的生活质量而付出的努力，我认识到，我的久经考验的"到处走走的管理"起到了关键作用。的确，我可以把这个方法推广到我的一切行政管理事务和国际关系工作当中。例如，它体现了我的国际外交风格，这个风格立足于诚信及合作，有效地消除敌意；这个风格还基于长期的经验使我认识到，大多数人，甚至包括那些在恶劣的环境中互相争斗的人们，能在共同需要的生命攸关利益下合作。没有比方法本身更复杂的事物。极其重要的是会见并尊重对方和开诚布公地倾听另一方的心声——他们是什么样的人，他们最基本的信念是什么及他们追求什么。风格的效力来自不抱敌意，因为它是为了使问题，特别是关于所期望的结果，能超越一切地迅速接近共同观点。这个基于共同利益的接触有利于把狭隘的担心，包括受到军事和经济威胁的感觉，置于恰当的愿景之中。

关于我为改善我们军人的生活质量而努力的另一个回忆是：在我访问许多基地时，我的妻子莉与我同行。她通常是被军人的妻子们带去参观。

---

① 蒙哥马利（1920—2006），曾连任 30 年（1967—1997）美国国会的众议员。他在 1981 年提出新的《退伍军人安置法》（New G. I. Bill），1982 年获得国会通过。他的原名是吉尔斯比（Gillespie），由于他为年轻的退伍军人争取到了更全面的帮助，所以得了一个外号"小伙子"（Sonny）。——译者注

在参观时，她听取她们提出的问题，大多是生活质量问题，其中军人住房问题总是名列首位。她从来不错过这个机会来了解情况，所以我直接从士兵们那里和间接从他们的妻子那里得知问题所在。莉还有一些如何解决某些最严重问题的想法，如果我的时间允许，她会和我一起处理这些问题，如果我没有时间，她会和我的工作人员合作解决这些问题。这个情况被军队的一些领导人注意到了，莉在我的告别仪式上得到一枚奖章，它来自各军种赞扬她帮助军人家庭及她积极支持改善军人生活质量的倡议。她的热情还扩大到她访问过的美国驻海外的许多基地。

还有一次访问涉及另一个国家的军人情况。在 1995 年访问阿尔巴尼亚时，莉被带领参观他们的军人医院，她被原始的医疗标准和不卫生的医疗条件所震惊。在我们回家后，她同我的工作人员一起研究我们是否有办法提供帮助。她和克恩将军的妻子蒂蒂（Dede）偶然想到邀请一个州的国民警卫队到阿尔巴尼亚旅游，并在那里设法提高那个医院的卫生标准。这一做法取得了极其出色的效果，莉也因此被阿尔巴尼亚总统授予"教母特蕾莎"奖章，这是以最著名的阿尔巴尼亚人之一命名的奖章。我为莉得到的奖章而自豪，就像我自己获得过的那些奖章一样。

19 再见，军队

据说奥马尔·布雷德利是士兵们的将军。好吧，
那么佩里肯定是士兵们的国防部长。
　　——约翰·沙利卡什维利将军在告别仪式上的讲话，
弗吉尼亚州梅尔堡，1997年1月14日[1]

在 1996 年总统选举结束几天后，我遇到克林顿总统，祝贺他再次当选并提醒他，我当初只同意担任一届国防部长，1 月 20 日即将卸任。我们长时间地讨论了能够担任国防部长的人选，我推荐了几个人，包括约翰·多伊奇（John Deutch）① 和约翰·怀特（John White）②，他们都很能干，且担任过国防部常务副部长。然后总统问我：任命一个有政治背景的人，也许是一位前参议员，你认为怎样。我提出了 3 位参议员：萨姆·纳恩、理查德·卢格和威廉·科恩（William G. Cohen）③，我觉得他们在国家安全问题方面有足够深的背景，能很快融入工作。总统指出，如果国防部长是一位参议员，尤其是共和党的参议员，他就能平息那时被共和党把持的常常跟我们作对的参议院。他请我打电话给参议员科恩，探讨这个想法。我指出，国防部长不同于其他的内阁成员，他要负责能令人气馁的任务，要管理有 300 万人和每年 4 000 亿美元预算的部门，参议员们通常没有管理如此复杂的机构的经验。但是总统认为，他可以任命一位有丰富管理经验的常务副部长来处理这个问题。我的反应（只是我内心的反应）是，这个

① 多伊奇是 1994—1995 年的国防部常务副部长，他的专业是国际关系。—— 译者注
② 怀特是 1995—1997 年的国防部常务副部长，离任后到哈佛大学的肯尼迪政府管理学院任教授。—— 译者注
③ 科恩从政前是律师，担任过三届众议员（1973—1979）和三届参议员（1979—1997），是参议院军事委员会、情报委员会和政府事务委员会的委员，积极支持新的《退伍军人安置法》。虽然是共和党人，却在"水门事件"中投票弹劾共和党总统尼克松。在担任克林顿政府的国防部长期间处理过打击萨达姆·侯赛因的"沙漠之狐"战争和科索沃战争及基地组织在坦桑尼亚首都达累斯萨拉姆和肯尼亚首都内罗毕的恐怖袭击事件。美国的《时代周刊》曾评选他为美国 200 名未来领导人之一。—— 译者注

策略在历史上不总是能如愿地奏效。第二天，我打电话给参议员科恩，他表示对这项工作有真正的热情。我向克林顿总统报告了此事，他及时地同参议员科恩谈了话并在 1996 年 12 月 5 日予以提名。

对于离任我有很复杂的感觉。我感觉自己确实完成了任国防部长的使命，并且同我们军队建立了很特殊的关系：从应征服役的士兵们和资深的非委任军官们（NCOs）到军队的领导者们，特别是各个军种司令部及参联会的领导者们。我与沙利卡什维利将军关系密切，我认为他是参联会的最佳主席之一。我的直接下属，国防部长办公室（Office of Secretary of Defense，OSD）的成员们，为我提供了特别好的服务。尤其是克恩将军、豪斯将军（General House）、阿伯拉肖夫司令（Commander Abrashoff）、马提蒂将军（General Mattis）、梅尔巴·博林（Melba Boling）和卡罗尔·查芬（Carol Chaffin），他们对待我就像是一家人，我知道我将会很想念他们。我还有几个关键的创意计划未完成，我担心我的继任者会抛弃它们。这些计划包括军人住房计划、联系资深军人的特别计划、我们已建立的一些中心（马歇尔中心、亚太安全研究中心、半球防御研究中心）、和平伙伴关系计划及我个人为保持美俄和谐关系所做的努力。此外，我的最高优先项目之一——拆除乌克兰、白俄罗斯和哈萨克斯坦的核武器——已经按照阿什·卡特和我制定的加速进度完成了。

但是我必须承认自己在精力方面的问题。到 1996 年年底，我将进入七旬的年纪，虽然我的精力依然旺盛，但我不能肯定还能坚持下一个 4 年。

最后，我主观的感觉是，有一个不祥之兆笼罩着所有的克林顿总统第二任期的国防部长们：从来没有一位能做完第二个任期，每一位都在任期届满之前被总统辞退。我相信这不是巧合，总是有与这个特殊职务有关的某种事情使其在克林顿总统 8 年期满之前变糟。也许是来自签发命令的压力，即把我们的军人部署到他们可能回不来的危险地区去执行任务（我总是以很个性化的态度对待签发命令，力图了解事情可能会出现怎样的意外，军人家属会受到怎样的影响。为了使这类令人担心的决策与我个人紧密相关，我坚持用我的亲笔签名而不用自动签名）；也许是极其悲伤地会见因执行你下的命令而牺牲的士兵们的家属；也许是感染了"波托马克发烧症"（Potomac Fever）①——这个折磨迟早会导致国防部长们相信，他们受到的一切关注是由于他们是谁而不是由于他们的职位，而且使他们有时不能对自己行使的巨大权力持有恰当的感觉。不管哪种原因——或各种原因的综合——是罪魁祸首，历史是令人瞩目的。所以我认为，我离开得正是时候。在新的国防部长宣誓上任两个星期后，莉和我前往加利福尼亚的家——我们一往无前。

我以我取得的成就而自豪，但是我也备受鼓舞：回斯坦福大学任教，继续参与我上任前就已开始的非官方外交活动，探索和思考并专注于核时代正在出现的新挑战，如地区性核冲突。我曾作为国防部长处理过最紧迫的防止核危机问题，现在我将能评估自己已很了解的这个威胁的新内容，但是不能如我曾希望的那样去全面检验它。

怀着这些想法，莉和我在我任职的最后两个月里出席了许多告别聚会。令我们特别感动的是，每个军种的资深非委任军官们为我们举办了告

---

① "波托马克发烧症"是华盛顿的一个诙谐谚语，指政府高官的弊病：以为自己是世界的中心，一切围绕着他转，道德和诚信不像在家里那么重要，可以随意花政府的钱等。波托马克是流经华盛顿西南，最终汇入大西洋的一条河；河边有林肯纪念堂、朝鲜战争纪念碑、越战纪念碑等。——译者注

别聚会并赠送给我们纪念品，这些纪念品我们至今仍珍藏着。我的部属也为我们举办了令我们特别感动的"最后的晚餐"①。

1月14日在梅尔堡举行的正式告别仪式是值得回忆的。克林顿总统表示我是自马歇尔以来最佳的国防部长，并授予我"总统自由勋章"。沙利卡什维利将军指出我与我们的士兵们关系多么密切，他说："据说奥马尔·布雷德利是士兵们的将军。好吧，那么佩里肯定是士兵们的国防部长。"我对沙利②怀有最大的钦佩和敬意，没有任何话比他对我说的话有更大的意义。我在结束自己的告别词时说，我以我曾为之服务的士兵们为傲，他们也为我提供服务。我收到了来自每个军种的奖章。莉得到参联会的奖章，以奖励她在帮助军人家属方面做出的贡献。然后，我收到一个确实打动我的意外：资深的非委任军官们授予我一个以前从未授予给别人的特别奖状，因为我为军人和军人家属们做了历史上任何一个部长没有做过的事。在很多方面，这个奖状比我得到过的其他奖励，包括十几个国家的奖励，都更有意义，而且是更针对个人的。

仪式以军人合唱几首我们喜欢的歌结束，当然包括"加利福尼亚，我来了（California，Here I Come）"。然后，莉和我与总统和总统夫人一起走出去观看精彩的飞行表演，给人印象最深的是 B-2 从低空掠过。那天晚上，我们的邻居举办了他们自己的告别宴会，当莉和我离开宴会时，他们站在阳台上用他们的纸折飞机在我们头上飞行表示告别。

---

① "最后的晚餐"是诙谐地借用圣经里的故事。有两个"最后的晚餐"。一个是旧约里的上帝命摩西带领以色列人脱离埃及人的奴役，向东迁到"迦南圣地"（即今以色列国所在地），出发前的这一天被称为逾越节，摩西在这一天主持了"最后的晚餐"，也被称为"逾越节晚餐"。另一个是耶稣与他的 12 个圣徒们在逾越节前夜纪念逾越节的晚餐，在晚餐上耶稣说："你们中的一个人背叛了我。"第二天耶稣被钉死在十字架上。后一个情节被文艺复兴时期的著名画家达·芬奇画在意大利米兰的一座修道院的餐厅墙上。这幅著名的原作至今仍保存在那里。—— 译者注

② 沙利是沙利卡什维利的昵称。—— 译者注

　　1 月 24 日是我最后一天上班，我参加了科恩参议员在白宫的宣誓就职典礼。当我走下五角大楼的台阶到我的汽车和司机等候我的地方时，数百名五角大楼同事们站在台阶上鼓掌。我希望自己能用几分钟时间表示感谢并说声"再见"，但是我哽咽得只能用微笑和挥手示意。

　　科恩在白宫的宣誓就职仪式是言简意赅的。随后，我寻找我的汽车，发现它已经载着科恩部长离开了。它当然已经不是"我的"车了。它是国防部长的专用车，而我不再是国防部长。所以，我搭一位同事的车回到五角大楼。当我们到达五角大楼时，我的官方相片已经被科恩部长的相片取代。虽然有点突然和略感吃惊，但这本来就应该是这样的。在我们伟大的民主制度下，内阁官员们不"拥有"伴随他们地位的汽车和补贴，他们被授权为美国人民服务一届任期——希望服务得好，然后回归私人生活。莉和我已经准备好这样做。

　　两个星期后，莉和我再次踏上回到我们亲爱的加利福尼亚的家的路途，这次是永远的。为了纾解压力和加快转换到平民生活，我们决定不坐飞机而开车，我们谨慎地选择了曲折逶迤的南线，以避开冬季的恶劣天气。头几天几乎是莉一个人开车——在五角大楼的警卫员为我开车 4 年后，我的驾驶技术需要"大修"！我们向西经过得克萨斯州的布利斯堡（Fort Bliss）①，拜访了我的前高级军事助理保罗·克恩将军（那时他已是陆军第四摩托化步兵师的司令）和他的妻子蒂蒂。第二天早上我们准备离开时，却发现我们的汽车启动不了了。车库的主人告诉我们，我们的车必须被拖到另一个镇上去修理；我注意到他背后有一辆新的雪佛兰"开拓

---

　　① 布利斯堡也被称为"极乐堡"，位于得克萨斯州与新墨西哥州交界的边境城市埃尔帕索（El Paso）附近，国界线那边就是墨西哥。布里斯堡附近是著名的白沙（White Sand）导弹试验场。那一片军队占用区达 4 400 平方公里，上空为航空限制区。—— 译者注

者"（Chevy Blazer）。在一时冲动之下，我说："我加些钱用我的破凯迪拉克换你的新开拓者。"一个小时后，我们又上路西行了。3 天后，我们驾驶崭新的亮红色开拓者到达帕洛·阿尔托。

回到帕洛·阿尔托，我遇见康多莉扎·赖斯（Condoleezza Rice）①，她现在是斯坦福大学的教务长，她请我重新担任我曾在斯坦福大学担任的职位，不过这次是全职的，一半在工程学院，一半在国际安全与合作研究中心。迈克尔·贝贝里安（Michael Berberian）已为我设置了一个以迈克尔和芭芭拉命名的讲座教授②职位（我认识迈克尔，我们俩都是曾是吉姆·斯比尔克的"斯坦福远程通信公司"的董事）。所以，我顺利地重新融入斯坦福社团，似乎感到我真的"回家了"。

为了从事我在斯坦福大学规划的新日程，我需要帮助。在五角大楼我有一个很能干的军职和文职助理团队帮助我完成令人生畏的日程。他们是我的"力量倍增器"，若没有他们我永远不可能完成我所从事的大量项目。我在斯坦福大学有雄心勃勃的新项目计划，所以我要寻找类似的"力量倍增器"，但是我的讲座教授职位只资助一个助手，而不是像我在五角大楼那样的一个团队。我雇用了黛宝拉·戈登（Deborah Gordon），她很快进入

---

① 赖斯（昵称"康蒂"）是科罗拉多州丹佛大学的博士，她的导师是奥尔布赖特（克林顿总统的国务卿）的父亲，但是她的博士论文（关于苏联和华约的军事问题）是在 20 世纪 80 年代初期拿到麦克阿瑟基金会的资助后到斯坦福大学的 CISAC 撰写的。拿到博士学位后，她留在 CISAC 任研究员，1993 年升任教务长。她在 CISAC 举办的学术讨论会上受到老布什总统（共和党人）的国家安全事务助理斯考克罗夫特的赏识。由于她和斯考克罗夫特都是共和党人，所以在 2001 年小布什总统上台时，斯考克罗夫特推荐她担任总统的国家安全事务助理，她在 2004 年小布什的第二届任期内担任国务卿。小布什任届满后，赖斯回到斯坦福大学任胡佛研究所的资深研究员。她在 2004 年被中国的湖南涉外经济学院聘为荣誉教授。—— 译者注

② 讲座教授是指由某个富人资助的并以资助者命名的教授职位，其工资完全由资助者设立的基金支付，工资比学校的一般教授高很多。迈克尔和芭芭拉讲座教授就是由贝贝里安夫妇资助的。—— 译者注

角色，成为一个单人的"力量倍增器"。

在克林顿内阁的职位让我在斯坦福大学享有特殊名望吗？我回来一个星期后在校园里行走时遇到一位老朋友，他困惑地看着我，他问我："喂，比尔！我近来没见到你在这儿附近，你到哪儿去了？"

一个星期后，在我到达华盛顿时，一位年轻的陆战队士兵激动地把我拦在杜勒斯国际机场，他问我："部长先生，我能得到您的签名吗？"在我签名时，他对他的妻子轻声说："亲爱的，我迫切想介绍你认识前国防部长迪克·切尼！"①

我继续接受再教育。斯坦福大学工程系主任约翰·汉尼斯（John Hannessey，他后来成为斯坦福大学校长）请我监督我所在的系与另一个系合并成为工程学院。我天真地接受了这个任务，遇到的却是在合并过程中爆发的剧烈的学霸政治之争，相比之下，解决波斯尼亚危机显得似乎容易。在长达8个月的敌对争论后，建议方案成功实施，合并成立一个科学与工程管理系，它继续繁荣兴旺着。

我重新执教我的课程《技术在国家安全中的作用》，并开设一门专题研讨课《目前的安全危险》。然而首要的是，我打算通过我在斯坦福大学的研究继续扩展我任国防部长时所做的降低核武器危险的工作。阿什·卡特回到了哈佛大学的贝尔弗中心（Belfer Center）②。我们联合成立了一个斯坦福—哈佛联合项目，称为"预防性防御"（Preventive Defense）^{2}，这是我在五角大楼时给我们在纳恩—卢格计划之下做的工作起的名称。当时我选择这个名称是为了使国会明白拨款在乌克兰拆除导弹不是为了给乌克

---

① 切尼是老布什总统的国防部长。
② "贝尔弗中心"的全名是"贝尔弗科学与国际事务中心"，出版季刊《国际安全》。—— 译者注

兰人好处，而是为了避免美国做出以美国人的流血和财产损失为代价的军事努力。作为我们的初期工作，阿什和我合作撰写了在 1999 年出版的《预防性防御》（*Preventive Defense*），它叙述了历年来的案例，并从我们在五角大楼为降低核危险所做的那些项目和活动中得出对未来政策的期望。[3]

直至今天，我把我的大部分时间贡献给与俄罗斯、中国、印度、巴基斯坦、朝鲜和伊朗的关于核和国家安全问题的二轨外交对话。在本书的前面几章所叙述的这些努力在 15 年多的时间里进行着，而且常常重叠，有时取得突破，有时停滞不前。尽管有时结果令人气馁，但我对这些努力的最终价值和目的从不怀疑。在存有重大分歧的情况下，寻求共识和保持对话可以指出穿越布满荆棘的安全挑战的前进道路。

20 与俄罗斯的安全联系垮塌了

我认为它（北约的扩展）是新冷战的开始。我想俄罗斯人将十分敌意地逐渐应对它，它将影响他们的政策。我认为它是一个悲惨的错误。

——托马斯·弗里德曼（Thomas L. Fredman）

摘引乔治·凯南（George Kennan）①，《纽约时报》，

1998年5月3日[1]

---

① 凯南（1904—2005）在1998年发表匿名文章时已94岁。从美国在苏联设大使馆起，他一直在那里任职，最后成为美国驻苏联大使。1946年2月，他在给国务院的一份报告中首次提出"遏制"，1947年又提出"长期、耐心和坚定的遏制"。20世纪40年代末，他已看出社会主义阵营会分化，并非铁板一块。1994年，他批评美国在第二次世界大战后的政策实质上是要苏联无条件投降，导致40年的冷战。在克林顿总统1998年访华前，他反对对华政策中的核威慑因素，引起美国国内"遏制还是接触"中国的大争论。——译者注

在我离开五角大楼时，我们与俄罗斯还保持着良好的关系，但是在地平线上已显现乌云。阿什·卡特和我把维持我们进入五角大楼之前和在五角大楼工作期间形成的与俄罗斯人的密切关系作为高度优先事项，我们担忧这个关系可能会螺旋式下降。作为预防性防御计划的一部分，我们曾建立了俄罗斯与美国的对话。但是，20世纪90年代对于大多数俄罗斯人来说是可怕的。那时，他们正在经历深度的经济大萧条和政治变革。叶利钦总统在国际舞台上令人尴尬的行为①使他们觉得不受别国的尊重。俄罗斯人认为那是耻辱的10年。许多俄罗斯人把他们的问题归罪于他们的新民主或美国——觉得我们利用他们的弱点折磨他们。有些俄罗斯人甚至怀念苏联"美好的老日子"。

在后来的几年里，我们看到的是：叶利钦把权力交给普京，民主机制和实践在整个俄罗斯消失殆尽，他们的新安全组织上台（立足于普京从前在克格勃的同事圈），恢复了秩序，俄罗斯的经济有重大改善。俄罗斯人民显然把恢复秩序和改善经济（经济的提升主要是靠国际石油价格飙升到每桶80美元以上）归功于普京。

随着美俄关系的持续恶化，我们在俄罗斯的非官方外交越来越得不到支持。俄罗斯认为北约在1997—1999年的扩张是个威胁，他们把北约后来吸纳3个波罗的海国家②视为"北约把威胁推进到他们的边界"。更不

---

① 叶利钦嗜酒，多次在正式的国际场合出丑。——译者注
② 即苏联的加盟共和国爱沙尼亚、拉脱维亚和立陶宛。它们在2002年11月成为北约的正式成员。——译者注

明智的举动是，美国和北约逐渐把自己的行为看成似乎与俄罗斯的担心不相关。俄罗斯特别恼恨的事情是：北约在科索沃的行动、美国在欧洲部署弹道导弹防御（BMD）系统和北约继续扩张到波罗的海国家，它们曾是沙皇俄国和苏联的一部分。接着，北约开始实施格鲁吉亚和乌克兰加入北约的预处理。现在，俄罗斯使自己进一步疏远北约，并更多地显示出对美国的愤怒，认为美国不考虑俄罗斯人的感受和利益，他们的结论是，美国做对美国最好的任何事情，让俄罗斯尽可能管好它自己。

美国在 1995 年付出了很大的努力同俄罗斯达成了在波斯尼亚合作维和，但是我们未能在 1998 年的科索沃达成同样的合作。北约军事干涉塞尔维亚未得到联合国的授权，它的重要的正面目的是防止科索沃的穆斯林遭到类似波斯尼亚的屠杀。但是，作为塞尔维亚的传统盟友，俄罗斯强烈反对北约的干涉，这阻挡了联合国的授权①。我们能同俄罗斯达成保护科索沃人的协议吗？我们不知道答案，但是我不认为北约曾很努力地去争取达成协议。北约知道，俄罗斯人无力阻挡它入侵科索沃，因此决定不顾俄罗斯人的关心一意孤行。然而，俄罗斯人能够而且确实把他们的愤恨在此后的行动中表现出来。

证明美俄关系日益退化的一个值得关注的恶劣事件是我们在欧洲部署 BMD 系统。在冷战早期，BMD 系统［也称为反弹道导弹（ABM）系统］就已经是美国与苏联之间的一个争议。在签订战略武器限制条约（SALT）后，BMD 成了一个已解决的问题，因为该条约的条款之一实质上是限制部署 ABM。但是，当小布什政府为了在东欧部署旨在对付伊朗导弹的

---

① 作为联合国安全理事会的常任理事国，俄罗斯有否决权。中国也有否决权。——译者注

BMD 系统而使美国退出与俄罗斯人签订的 ABM 条约时，美国与俄罗斯之间出现了严峻的紧张局面。

把限制 ABM 纳入 SALT 的最初想法基本上是合理的：进攻性和防御性核武器系统相互关联，不可分割。即使俄罗斯人怀疑美国的新防御性系统的有效性，他们仍觉得，我们若不减少我们的防御性系统，他们就不能安全地减少进攻性系统。简言之，俄罗斯人认为美国部署在欧洲的新防御性系统是针对他们的导弹的，它的扩张将削弱他们的遏制能力。此外，俄罗斯人强调，伊朗人现在没有 ICBM 或核弹头，他们还需要许多年才能得到它们（如果他们这样做的话）。俄罗斯人还问，如果伊朗人有了少量 ICBM，他们为什么要向拥有数千枚核弹头武器库的美国开火。在这些论据的支持下，俄罗斯呼吁美国停止欧洲的 BMD 计划，或者至少同俄罗斯合作建设——伊朗的导弹也可能像威胁美国那样威胁俄罗斯。这两个政府似乎没有达成协议的前景，所以二轨外交试图找到一个突然出现的可行方法。

我的二轨外交伙伴阿什·卡特在 2009 年接受了奥巴马政府邀请担任国防部副部长（他在 2011 年晋升为常务副部长，2013 年 12 月辞职，2015 年 2 月被提名为国防部长）。后来，我成为前洛斯阿拉莫斯国家实验室（Los Alamos National Laboratory, LANL）主任西格弗里德·海克（Siegfried Hecker）的二轨外交伙伴及斯坦福大学的教授，并共同讲授斯坦福大学的《技术与国家安全》[2]。西格[①]针对战略问题曾数百次会见俄罗斯人，第一次会见是在他担任 LANL 主任的时候。西格在俄罗斯有很多联系，他把最重要的背景情况带到我们的会见。我们找到了一个解决欧洲 BMD 问题的

---

① 西格（Sig）是西格弗里德的昵称。—— 译者注

方法，它可以减少俄罗斯人的担心，并使他们相信伊朗核计划的潜在威胁，但是我们还没有找到可行的切入口。与此同时，认为不可能达成满意协议的俄罗斯进而采取针对美国似乎威胁俄罗斯 ICBM 的"适当行动"。他们开始重建进攻性力量，开展使他们的导弹具有分导式多弹头（MIRV）的新 ICBM 项目，MIRV 是增加进攻能力的最简单方法。我担忧我们在滑向冷战时期军备竞赛的新形式。我之前看过这幕，我第一次看见时就不喜欢它，现在我更不喜欢它。

奥巴马总统（President Obama）非常清楚进攻性武器正在增加的严重性，他在上任仅一个月时就宣布对于美俄关系他将按"重新设置"按钮。这是一个好的想法，有一阵子这个想法似乎能行得通。梅德韦杰夫①接替普京的总统职位（普京成为总理）后，似乎对改善美俄关系持开放态度。梅德韦杰夫签署了 New START 条约，它限制核武器并提供进入现场的核查。梅德韦杰夫赞同联合国以零核武器为目标的决议，访问了美国（包括访问斯坦福大学和出席乔治·舒尔茨及其夫人夏洛蒂主持的晚宴）。这个"重新设置"似乎全面启动。梅德韦杰夫在他的 4 年任期结束时宣布他将不寻求连任（4 年前离任的普京现在可以再次竞选）。

2012 年普京竞选获胜，但被指责"选票作弊"。令人惊讶的是，梅德

---

① 1999 年年底普京被叶利钦推荐为总统时，俄罗斯《宪法》规定，总统任期 4 年，只能连任一次，所以普京在 2008 年把总统职位让给梅德韦杰夫，以便在 4 年的间隔期后重新担任总统。2012 年梅德韦杰夫做满第一届任期时，俄罗斯新《宪法》已把总统任期改为 6 年，可连任一次，普京回任总统，可以连任到 2024 年。梅德韦杰夫生于 1965 年，是对彼得堡国立大学法学院的副博士；他在 1990 年帮助他的导师索布恰克竞选市长成功后任市长的顾问，顾问团的主任是普京，由此建立了二人的亲密关系。普京成为总统后，梅德韦杰夫成为政府的第一副总理。普京在 2008 年必须卸任总统前指定梅德韦杰夫竞选总统；梅德韦杰夫竞选获胜后任命普京为总理；他们二人的这种在总统和总理之间的互相交替预计可以延续到 2024 年，那时梅德韦杰夫才 59 岁，还可以回任两届总统共 12 年到 2036 年。梅德韦杰夫任总统的 4 年（2008—2012）中，主张削减进攻性战略核武器，重启俄美关系。梅德韦杰夫还被中国科技大学授予名誉教授称号。——译者注

韦杰夫告诉媒体，他 4 年前竞选总统时曾与普京有个协议，只做一届。许
多俄罗斯人因此而恼怒，他们在红场举行抗议游行以表示他们的愤怒，游
行吸引了 10 万以上的俄罗斯人。在这场游行之后，接着是支持普京的数
百名迈着整齐步伐和打着精心制作的标语牌的人们游行。我那时正在莫斯
科参加一个会议，从会议室的窗户里观看了这个游行。参加会议的俄罗斯
人之一说（带着典型的俄罗斯讽刺性幽默），令他惊奇的是俄罗斯政府怎
么付不起钱雇更多的游行者。

在奥巴马总统执政初期，他表示打算把《全面禁止核试验条约》
（CTBT）重新提交国会批准。但是在艰难地为确保批准 New START 而战
之后，他决定在第一届任期内不提交 CTBT 了。直到撰写本书之时，CTBT
在奥巴马的第二届任期内似乎不可能被批准。

在军备控制的一切失败中，也许没有比我们不批准 CTBT 更使我
烦恼的了。这个条约一直是不容置疑地有利于我们国家的安全利益，
这使我完全不相信会有强烈的反对声音。我认为批准这个条约非常有
必要，我不得不把反对批准它归咎于反对派的政治动机。当然，我的
这个看法使我难以有效地对付反对派。尽管如此，我对 CTBT 的基本
评价是：除了是有效的军备控制措施之外，它还是最符合美国国家安
全利益的条约。归根结底，不批准它给了其他核国家——俄罗斯、中
国、印度和巴基斯坦——继续核试验的一个借口和研发新的核武器的
一个机会。我确实相信俄罗斯将很快重新开始试验核弹，以检验他们
目前正在设计的新武器。他们将利用我们不批准 CTBT 作为理由。我
还担忧俄罗斯的试验将打开其他国家核试验的闸门：中国、印度、巴
基斯坦和不愿落后于别人的美国。对我而言，绝对清楚的是：美国试
验核武器所能得到的一切好处——是有一点好处的——都将被其他国

家研发新的核武器对我们造成的加倍损害所抵消。

在普京再次当选和那次游行之后，美俄关系似乎成了自由落体。普京把那次游行看作是"颜色革命"的第一阶段，旨在推翻他的体制，显然他认为游行是美国政府组织和资助的。当美国的新任大使迈克·麦克福尔（Mike McFall）在几个月后抵达莫斯科时，莫斯科主要报纸迎接他的头版大标题是：他是带着奥巴马总统要帮助推翻普京的指示而来的。这样迎接新大使！导致这个（错误）观念的事实是，麦克福尔的上一个职务是斯坦福大学"民主和法治中心"的主任①。

在这个漩涡中，奥巴马政府曾专注于寻找把与俄罗斯的关系扭转回较好状态的途径，但是未果。有些俄罗斯问题学者现在认为普京在那时"把我们一笔勾销"，不考虑我们的担心而遵循他自己的攻击性议程表，他认为我们无力阻挡他。在某种意义上，普京是把20世纪90年代俄罗斯无力阻挡我们的行动逆转了。

普京继续努力灌输俄罗斯是一个显赫大国的传统意识。俄罗斯在2014年承办了第22届冬季奥林匹克运动会，旨在宣示俄罗斯作为一个大国回来了。在奥运会之后，俄罗斯人立即开始了在克里米亚的军事行动，并有效地并吞克里米亚②。后来，在乌克兰总统维克托·亚努科维奇（Viktor

① 麦克福尔在任美国驻俄罗斯大使（2012—2014）前曾任奥巴马总统的俄罗斯问题特别助理（2009—2012）。他对俄罗斯持强硬立场。他说，北约东扩是针对来自俄罗斯的威胁的反应，他公开批评俄罗斯政府不公正地对待反对派。他离任返回斯坦福大学后继续发表反对普京政府的言论，他认为美国在乌克兰搞"橙色革命"是美国至高无上的权利。他在2015年来中国北京大学的斯坦福中心演讲时把乌克兰动乱问题说成是俄罗斯介入其"邻国的"内部事务。——译者注

② 克里米亚本来属于苏联15个加盟共和国之一的俄罗斯联邦共和国。苏联领袖赫鲁晓夫在1955年庆祝乌克兰与俄罗斯统一300周年时命令俄罗斯把克里米亚作为礼物赠送给乌克兰。所以，普京是收回克里米亚，不是兼并，是收回赫鲁晓夫违法私相授受的礼物。——译者注

Yanukovych)① 被基辅"处女广场"（Maidan Square）上的游行示威者们
推翻时，普京支持乌克兰东部以说俄语为主的几个省份脱离乌克兰。起初
使用伪装的俄罗斯军队支持当地的造反者，后来索性去掉伪装。美国主导
北约做出反应，主要是经济制裁。在经济层面上，制裁是有效的，它将继
续损害俄罗斯经济，只要原油价格低于每桶 80 美元。但是在政治层面上，
制裁未有成效：它未能削弱俄罗斯对乌克兰造反者的支持。

　　我叙述的历史是悲哀的，如果还不算是悲剧的话。这是关于两个强国
朝相反方向运作时能多快地恶化关系和造成多少损害的一则寓言故事。在
不到 15 年的时间里，美国与俄罗斯之间的关系从乐观走到最低潮。对于
像我这样在 20 世纪 90 年代相信我们有机会与俄罗斯建立长期合作关系的
人来说，这是特别悲哀的。我认为美俄关系的极速下滑开始于北约不成熟
地过早扩张，我很快就意识到，北约过早给予东欧国家成员国地位所产生
的负面影响比我担忧的还要糟糕。

　　普京总统通过推行极端民族主义及反美言论建立他在俄罗斯的声
望。俄罗斯军队走上了大力扩张军备之路，最主要的是部署新一代的核
武器——陆基的、海基的和空基的，俄罗斯的政府官员们鼓吹这些武器是
国家安全的关键。削减军备的对话被搁置在一边，同时一些俄罗斯的评论

---

　　① 亚努科维奇总统否决了议会中反对派提出并获得通过的申请加入欧盟的决议，引起亲美
的反对派唆使的大骚乱。亚努科维奇在生命受威胁的情况下逃往俄罗斯避难。乌克兰的分裂有漫
长的历史原因。乌克兰本来是俄罗斯民族的发源地，称为"基辅罗斯"。俄罗斯在第一次世界大
战中战败后，刚革命成功的布尔什维克政府无力控制乌克兰，被迫签订《布列斯特和约》，把乌
克兰西部割让给德国控制的波兰。德国战败后，波兰独立。第二次世界大战以德国入侵波兰开
始，此前，苏联为免遭战火而与纳粹德国签订互不侵犯条约，瓜分波兰。战后，苏联作为战胜国
保留了该条约划给苏联的那部分波兰领土（包括从前苏联被迫割让的地区）。这样就埋下了乌克
兰动乱的种子：东部居民大部分说俄语和信奉东正教，西部居民大部分只愿说乌克兰语或波兰
语，并且信奉天主教。—— 译者注

员建议退出 New START。国有电视台一位颇受欢迎的评论员甚至吹嘘说俄罗斯是唯一能"把美国变成放射性垃圾堆"的国家![3]在这些情况涌现的同时，美国政府正在领导其他国家向俄罗斯施加严厉制裁。

我们应如何评估当今形势？我们应如何分析美俄关系下降的关键因素？这当然是在漫长地追求降低核灾难的过程中最不幸的危机之一。毫无疑问，俄罗斯政府采取的行动是导致这些悲哀结果的原因，北约的扩张本身自然不至于产生这些结果，但是北约的扩张是第一步。

美国和北约在这个决策之后的一系列行动使俄罗斯感到受到威胁：最显著的威胁是美国在欧洲部署 BMD 系统、北约军事打击塞尔维亚及向乌克兰和格鲁吉亚提供北约成员国地位。这些事件之中没有一件是决定性的，但是把它们放在一起就被俄罗斯理解为不尊重俄罗斯利益，美国不重视俄罗斯的看法。

这是整个事情令人不安的转折，它有变得很危险的势头。

21 寻找与中国、印度、巴基斯坦和伊朗的共同基础

最大的杠杆力量——最有影响力的头等预防性措施——似乎不是外交的而是经济的：刺激印度与巴基斯坦之间的贸易剧增。换句话说，不是互相确保毁灭（MAD），而是互相确保经济的毁灭（MAED）。

——美国—巴基斯坦二轨外交对话的报告，斯坦福大学，2012年8月23~24日[1]

如上一章所述，美俄关系处于自冷战结束以来的最低潮，官方外交和我们的二轨外交活动都未能扭转这个不幸的局面。但是，在我们寻求与俄罗斯打交道的新途径时，我们不能忽视来自其他有核计划的国家——中国、伊朗、印度、巴基斯坦和朝鲜——的潜在危险。

虽然在引导二轨外交讨论产生政府实际行动的明显困难令我时常难以忍受，我仍然认为二轨外交的工作值得我花费时间，尽管它不具有我在政府工作时的权威。以中国大陆/台湾的二轨外交为例，我们成功地影响了政府的某些重要决策。

我们的预防性防御计划把与中国的对话放在仅次于与俄罗斯对话的优先位置。我们认识到，中国有巨大的和正在增长的经济，以及可以轻易和迅速地使之增长的重要的核计划，如果它选择这样做。在未来几十年的国际舞台上，中国肯定是一个重要国家。

1997 年，我们在中国会见了我的老朋友江泽民，他当时任中华人民共和国主席。他同意我们制定一个长期的二轨计划以改善美中关系，并说这个计划应聚焦于中国大陆与台湾的海峡两岸关系。他任命汪道涵为中国代表团的团长，汪道涵是江泽民任上海市市长之前的上海市市长，后来任上海市政府顾问。我们这方面的成员包括阿什·卡特和我以及美中关系全国委员会指定的代表简·贝丽丝（Jan Berris），她自"乒乓外交"时起就同中国人打交道，能说流利的中国话①。我们每年轮流在中国和美国见面，

---

① 她的中文名字是"白丽娟"。她现在是美中关系全国委员会副主席，曾访华 150 多次。——译者注

去中国大陆途中多次在台湾停留。

与中国大陆及台湾的二轨外交发生在一个熟悉的背景下。多年来，我们专注于缓解中国大陆与台湾的紧张关系，这个紧张关系有可能把美国卷入灾难性的军事冲突。但是我们的官方外交有明显的限制。在二轨对话初期，我们显然不能真正地影响中国大陆与台湾之间长期和深远的国家主权纠纷①。而且，似乎没有能保证成功的传统思路。所以，我们临时提出了一个新思路：我们提出一个较新的遏制思想作为一个战略，即利用中国大陆与台湾之间正在繁荣增长的经济互动的力量，它适合于特殊时期。我们专注于促进海峡两岸增强商务、社会和家庭的接触以减小军事冲突的可能性，我们认为这有助于防止引发战争之火。我们为这个战略选择了一个内在杠杆：让双方同意开启跨海峡的正常民运航班。果然，中国大陆与台湾在 2008 年达成了这项交通协议，此后它迅速发展，促进了海峡两岸的商务往来，大大扩展了社会和家庭的联系及旅游事业。

我认为我们同两边政府的对话在达成这个协议上起了作用。我们的影响力甚至有一个显著的公众迹象：我的二轨外交同事之一，徐达林②报告说，台湾机场展示了一位台湾地区领导人马英九与我们代表团在一起的巨型相片。这张相片是在中国大陆和台湾即将达成通航协议之前拍摄的。

重要的是，现在中国大陆和台湾的商务往来如此紧密，军事冲突——无论其结局是什么——对于双方来说都将是灾难性的。在冷战时期，美国和苏联都被互相确保摧毁（Mutual Assured Destruction，MAD）的恐怖所遏制而不敢互相实施军事攻击。但是时代变了，包括地区性的和全球性的变迁。今天，中国大陆和台湾被遏制使用武力是因为它们担心互相确保经济

---

① 指双方关于中国是中华人民共和国还是中华民国之争。—— 译者注
② 硅谷的一位华人企业家，多年来一直资助佩里的工作，包括佩里撰写此书。—— 译者注

被摧毁（Mutual Assured Economic Destruction，MAED）。遏制可以适应时代改变了的新思路。

伴随着好消息的是坏消息：美国与中国之间日益增长的互不信任，甚至敌意，可能正在强化。双方国内的一些团体警告说，另一方正在成为敌人，战争不可避免，虽然长期以来认为中国大陆—台湾的冲突可能触发中美战争的观点已经消失，但正在出现代替台湾的中美战争新触发点。长期酝酿的关于中国拥有南海岛礁主权的争端不仅影响了其他声称主权的国家，而且还影响了美国，它认为这是对南海航行自由的挑战。此外，还响起了曾长期沉默的中国与我们的盟友日本之间对于一些岛屿主权的争端。

2012 年 11 月，我们与中国的二轨对话期间，我感到很气馁。中国和日本都声称拥有这些岛屿主权。没有岛民倾向于任何声称主权者。与有尖锐争议的中国南海岛屿相比，这些岛屿似乎也没有紧迫的经济价值。日本呼吁美国正式支持它的权利，包括援引《美日安保条约》适用于这些岛屿。

中国政府在 2015 年发布了它的新军事战略纲要，宣布了他们建设"蓝水"海军的计划，这与他们现有的旨在防御周边海域的海军大不相同。此外，他们还大量增加核力量和新的多弹头 ICBM，使他们的 ICBM 现代化，这代表了中国战略核力量的重大改变。这两种军力的建设特别令人不安，因为它们与中国决不退让的态度相吻合。当然，任何诉求这些岛屿主权者之间的任何军事冲突对于卷入的国家来说都将是灾难性的。如果美国介入冲突，那将是世界性的灾难，这将是两个核强国之间的第一次战争。我相信一切相关方都知道不会有胜利者，只有全球性的灾难。然而，历史教导我们永远不应低估一个国家有可能采取违背它自己利益的行动，尤其是在情绪激动的时候。

除了中国南海问题，另一件紧急的事是对伊朗日益增长的担心：它的核活动，以及它的铀浓缩和研发核武器的前景。在老布什政府时期，欧盟同伊朗谈判，要它承诺不浓缩铀，但未果。奥巴马上任后，他的政府积极参加这些谈判，这是一个好主意，但是对话依然停滞不前。我把走出这个死胡同作为二轨对话的最优先事项。西格·海克（Sig Hecker）① 和我被邀请到日内瓦同伊朗的国家安全顾问对话，希望我们能找到一个对美国官方谈判者有用的死胡同出口。

2007—2012 年，我参与了 4 次与伊朗的二轨对话，我的目标是加快官方为预防伊朗拥有核武库而谈判的进度。前两次，一次在日内瓦，一次在纽约，会见了伊朗的国家安全顾问，最后两次是在伊朗的外交部长出席联合国会议时与他交谈。这些会见都是比尔·米勒（Bill Miller）安排的，我任国防部长时曾同他密切合作，那时他是美国驻乌克兰大使。在比尔的早期外交生涯中，曾在伊朗工作过 5 年，所以他在美国—伊朗关系方面有一定的经验，更不用说巨大的热情了。可惜，这些会谈没有取得明确的成果。

我认为前进的道路是，欧盟和美国允许伊朗浓缩铀，但是在可靠的检查机制下限制其浓缩的程度。我们可以想象，伊朗会接受这个条件。如果伊朗决心制造核弹，则谈判解决问题的战略失败，但是不认真地试一试我们就不知道会不会失败。

伊朗官员们骇人听闻的反以色列言论增强了以色列人对于伊朗如果有一个核武库的话将用于打击他们的担忧。如果伊朗的核计划发展到被以色列政府认定为已存在的威胁，以色列就完全可能用空中打击摧毁伊朗的核

---

① 海克曾是洛斯阿拉莫斯国家实验室的主任，是一位核专家，2004 年访问朝鲜宁边的核反应堆时，他认为朝鲜没有能力研制核弹。—— 译者注

项目或使之倒退。实施这种打击除了有真正的困难外①，它显然将导致无法想象的后果，这些后果都是坏的，其中有些具有很严重的潜在后果。

我从前的动机——它依然是关于伊朗核计划的二轨对话的一部分——是我认为伊朗的核武库会导致灾难，但是二轨对话（值得感谢地）已经被正式的官方谈判所代替。在撰写此书时，美国—欧洲团队已与伊朗达成协议。但是对于这个协议，在美国、以色列和伊朗都有强大的反对者。美国和以色列的反对者们担心的是该条约的条款太弱，伊朗可以利用该条约建立一个核武库（就像朝鲜利用它的 IAEA 成员国地位）。伊朗的反对者们显然担心该条约太强硬，能成功地预防伊朗建立一个核武库。当然，不可能两者都正确。事实上，我认为两者都错了。他们不过是反映了谈判条约时常见的问题——谈判双方都接受的妥协办法注定不能满足双方的极端分子。如果我是代表美国的谈判者，我能轻易地谈判出一个满足美国一切派别的条约——但是必须假设我能坐在谈判桌的两边！如果这个协议因美国国内的反对而失效，其结果将是伊朗的核计划不受限制，而且不能合作监视他们的计划实际上在做些什么。伊朗的极端分子无疑将喜欢这个结果，但是难以看到任何美国人和以色列人会认为这个结果是它们所希望的。

伊朗走向核国家的危险突显了我们正面临邪恶的核时代的新篇章。两个长期以来为人们所熟知的危险正在增长——核扩散②及遍布全世界的许多核设施缺乏足够的安保。这些对核安全的挑战不同于冷战时期的那些挑

---

① 以色列的轰炸机必须飞过叙利亚和伊拉克领空，还必须有以色列不具备的空中加油能力。——译者注

② 巴基斯坦"核弹之父"阿卜杜勒·卡迪尔汗（Abdul Qadeer Khan）曾在 2004 年承认向利比亚、伊朗和朝鲜传授过核技术。——译者注

战，它们显示出严峻形势的复杂性及急剧加强警惕和国际合作的必要性。在伊朗的核危机问题上，时间不会停下来等我们。

在越来越复杂的全球担忧核武器的背景下，印度和巴基斯坦的重要性在增长。这两个国家自分治以来已打过 3 次战争①，都是印度"赢"，它的经济、人口和军力都比较强大。在每次冲突中，克什米尔都是一个主要问题，由于这个领土问题仍未解决，第四次战争似乎不会很远——现在是两个核国家之间的较量。然而，许多印度人和巴基斯坦人认为他们具有内在遏制力的核武库使第四次战争不太可能发生。这两个国家最终将被遏制不敢打一场地区性战争，因为它可能升级成为两个国家都惧怕的核战争。除此之外，还要考虑到战区可能扩大及核沉降物的污染可能扩散到该地区之外，成为一场对世界大部分地区来说恐怖的灾难。但是，遏制在这里不是肯定有效的。我担心在南亚发生地区性核战争的可能性将由于巴基斯坦最近部署"战术"核武器的计划而增长。

鉴于这个形势的重要性，我在斯坦福大学的同事、前国务卿乔治·舒尔茨和我在斯坦福大学赞助了一个二轨对话，其中有些是与巴基斯坦人对话，有些是与印度人和巴基斯坦人同时对话。在一次会议休息时，一位退休的巴基斯坦高级军官向我吐露了他对地区性核战争到来的严重担忧。在巴基斯坦，有些团体在计划"孟买－2 袭击"，他认为巴基斯坦政府可能无力阻止它。他猜测，对于再次针对印度的恐怖袭击，印度政府将不会再

---

① 第二次世界大战后英帝国主义日益衰落，在世界非殖民化潮流中被迫让印度独立，并根据宗教差异（伊斯兰教与印度教）把原印度分成两国：印度和巴基斯坦（包括西巴和东巴）。荒谬的是西巴与印度的分界线是由一名律师未经实地考察划定的，从而埋下了此后的克什米尔地区争端。第一次印巴战争就是 1947 年争夺克什米尔之战。1965 年的第二次印巴战争起因于印度垂涎巴基斯坦境内的印度河口沼泽地发现的石油资源而入侵西巴。第三次是 1971 年印度支持东巴独立成为孟加拉国。——译者注

像对待 2008 年"孟买袭击"① 那般克制，它将对巴基斯坦实施惩罚性军事打击。人数居于劣势的巴基斯坦军队将试图用它的"战术"核武器击退印度的入侵。这个绝望的逻辑假设，由于核打击仅在巴基斯坦境内实施，因此印度政府可能不会用印度的核武器回击。这位退休的巴基斯坦将军和我都认为这个假设很可疑，巴基斯坦使用"战术"核武器的决策很可能升级为全面的核战争。

在这种危险的形势下，主要的希望寄托于两国政府内外严肃认真的人们做工作，他们认识到这个可怕的危险，也认识到不能依靠核武器遏制另一场战争，特别是由于巴基斯坦的某些恐怖集团可能正在试图触发这样的世界末日之战。在我们的二轨对话中，我们发现没有解决长期存在的克什米尔争端及其历史性敌意的直接途径。但是我们发现了降低另一场战争可能性及其导致核升级危险的间接道路。最大的杠杆力量——最有影响力的头等预防性措施——似乎不是外交的而是经济的。换句话说，刺激印度与巴基斯坦之间的贸易剧增，不是互相确保毁灭（MAD），而是互相确保经济的毁灭（MAED）。这显然可以用中国大陆和台湾作为类比，在那里，军事冲突的可能性由于广泛的贸易及台湾与大陆的合资企业而大大地降低了，因为双方在经济上紧密地联系在一起，使战争对于双方的经济来说都是毁灭性的。

或许还有一个发人深省的寓意，这个寓意在今日的"全球主义"精神中特别重要：遏制作为大战略必须假设民众广泛地认知核武器的危险而必

---

① 2008 年 11 月 26 日，恐怖分子在印度第一大城市孟买袭击了两个火车站和两家豪华酒店，造成 172 人死亡（包括孟买的反恐特种部队队令），239 人受伤，袭击主要针对西方人。恐怖分子自称属于巴基斯坦的"德干高原"组织（德干高原在印度中南部），但未经证实。巴基斯坦政府声明与恐怖袭击无关。—— 译者注

须裁减它。随着世界经济越来越紧密地把各国联系到一起，与似乎大部分来自两个超级大国隐藏和部署在远方荒地和海水下的军事危险（陆基和海基弹道导弹）相比，经济风险变得更频繁和全面，也更被个人、社区和民众持久地认知。

所以，我们的二轨对话继续聚焦于增强印度与巴基斯坦之间的贸易和创建合资企业。在 2011 年和 2012 年，我们取得了令人鼓舞的效果。我们的持久希望是这两个国家将继续巩固这些互相有利的基础。

不过，尽管我关心印度与巴基斯坦之间可能爆发一场地区性战争，但我在任部长期间同朝鲜打交道的令人沮丧的经历使我警惕朝鲜核武装的巨大危险。朝鲜的核野心已有数十年，我知道他们有技术能力并一心一意要实现他们的野心，多年来他们已处于只需几个月就能得到足够制造 6—10 枚核弹的铀的状态。与印度和巴基斯坦的民主制度相比，朝鲜作为世界上最后一个斯大林主义的国家是难以预料的危险所在。

22 评估对朝鲜的政策：
成功和悲剧

所以，美国的政策必须针对朝鲜的现状，而不是针对我们希望它可能是什么样的。

——呈交克林顿总统的对朝鲜政策的评估报告，韩国总统金大中和日本首相小渊惠三①，1999年[1]

---

① 金大中(1924—2009)曾任韩国总统（1998—2003），他在韩国军人专政时期因领导民主运动而多次被捕，几乎被军方用制造车祸、扔入海中等方式谋杀。他任总统时提出对朝鲜的"阳光政策"，2000年开启了南北会谈，获诺贝尔和平奖。小渊惠三（1937—2000）在1997年9月任外务相，1998年7月出任日本首相，4个月后因脑溢血去世。他是"大家参拜靖国神社国会议员会"的会长。——译者注

1994 年我刚担任国防部长时发生的朝鲜半岛危机是以美国与朝鲜之间签署《关于解决朝鲜核问题的框架协议》解决的。在这个框架下，朝鲜同意关闭它从石墨反应堆中提取钚的宁边核设施，日本和韩国同意在朝鲜建两座合计提供 1 000 兆瓦电能的轻水反应堆（LWR），美国同意提供燃油直到 LWR 能发电。其他国家参与支持这项工作，所有这些事项起初由斯蒂芬·博斯沃思（Steve Bosworth）大使负责，后来由鲍勃·加卢奇负责。似乎每件事都进行得很顺利：宁边保持关闭状态（它在那段关闭的时间内本来可以生产足以制造数十枚核弹的钚）；LWR 正在建设（虽然落后于原定进度）；美国每年供应燃油。

然而长期以来，事情在朝鲜向来是不顺当的。我卸任后的 1998 年出现了一个新危机。朝鲜在生产、试验和部署"劳动"型中程弹道导弹，它可以打到韩国以及日本一部分地区。接着，朝鲜研发"大浦洞－1"型和"大浦洞－2"型远程弹道导弹①，二者都采用"劳动"导弹的改进型作为它们的第一级。"大浦洞"导弹在研发完成后将能打到美国的一部分地区及韩国和日本全境，其结果是引起了韩国和日本的担心，尤其是因为洲际导弹不带核弹头就毫无军事意义②。这个担心在 1998 年 8 月 31 日达到了危机的程度，朝鲜的"大浦洞－1"在那天一次失败的人造地球卫星发射

---

① "大浦洞"是朝鲜咸镜北道研发导弹机构所在地的日语称呼，朝鲜称之为"舞水端里"。"大浦洞－1"是两级的液体推进剂导弹，射程约为 6 000 公里，可以打到美国的夏威夷和阿拉斯加州。——译者注

② 洲际导弹很贵，如果携带常规弹头，则它摧毁对方的价值还不如它本身的造价，所以是一个赔本买卖，发射得越多，赔得越多。——译者注

过程中飞越了日本上空（美国和苏联发射成功的第一颗人造地球卫星都是靠军用火箭送入轨道的）。这次试飞激起了美国和日本的愤怒，美国国会和日本国会撤销了对《关于解决朝鲜核问题的框架协议》约定的援助。然而，终止《关于解决朝鲜核问题的框架协议》无疑使朝鲜有理由重启宁边的核设施，从而相当于允许朝鲜生产钚，用于制造安装在导弹上的核弹头。

在这个危机期间，美国国会要求，克林顿总统也同意，建立一个政府外的朝鲜政策评估机制。克林顿总统让我负责这个评估，我觉得自己有责任接受这项工作。我认为，自4年前我们用《关于解决朝鲜核问题的框架协议》解决了上次危机以来发生的新危机需要予以评估，这个新风险的严重性已变得高得多。我把在斯坦福大学的工作减半，从而能把一半时间用于政策评估。

我需要一支强有力的团队，我立即请我的长期同事阿什·卡特担任评估团的副主任。他同意了，而且也相应地减少了他在哈佛大学的工作。我还需要美国国务院的有力支持，这存在潜在的问题，因为国务院通常因为总统指定局外人介入它的业务而恼怒。但是我任国防部长时与马德琳·奥尔布赖特[2]关系密切，那时她是美国驻联合国大使，现在她任美国国务卿。我告诉她，有了一流的国务院团队，我就有了成功的机会，我还答应与她密切合作。她请她的最强副手之一温迪·谢尔曼（Wendy Sherman）与阿什共同担任评估团的副主任，她还指派国务院最好的朝鲜问题专家埃文思·里维尔（Evans Revere）和韩裔美国人菲利普·尹（Philip Yun，国务院一位年轻的未来之星）参加评估[1]。我们还幸运地从白宫借到一位亚洲政策专

---

① 谢尔曼曾是奥巴马政府负责政治事务的副国务卿，克林顿政府时期的总统特别顾问和对朝政策协调员，现在是哈佛大学肯尼迪政府学院的研究员。里维尔曾任国务院负责亚太事务的副国务卿，后来是普林斯顿大学教授，著有《中国和美国：解决朝鲜问题》。尹是韩裔美国人，曾代表美国参加朝核问题四国（美、中、日、俄）会谈，现在是斯坦福大学亚太研究中心主任，著有《朝鲜：2005 年及以后》。—— 译者注

家肯尼思·利伯索尔（Ken Lieberthal）①，我和他从前有过工作关系。

我的下一个挑战是国会。我为有关的国会小组委员会做一些简报，进行得很顺利；我还与关键的成员一对一地面谈，也很顺利，除了反对《关于解决朝鲜核问题的框架协议》的参议员约翰·麦凯恩（John McCain）②，他反对继续同朝鲜对话。我在担任国防部长时与麦凯恩的关系不错，但是现在他显然不支持这个计划。

最后，我认为把日本和韩国吸收进来是至关重要的，二者各有不同的问题。韩国总统金大中担心我对朝鲜的评估会扰乱他正在推行的对朝鲜的"阳光政策"；日本首相小渊惠三担心我忽视他眼中的日本与朝鲜之间的主要问题——释放几十年前被朝鲜绑架而现在仍被扣押的日本公民。我到亚洲分别会见了小渊首相和金大中总统，向他们承诺我将认真地接受他们各自的指导并代表他们的全部利益。我请他们为评估团各指派一位高级代表，与我一起成为"三边计划"的3个协调员。这个要求令他们感到突然，并消除了他们的戒心，他们任命了杰出的人选参加我们的评估团队。从这时起，我不做没有加藤良三（Ryozo Kato）③ 和林东源（Lim Dong-won）④ 两位大使支持的决策。这个方法虽然更多地耽误了我本来就预期

---

① 利伯索尔的中文姓名是李侃如，他曾在密歇根大学任政治学教授，在1998—2000年担任过克林顿总统的国家安全事务顾问和国安会的亚洲事务部主任。现在是布鲁金斯学会的中国部主任。——译者注

② 麦凯恩在越南战争中驾驶飞机洒化学药物时被击落。因禁5年半后被释放，他也因此而成名。他是共和党的鹰派，1982年成为众议员，自1986年至今连任参议员。2008年他作为美国历史上最高龄（72岁）的候选人竞选美国总统，输给民主党的奥巴马。——译者注

③ 加藤良三是日本的老外交官，曾任日本驻美大使馆的三秘（1967—1969）、公使（1987—1990）、旧金山总领事（1995—1997）和大使（2001—2008），退休后任日本职业棒球联盟总干事。——译者注

④ 林东源本来是军人（少将），他在金大中任总统时期先任副部长级的外交与安保首席秘书官，后来任统一部长官和国家情报院院长。——译者注

会有所推迟的开始，但是后来在我们需要为最终报告获得批准时帮了大忙。这个合作过程（在日本和韩国被称为"佩里过程"）在那些国家很得人心，一直延续到今天。

在我们日益全球化的当今时代，我认为这个合作方法是各国政府共同处理涉及世界安全的许多重要事项，特别是有关危险的核问题的一个样板。我信任这个合作过程，因为我的经验告诉我，一些个人或国家即使互相之间有过冲突和竞争，仍能在互相信任和互相尊重的政策下合作并取得重要的结果。不可否认，朝鲜的危机是一个不祥之兆。核武器的危机，从历史上和本质上看，必然是全球性的危机。通过外交合作创建一些降低威胁的国际计划是符合各国紧急的共同利益的。

根据这个精神，我还与韩国和日本一起同中国和俄罗斯的政府官员们举行了一些交流会，听取他们的建议并使他们知道我们的进展，虽然他们不是正式批准的评估过程的参与者。

有了这些合作基础，我开始对朝鲜政策进行评估。在此后 5 个月的时间里，我们的三边评估团举行了 6 次会议：一次在华盛顿，一次在东京，两次在夏威夷的檀香山，两次在首尔。由于日本与韩国之间存在传统猜疑，因此会议的起步很慢。但是如我所预期的，我们的日本和韩国协调员很快摆脱了猜疑，会议也快速步入正轨，我们很快就达成共识。

我们的三边评估团队认识到，我们的联合军事力量在力量平衡中完全处于有利地位，朝鲜也明白这个事实。我们的结论是，我们的遏制不仅现在强有力，而且能长期保持如此，除非北方使用核武器，这将发生在朝鲜重启宁边的核设施和开始生产钚之后。我们敏锐地知道，朝鲜只需几个月就能使宁边重新运转。

我们注意到美、韩、日三国的政府正在两个基本不同的战略之间寻找平衡，一个是新的，另一个是传统的。新战略是采取措施逐步进展到全面正常化和签订和平条约（理论上，我们同朝鲜仍然处于交战状态，因为朝鲜战争只是停火），同时朝鲜人拆除他们能生产核武器的设施。

比较传统的战略是恐吓战略，用逐步升级的强硬制裁对付朝鲜，迫使它放弃其核设施。为实施恐吓，我们建议先加强自身的遏制力，包括增加第七舰队的军力，在韩国部署更多部队和加快在那里部署弹道导弹防御系统。

由于第二种战略昂贵、危险和太容易滑入战争，我们把重点放在第一种战略。但是我们强调，我们这几个国家的政府没有一个能独自实施这个战略，因为它需要得到每个国家立法机构的支持和3个盟友之间的全面合作（三边会议为此扫清道路）。最重要的是，朝鲜必须同意配合我们倾向于采用的新战略及其施加于它的条件。如果它不合作，我们不得不退而求其次，采取恐吓战略。三国政府的领导人都赞成我们的建议，并授权我访问平壤以了解朝鲜的领袖是否接受我们倾向于采用的新战略。金大中总统和小渊首相为我写了代表他们国家发言的授权信，美国也这样做了。这基本上是全面地（甚至是积极地）同意我们的行动计划，也是肯定我们制定三边计划的过程。在这个阶段，我们没有寻求立法机构的批准，虽然我们知道这种批准是必需的，如果我能与朝鲜达成协议。

朝鲜政府允许我的团队坐美国军用飞机进入平壤，这是他们认真接待我们使团的好迹象（也比飞到北京等待不常有的飞往平壤航班的替代方案方便得多）。我必须承认，在我们的飞机进入朝鲜领空时我有点紧张——地面的防空炮兵是否接到了允许我们飞进去的指令？显然接到了。我们在机场受到朝鲜代表团的迎接，它护送我们到宾馆休息。然后在那天晚上，我们会见了朝鲜最高人民会议的常任委员会委员长，这是一项友好的但大体上是礼仪性的事务，因为金正日拥有朝鲜的实权。我看了一下他给我的日程，其中没有与军队领导人的会见。我告知他，我曾任国防部长，希望见一位朝鲜军队领导人。我还告诉他，我们带来了一些医药物资，希望把它们交给平壤的儿童医院。他同意了这两个要求。

第二天上午，我们被护送到一间会议室。在我们就座后，一位朝鲜将军领着他的代表团进来了。谈话如下：

> "这个会见不是我想要的，"他立即说，"我被指示会见你们。我甚至不认为我们应谈论放弃核武器。"
>
> 我回答："为什么你认为你们需要核武器？"
>
> "为了防卫我们自己不被侵略。"
>
> "谁要侵略你们？"
>
> "你们（指着我）！我们将发展核武器。那时，如果你们攻击我们，我们将用核武器摧毁你们的城市——不排除帕洛·阿尔托。"

我赞赏外交中的开诚布公，不过这次可能有些过分！不管怎样，我准确地知道了我们与这位将军各自的立场。尽管会议的开头不太愉快，随后的讨论还是有趣和有用的。当朝鲜外交部长的代表叙述一个观点时，这位将军打断他说："你不要听这些'系领带的人们'说什么，他们一点儿也不懂军事问题。"朝鲜政府内各部门之间的关系可见一斑。

次日，我们的经历大不相同。我们访问了平壤的儿童医院，医院的主任医师和善地接待了我们。在我们把医疗物资，包括大量抗生素，赠送给她时，她几乎感动到流泪。她告诉我们，由于缺乏抗生素，每天都有一些孩子在那里无奈地死去。她请我去看孩子们，稍停了一下后抱歉地说："我必须事先提醒您，今天上午我告诉孩子们您要来。他们问，您是不是要来杀他们。"还能有比仇恨的宣传造成的心灵扭曲更令人悲哀的情景吗？朝鲜人无法接触外界新闻，除了每天政府的电台和电视24小时用关于美国"法西斯战争贩子"的警告轰击他们（例如，在1994年的朝鲜半岛危机时期，朝鲜的媒体称我是"战争狂人"[3]）。尽管如此，这个访问没有意外出现，孩子们很高兴。

我们在3天的访问中花了大部分时间同朝鲜的资深外交家姜锡柱（Kang Sok Ju）[①]谈判，对话中完全没有口出狂言。朝鲜人显然非常珍惜他们的导弹，把它们当作遏制、提高威望和外销换钱的工具。但是他们知道，放弃远程导弹和核武器是通向关系正常化的唯一途径。最重要的是，他们显然希望正常化，它能在数十年的不安全之后最终产生一个安全、稳定和繁荣的朝鲜半岛。

在离开平壤前，我们游览了这个城市，包括著名的"主体思想塔"。在那里，一辆公交车停在下面，它的乘客下车，手拉着手开始以杂乱无章的方式跳舞。周围的其他街道都是空荡荡的，我们问导游这些跳舞者是从哪里来的，他说这些人是"自发的普通群众"。

在回程的飞机上，我们团队的共识是，朝鲜准备接受我们提出的合作战略。

在平壤会议后的次年，每件事都指向正常化。朝鲜和韩国的运动员队伍在2000年的悉尼奥运会上走在一起；金正日在访问上海时参观了证券市场和别克汽车厂；朝鲜与韩国举行了第一次峰会；日本和朝

---

① 姜锡柱（1939—2016）在1986年任朝鲜外务省第一副相，主导改善对美关系，被朝鲜媒体称为"对外政策总指挥"；1994年促成《关于解决朝鲜核问题的框架协议》；曾陪同金正日接见前美国总统卡特（1994年）和克林顿（2000年）；2010年升任副首相，并成为政治局委员和中央书记处书记。2016年因食道癌去世。——译者注

鲜开始规划一次峰会。在那个兴奋的时期，莉和我带着我们的儿子大卫和孙子迈克尔——一个天真的朝鲜族孩子——一起到首尔旅游。我们希望15岁的迈克尔——我们在他不到一岁时领养了他——重新认识他出生的国家。当我们经长途飞行于晚上到达首尔机场时，被首尔电视台的一群记者和摄影师包围，每个人都想要采访迈克尔和我。美国大使斯蒂芬·博斯沃思在那里迎接我们，他设法为刚睡醒的迈克尔挡住摄像机，匆匆把我们带到大使馆。在此后的3天中，莉和我带着大卫和迈克尔游览了韩国，包括坐火车去看新罗王朝的陵墓①。到处的韩国人都能认出我们，他们想要同我们说话，并总是尝试让迈克尔做翻译，但是迈克尔不会说韩语。

我们在首尔的最后一个晚上被邀请观看韩国对巴西的足球赛。两队都踢得很精彩，旗鼓相当，以0∶0进入伤停补时。这时，韩国队的左边锋拦截了巴西队员的传球，沿边直下，打进制胜的一球。迈克尔和我跳起来，这时坐在我们前面几排的一位警觉的摄影师抢拍了一张我们挥舞双臂欢呼的相片。第二天上午，韩国的《朝鲜日报》头版刊登了这张相片，标题是"佩里和长孙尽情欢呼足球赛"[4]。这是给迈克尔的多么好的纪念品！次日，在去机场之前，我们带迈克尔到一家纪念品店，他在那里选了一件运动衫。在他掏钱包的时候，售货员说："你是迈克尔·佩里，不必付钱！"迈克尔和我都不会忘记这件事，它显示了韩国人民的真实热情。我还认为，这确实显示了韩国人民多么需要在他们分裂和有战争伤痕的国家取得和平。

---

① 公元4世纪时，朝鲜半岛上有3个国家：新罗、百济、高句丽；7世纪时，新罗在中国唐朝的支持下打败了百济和高句丽，统一了朝鲜半岛，建立了新罗王朝。——译者注

佩里和迈克尔·佩里（右侧举着双臂）在韩国与巴西的足球赛上，1999 年 3 月。转自《朝鲜日报》

　　"阳光政策"继续前行。金正日在 2000 年 10 月派他的高级军官赵明录次帅（Jo Myong-Rok）① 到华盛顿表示支持我们的建议。赵明录途经斯坦福大学稍作停留时拜访了我。金正日告诉他，请我带他参观硅谷的一些公司。我组织了环绕旧金山湾区的自驾旅游，参观了 3 家高科技公司。赵明录次帅的访问巧遇旧金山为期一周的舰队节——湾区每年庆祝海军的传统活动，我们驶过海湾大桥时欣赏到海军的"蓝天使"特技飞行队以密集队形从头上飞过，同时看到巡洋舰、驱逐舰和航空母舰在下面海湾中的阅兵式。

　　那天晚上我在斯坦福大学的恩西纳楼（Encina Hall）② 为赵明录次帅

---

　　①　赵明录（1928—2010）在抗日战争中是金日成的抗联战友，胜利后留学苏联，在朝鲜战争中是飞行员。1977 年任空军司令，1998 年成为次帅兼国防委员会第一副委员长和总政治局局长，是朝鲜仅次于金正日和金正恩父子的第三号人物。曾陪同金正日接见来访的美国国务卿奥尔布赖特。2000 年作为金正日的特使访美，会见克林顿总统和国务卿奥尔布赖特。赵明录在 2010年因心脏病去世。——译者注

　　②　恩西纳楼是位于斯坦福大学校园西部的 4 层大楼，主要容纳研究国际问题的各研究所，如国际安全与合作研究中心（CISAC）和亚太研究中心（APARC）等。它毗邻胡佛研究所和藏有大量文献资料的胡佛塔。——译者注

举办了晚宴，邀请了 3 位朝鲜族美国人参加，包括我的朋友金郑（Jeong Kim）⁵，他是朗讯公司的高级技术官，后来成为贝尔实验室的总裁。那天早些时候，金郑带赵明录次帅参观了朗讯公司的先进光学实验室。赵明录次帅虽然不懂技术，但是他明白这个技术超过朝鲜任何东西数十年。在晚宴上，我们的 3 位朝鲜族企业家不仅能用家乡话同赵明录次帅交谈，而且显示了朝鲜人在自由市场经济中能多么成功，这是我们（及朝鲜的中国同事们）鼓励朝鲜考虑的。

第二天，赵明录次帅飞到华盛顿会见克林顿总统和美国政府的其他官员，并转达了金正日邀请总统访问平壤。在华盛顿的最后一个晚上，国务卿奥尔布赖特为他举行晚宴，我参加了，坐在他的旁边。那天恰巧是我的生日，奥尔布赖特领唱了"祝你生日快乐"。赵明录次帅在随后的席间聊天中得知我比他大 3 个星期，他站起来举杯祝贺我又长了一岁（在朝鲜的文化中，年龄高意味着智慧多），室内的所有美国人都笑起来。那个晚上的热情氛围以及此前一年内发展的关系，使我们都希望朝鲜的核威胁已被甩在我们身后。然而情况不是这样。

那时，克林顿总统的第二届任期只剩 3 个月了。他在离任前希望处理的两项主要外交政策是与朝鲜关系的正常化及以色列—巴勒斯坦达成和平条约。他把这两件事当作他的优先事项，他认为他有机会完成一件，但没有时间两件都完成。他选择把自己剩余的时间花在中东的和平条约上，这件事几乎快要成功了，但是由于亚希尔·阿拉法特（Yasser Arafat）① 在最

---

① 阿拉法特（1929—2004）是逊尼派穆斯林，参加过 4 次对以色列的中东战争。他在 1959 年成立巴勒斯坦解放组织内的法塔赫派，1988 年成立他任总统的巴勒斯坦国，并与中国建交。此后，他改变政策为与以色列和解共存，1994 年获诺贝尔和平奖，2004 年在巴黎去世。—— 译者注

后一分钟临阵退缩而未能成功。可惜，克林顿总统的两件事都未能完成，尽管他有决心和有创意地努力去做。

我在克林顿政府工作时的参联会主席科林·鲍威尔[6]现在是小布什政府的国务卿。我向他通报我们最新的谈判情况。他告诉我，他计划继续我们同朝鲜的谈判并力图使之有一个成功的结局。在小布什总统就职仅6个星期时，为了再次确认新政府将继续实施我开启的与朝鲜的谈判，韩国总统金大中访问了华盛顿。国务卿鲍威尔显然给了他明确的答复，这导致第二天《华盛顿邮报》的头版标题："布什捡起克林顿的对话"[7]。就在那天下午，金大中总统与小布什总统会见时，后者却直截了当地告诉金总统，他要中断与朝鲜的一切对话，自那时起两年内美国没有同朝鲜展开任何对话。看到我们长期和细心的外交努力被完全摒弃，我觉得困惑和愤怒。随着这个外交机会的溜走，我对于未来将带给朝鲜半岛什么感到失望。我呼吁科林·鲍威尔和理查德·阿米蒂奇（Richard Armitage）① 不要放弃，但是他们只能服从总统的决策，别无选择。

2002年10月，助理国务卿詹姆斯·凯利（James Kelly）② 访问了平壤，告诉朝鲜的政府领导人，我们的情报发现朝鲜的另一处生产浓缩铀的核处理设施（宁边的设施在它运转的那些日子里生产钚，它采用完全不同的核燃料生产过程）。这个在放弃评估工作以后出现的事实从未公布过，但是显然朝鲜在2002年处于浓缩铀计划的初期阶段。凯利的会见在剑拔

---

① 阿米蒂奇是常务副国务卿（2001—2005），他在中国问题上属于基辛格一派。他在任期届满时的卸任电视广播中说，中国的兴起是21世纪世界舞台上最重要的事件，台湾是美中关系中最大的地雷，美国没有保卫台湾的责任。——译者注

② 凯利是负责亚太事务的助理国务卿（2001—2005），他在里根政府时期担任过总统的国家安全事务助理、国安会亚洲事务主任和国防部东亚事务副助理部长。现在是战略与国际关系研究所的研究员。——译者注

弩张的气氛下结束。在这次会见后不久，美国、日本和韩国发表了一个联合声明"……朝鲜为核武器而生产铀的计划违反了《关于解决朝鲜核问题的框架协议》、《不扩散核武器条约》、朝鲜的 IAEA 安检协议和朝鲜—韩国《关于朝鲜半岛无核化共同宣言》。"[8]结果是，美国和朝鲜双方都退出了《关于解决朝鲜核问题的框架协议》。美国停止了燃油供应；日本和韩国停止建造两座轻水反应堆；朝鲜的反应，如我所预料，是重启宁边的核设施和开始生产钚（即 1994 年朝鲜半岛危机后的那个活动）。小布什政府称这个活动是"不可接受的"，但是没有能制止它的有效办法。

被该地区日益增长的危险所惊动的中国在 2003 年建立了所谓的六方会谈：朝鲜、韩国、日本、中国、俄罗斯和美国。这些会谈似乎是好主意，但似乎与"现场的事实"无关，未能有什么成果。实际上，朝鲜在会谈期间完成了宁边的再处理，并在 2006 年 10 月 9 日进行了它的第一次核爆炸试验。我对小布什政府在会谈期间不坚持暂停宁边的活动持批评态度，那是克林顿总统在他于 1994 年开始与朝鲜对话前坚持的关键条件。

怀着对官方失误的沮丧，我开始参与与朝鲜的非官方"二轨外交"。我在 2007 年 2 月第一次访问了位于朝鲜靠近韩国边界的开城工业园。那里建成了十几家现代制造企业，并计划建更多。根据开城的企业模式，朝鲜提供土地和劳动力，韩国提供资金和管理。在那里看到的情况给我留下深刻印象，我认为，它可能是朝鲜未来的前兆。韩国的公司做了第一流的工作，建设了生产低技术、高质量产品的设施。工作条件极佳，朝鲜的工人们努力工作。我的朋友金郑与我同行，他在制造业的经验及流利的朝鲜语对我很有帮助。

2008 年 1 月，我在斯坦福大学的同事约翰·路易斯和西格·海克访问了朝鲜并广泛地观察了宁边的核处理工厂，在那里他们看到了正在拆除的设施。这似乎是我们又走上了与朝鲜谈判的道路。

一个月后，我到韩国参加刚当选的总统李明博的就职仪式。李明博总统在令人瞩目的就职演说中要求朝鲜放弃其核计划，并提出如果他们这样做就帮助他们振兴经济。令全世界惊讶的是，几个星期前，朝鲜邀请了纽约的爱乐乐团到平壤举行一场音乐会。令我惊讶的是，朝鲜政府请我出席并在那里会见他们的谈判人员，进行非正式的双边核对话。音乐会安排在李明博总统就职后的 2 月 26 日。由于朝鲜允许的从首尔到平壤的唯一航线必须经过北京，所以我因时间不够而被迫拒绝这个邀请。意外的是，朝鲜政府告诉我，如果我愿意出席音乐会，他们允许我坐官方汽车从首尔直接通过非军事区到平壤，我立即接受了邀请。

穿过非军事区是一个既独特又可怕的经历。朝鲜政府派车来接我，但是由于前一夜的大雪，必须清扫道路。令我惊讶的是，政府派来数千名工人拿着扫帚和铁锹清扫到平壤的路，而路上只有我们一辆车。即使在好天气，这条路也只供官方偶尔使用，因为朝鲜的普通百姓没有汽车。在穿过非军事区后，一位此前脸上带着严肃表情护送我的朝鲜上校对我开玩笑："我想给您一点人参，不过这可能是错误的，因为您的夫人没有和您一起！"（这个"玩笑"来自人参是壮阳的说法。）虽然是蹩脚的玩笑，但它打破了紧张感。在平壤，我与朝鲜官员们的核对话没有什么成效，但是那晚的音乐会是难忘的。

我预料到音乐演出是出色的，纽约的爱乐乐团能随机应变，我未预料到的是看到舞台上的美国国旗和听到演奏美国国歌。不过，最大的意外是朝鲜人给予美国演奏家们的起立欢呼。我从未见过人民对人民的友谊如此动情洋溢。有几位美国政府的高级官员被邀请出席音乐会，但拒绝了，在我看来，这又是错过一次机会。这不仅是一次音乐会，就像 1971 年与中国的那场乒乓球赛不仅是一场球赛，而是"乒乓外交"。那场音乐会及其余波本来可以是探索与朝鲜建立全新关系的机会，有可能带来朝鲜半岛安全的重大改善。

我曾希望音乐会能创造积极对待朝鲜的另一次开端。然而，美国的下一个行动是加紧对朝鲜的制裁。从此开始，朝鲜发起了一个又一个的挑衅。他们在 2009 年进行了第二次核试验，据美国情报说是成功的，他们发射了一颗在入轨前失败了的人造地球卫星。他们在 2012 年成功地将一颗人造卫星送入轨道。此前的联合国决议禁止朝鲜发射远程导弹，但是他们公然蔑视这个决议，利用"大浦洞"远程导弹作为运载火箭的前两级发射人造卫星。此后，联合国下令对朝鲜施加制裁，但这未能遏制住朝鲜，它在 2013 年 2 月进行了第三次核试验。朝鲜政府回应制裁的声明，即使按照他们的标准，也是满怀恶意的：

> 我们不隐瞒，朝鲜民主主义人民共和国将一个接一个地发射的人造卫星和远程导弹及即将进行的高当量核试验都是以美国这个朝鲜人民不共戴天的敌人为目标的。[9]

我们在 2000 年曾有可能（虽然是不确定的）与朝鲜达成某种程度的关系正常化，它曾显示出愿为经济复苏而放弃核野心。在 2015 年，我们面对的是一个恼怒和蔑视一切的朝鲜，它已经用 6—10 枚核弹武装了自己，正在为更多的核弹生产裂变物质，并试验远程导弹的一些部件。基于这些结果，这可能是我们国家历史上最不成功的外交运作。

23 在伊拉克的惨败：
当时与现在

小布什总统在2003年入侵伊拉克的决策最终可
能被看成是美国外交上最无耻的行动之一。[1]
——托马斯·里克斯（Thomas F. Ricks）"大失败
"的开头句，2006年

虽然我在二轨外交中的优先事项一直是核问题，因此关注的是核国家或有核野心的国家，但我还是认为不能忽视伊拉克。首先，据说伊拉克有核能力是发起伊拉克战争的主要理由。伊拉克有可能与朝鲜一样成为应关心其核问题的正式案例吗？事情的发展表明，伊拉克那时没有可行的核武器计划。

不过，即使不考虑这个问题，仍不能忽视这场很快就开始导致大量伤亡和道德难题的战争。此外，这场伊拉克战争以很个人的方式进入了我的家庭：我的孙子之一，尼古拉斯·佩里（Nicolas Perry），应征进入海军陆战队，3 次进入费卢杰（Fallujah）① 这个对于美国军队来说最危险的地区之一。所以，我很快就发现自己被卷入关于伊拉克的争议中。

2006 年年初，美国被伊拉克战争所撕裂。"大失败"和"泥潭"这样的词汇被用于描述这场战争，使人回想起越南战争那段美国近代史上最悲哀的时期。在伊拉克的灾难程度变得很明显后，警觉到美国日益明显地被缠住的美国国会任命了一个两党的独立研究组织——"伊拉克研究团"（Iraq Study Group，ISG），其责任是对于在伊拉克如何前进达成共识。詹姆斯·贝克（James Baker）和李·汉密尔顿（Lee Hamilton）② 被任命为

---

① 费卢杰在巴格达以西约 60 公里，属于伊拉克最大的安瓦尔省，是萨达姆·侯赛因的逊尼派的基地，当地人民有强烈的反美情绪，60 多名美军死在此地（仅次于巴格达）。现在是恐怖组织伊斯兰国与伊拉克政府反复争夺之处。——译者注

② 贝克是共和党人，里根总统的财政部长，老布什总统的国务卿。汉密尔顿是民主党人，连续当选 17 届众议员（1965—1999），曾任众议院外交委员会主席和情报委员会主席。—— 译者注

共同主任，每个人从他的党派中选择 4 位成员，我被选为其中之一。此外，贝克和汉密尔顿雇用了 40 位专家做顾问，这些成员和顾问们都没有工资（除了标准的政府出差补贴）。2006 年 3—8 月，我们每个月聚会 2—3 天，同来自政府内外的伊拉克问题专家讨论，并在成员内部商讨。

在我们汇集了情况并开始拟定建议时，我的结论是，我们正在处理的是美国外交政策中一个由许多小错积累而成的大错。我将在下面讨论这些错误，因为我认为它们构成了日益危险的当今世界的负面行为清单。先谈入侵伊拉克的理由，再谈入侵的事实及此后的占领。

在提到的入侵伊拉克的各种理由中，小布什①政府鼓吹得最多的是伊拉克拥有大规模杀伤性武器（Weapons of Mass Destruction，WMD）。阻止非法核武器的计划是必要的，但是应该以摧毁核设施为目标，不必占领伊拉克。然而那时并没有迹象表明伊拉克核武器或其他 WMD 立即或哪怕是将来会出现危险。联合国检查员们在战前的评估报告显然是正确的。

政府的第二个可疑的理由是，据说对于美国的立即危险来自伊拉克支持的基地组织。摧毁基地组织的军事行动是合理的，就像在阿富汗那样，但是在伊拉克是不成立的，因为把阿富汗作为训练地区的基地组织在美国入侵伊拉克之前并未在伊拉克大规模存在，而且它与伊拉克政府没有重要的关系。

政府提出的第三个理由是，在伊拉克建立一个民主政府能为中东带来稳定。建立民主政府对于伊拉克人民来说显然是一件好事，对于该地区来说也是一个恩惠，但是用刀剑传播民主比美国政府想象的要难得多。能有

---

① 先后任美国总统的布什父子姓名都是乔治·布什，只是在姓名中间有差别，老布什是 George Bush，小布什是 George W. Bush。中文翻译时不得不用"老"和"小"区分这对父子总统。—— 译者注

把民主和稳定的政府引入伊拉克的任何完全成功的战略吗？我们将永远不知道答案，因为美国政府的入侵有严重的和根本性的错误。

特别是，在实施入侵中有 4 个产生最深远后果的错误。

美国政府未能从该地区的其他国家和关键的盟国取得支持。美国军队构成联军的 90%，而在"沙漠风暴"之战中美军所占比例是 70%，在波斯尼亚是 50%。

在伊拉克军队被打败后，美国政府派了太少的军队去维持治安。被打散的伊拉克军队在全国各地大肆抢劫而美国没有维持秩序的力量，从而给予叛乱分子充分机会去建立它们日益扩大的地盘。

美国政府在打败伊拉克军队仅几个星期后就解散了伊拉克的军队并解雇了大部分文官。约有 40 万失业和愤怒的青年，许多人还带着武器，散布在伊拉克的乡镇，而伊拉克却没有安全部队，除了数量不足的联军。

美国政府迫使伊拉克临时政府制定宪法和举行大选，但是不顾少数派权利的错误选举过程点燃了什叶派与逊尼派之间的流血冲突。

总的结果是伊拉克国内的安全遭到灾难性的破坏。每个月有约 100 名美国军人和数千名伊拉克人被杀或负伤。随着动乱的增长而联军无力阻止，百万以上的伊拉克人，其中大多是伊拉克的专业人士，逃离国家。

就在此时，随着形势日益失控，美国国会成立了"伊拉克研究团"（ISG）。我们调查的关键是同伊拉克政府谈话。我们在 2016 年 9 月了 4 天时间在巴格达会见伊拉克政府的高官们和我们军队的指挥员们，会议由贝克或汉密尔顿主持，他们都是杰出的外交家。我们发现自己深受我们及我们盟友的外交人员的奉献精神和能力的影响。伊拉克政府领导人显然缺乏城府，令人惊讶的是伊拉克历来没有民主机构。我们看到了美军指挥员们的高水平作战能力以及美军展示的高水平训练和成绩，也看到了伊拉克军队领导人和军队的低水平能力及缺乏奉献精神。

这些关于军队的调查结果对于我都不是意外。我从我的孙子——在伊拉克的美国海军陆战队远征军准下士①尼古拉斯·佩里——口中得出我个人的"自己的军靴踏在当地"的评估。那时是他第二次到费卢杰这个臭名昭著的危险地区执行徒步武装巡逻。ISG 的评估与尼克②提供的情况相同：美国军队是第一流的，但是伊拉克军队没有纪律概念或他们为何而战的目的。即使受过我们军事训练的那些伊拉克军队也不想别的，只想几个星期后开小差回家，许多人更忠于他们的部落而不是他们的连长。次年，尼克第三次被派到那里去执行现场训练一个伊拉克营，同他们一起巡逻费卢杰的街道。根据我了解到的伊拉克军队情况，我非常担心他执行那次任务的安全（上述对伊拉克军队能力低下的了解被这些军队在美军离开后未能在战场上保护好萨达姆政权所证实。这表明，虽然训练是重要的——美国确实为伊拉克军队提供了昂贵的强化训练，动机至少也同样重要。训练必须在军队与国家的关系及士兵生活质量的大背景下进行，这二者在伊拉克都有问题）。

从伊拉克回来后，我们花了 5 天时间，紧张地寻求共识。我们得以达成共识应归功于两位杰出的共同主任。我们都关心伊拉克问题上的冲突对于我们国家的严重性，而且知道我们必须达成两党共识才能有所帮助。ISG 的报告在 2006 年 12 月 6 日公布于众。它建议改变使命，重新启动该地区的外交，加强伊拉克政府的能力，重新部署美军和联军。

改变使命是一个关键。我们总结的一个重点是应该加强伊拉克政府防止全面内战的能力。我们应继续努力打败伊拉克境内的基地组织，虽然战

---

① 准下士是高于一等兵的军衔，相当于下士，但只能领取一等兵的军饷。—— 译者注
② 尼古拉斯的昵称是尼克（Nick）。—— 译者注

准下士尼古拉斯·佩里在伊拉克

前它在伊拉克微不足道，现在却有了强固的立足点而且擅于大批杀人，这将伊拉克变得更不稳定。我们建议，与当地的叛乱分子合作平息安瓦尔省（Anwar Province）① 的叛乱，这个战略已开始实施，效果明显。这是一个有效的战略，因为基地组织在伊拉克的一些领导人在安瓦尔省把手伸得过长，引起大部分部落领袖反对他们。我们认为应继续在情报、后勤和空中支援方面帮助伊拉克军队。我们需要向伊拉克政府提供鼓励，以加速和解过程及实施分享石油利益计划，使逊尼派也愿意有一

---

　　① 安瓦尔省是伊拉克最大的省，西部与叙利亚及约旦接壤，当地居民以萨达姆·侯赛因的逊尼派为主，所以对于以什叶派为主的伊拉克新政府不满，时有叛乱。—— 译者注

个稳定的伊拉克。一个重要的负面鼓励是美国政府设定一个撤出日期，使伊拉克政府明白，必须为自己的安全负责，宜早不宜晚。

在收到我们的报告一个星期后，总统提出在伊拉克走一条"新路"，它在两个重要方面不同于 ISG 的建议：增加约 3 万战斗部队，大部分用于保卫巴格达（ISG 考虑过这个建议，但未对此达成共识）；不同意确定一个撤出日期。那时我认为，小布什总统坚持不改变战略和留用对大失败负有责任的高级官员是在给一副输定了的牌加筹码，但是很快发现我估计错了。小布什总统用 ISG 的成员罗伯特·盖茨①（Robert Gates）²替换了国防部长唐纳德·拉姆斯菲尔德（Donald Rumsfield）② 这个伊拉克战略设计人。盖茨恰巧是我的老朋友，我们在卡特总统的政府中一起工作过。小布什进一步用一个擅于反叛乱行动的团队替换了在伊拉克的美军领导人。在戴维·彼得雷乌斯（David Petraeus）③ 将军撰写的《新陆军手册》中叙述了反叛乱行动的细节，它特别强调把安瓦尔省的逊尼派争取到我们这边。考虑到新战略优于我们在 ISG 建议的战略，我认为这个新方法有很大的成功机会。回顾之下，我们的 ISG 报告的价值在于它可能迫使总统着手加速更换在伊拉克的美军领导人和战略决策。

————————

① 盖茨在民主党的奥巴马当选为总统后留任国防部长，这使他成为美国历史上唯一被两党的总统任命为国防部长的人。奥巴马总统称赞他"使我们知道过于采用军事入侵作为外交政策工具的危险"。——译者注

② 拉姆斯菲尔德是唯一两次担任国防部长的人：第一次在福特总统时期，使他成为美国历史上最年轻（43 岁）的国防部长；第二次在小布什总统时期，使他成为美国历史上年龄最高（68 岁）的国防部长。他在 1983 年和 1984 年曾访问过萨达姆·侯赛因，那时萨达姆正在用毒气杀害库尔德人，拉姆斯菲尔德对此未置可否。后来，他以虚假的伊拉克有大规模杀伤性武器而力主入侵伊拉克。——译者注

③ 彼得雷乌斯曾任驻伊拉克的联军司令（2007—2008）、美国中央军区司令（主管从阿富汗到埃及的地区）和驻阿富汗的美军司令。后来任中情局长（2011—2012）时因性丑闻而辞职。——译者注

在多年的冲突以及付出流血和金钱的可怕代价后，利用伊拉克战后各敌对部落之间减少暴力活动的短暂时期，美国终于到达它能从伊拉克撤出其占领军的时刻。但是，毫不奇怪的是，这个相对的安宁未能持久。对于伊拉克转到比较稳定的民主政治——能带来比过去更稳定的和平并无限期延续的包容性政治——的希望，哪怕是一些明显迹象，突然破碎了，传统的教派暴力争端又上升了。事实上自美军撤离以来，伊拉克就被逊尼派与什叶派之间的流血冲突撕裂了。其他好战的集团乘机掺和，至少在近期看来，这些冲突几乎不可能解决。

事实上，在我撰写本书时，伊拉克似乎处于分裂的边缘。逊尼派的极端分子于2014年在伊拉克和叙利亚建立了伊斯兰国（ISIL），一个新的"国家"，旨在使哈里发①回归中东地区并攻击伊拉克和叙利亚的政府军，前者的政府由什叶派控制，后者则由阿拉维派②控制。ISIL的军队在2015年展示了令人印象深刻的强大和训练有素，它多次战胜了人数占优势的伊拉克政府军，使政府军为其国家而战的意愿成了问题。当美国军队还在伊拉克时，安瓦尔省的逊尼部落领袖们在打败基地组织中起过关键作用，现在他们显然不愿参与打击ISIL。什叶派控制的伊拉克政府的失败导致占少数的逊尼派在政府中拥有平等地位。伊拉克政府的反应是建立什叶派的民兵以扭转战斗的势头，但是这加剧了什叶—逊尼的分裂。西方盟国的联军企图用有限的空中打击ISIL军队来扭转这个势头，但是这种支持没有能干的伊拉克地面部队是起不了决定性作用的。美国建设民主伊拉克的目标导

---

① "哈里发"是阿拉伯语的音译，意思是真主委派的伊斯兰政治和宗教的统一领袖。——译者注

② 阿拉维派是什叶派的一个非主流的分支，叙利亚的总统巴沙尔·阿萨德就是阿拉维派。——译者注

致一场国内战争，这可能导致中东按逊尼—什叶划分的新权力分配，破坏了从前的国界线，并导致什叶派控制区与逊尼派控制区之间的地区性长期战争。在这种情况下，那些教派中的极端势力将占上风。在撰写本书的时候，美国和盟军正在考虑改变军事战略，但主要是拒绝再次在伊拉克卷入地面战争，所以这场冲突的结果是不确定的。然而确定的是，美国在伊拉克的堂吉诃德式冒险是一场大灾难，有待解答的是这场灾难的程度。

在我们必须控制核武器被扩散到恐怖分子和其他好战分子手中的诸多事例中，伊拉克是一个未能成功地实现这个目标的主要事例。

24 核安全团队：前"冷战勇士们"
提出新观点

> 我怀着信念明确地宣布，美国承诺寻求一个没有核武器的和平而安全的世界。
>
> ——巴拉克·奥巴马总统，布拉格，2009年4月5日[1]

1986 年 10 月 11—12 日，在冰岛的雷克雅未克举行了由美国国务卿乔治·舒尔茨陪同美国总统罗纳德·里根与由苏联外交部长爱德华·谢瓦尔德纳泽陪同苏联总统米哈伊尔·戈尔巴乔夫之间的历史性峰会。值得注意的是，他们讨论了各自拆除一切核武器，这是一个里根和戈尔巴乔夫都想要达成但未达成的协议。障碍在于，戈尔巴乔夫指出进攻性和防御性核武器之间有联系，要求美国"把 SDI（星球大战）计划限制在实验室内"，这是一个里根不能接受的条件，从而导致对话未能达成协议。

在黑暗的核时代，雷克雅未克对话有极大的重要性。你可以争辩，古巴导弹危机在当代历史中是最危险的一幕，那时行为无规范的人类掌握着——用亨利·基辛格的话说——"上帝之火"。古巴导弹危机把我们带到了世界性灾难的边缘，但它不是核时代唯一几乎造成灾难的危机。我在前面已指出，我们可能由于很幸运而避免了一次灾难。"幸运"是一个令人不安而且不可靠的免于核灾难的救星。的确，冷战时期的军备竞赛——它造成不可思议的超现实的"超杀"能力——肯定不能抑制根深蒂固的悲观情绪，即认为最终结果可能是我们的文明终止。但是突然在雷克雅未克，一个基本上是新思维的灵感一闪，两个核大国在拆除核武器的气氛中汇合了！这不是第一次出现明智的想法。当然，如果那时能达成协议，对于协议能否兑现肯定会有合理的怀疑。但是雷克雅未克会见可以被看成是一个灯塔，它肯定了新思维方式的健康成长及我们确实有可能防止今后使用核武器并最终消除它们。

里根和舒尔茨回到华盛顿后遭到猛烈的批评，仅因为他们讨论过消除核武器。最值得注意的是英国首相撒切尔，她为此专门到华盛顿发起对舒尔茨的严厉指责，然后以比较外交的方式向里根表示她的担心。尽管有这些批评，乔治·舒尔茨很清楚雷克雅未克会见的正面意义，并继续为遏制世界上核武库超出人类想象的危险而工作。

将近 20 年后，舒尔茨回忆雷克雅未克峰会，认为它是历史上特殊且重要的时刻，值得纪念。他同斯坦福大学的物理学家西特·德雷尔讨论了这件事，德雷尔建议于雷克雅未克峰会 20 周年纪念日在斯坦福大学的胡佛研究所召开一个重温雷克雅未克峰会的研讨会。西特和前大使詹姆斯·古拜（James Goodby）[2] 承担了组织这次研讨会和分配撰写会议论文任务的大量工作，要求以 20 年后的观点回顾雷克雅未克峰会的经验教训。

这次研讨会引起了热烈的讨论[3]。与会者之一，雷克雅未克峰会上的国防部代表理查德·珀尔（Richard Perle）[1] 斩钉截铁地说，全面核裁军在 1986 年是个坏主意，现在仍是坏主意。但是会议的大部分参加者认为这需要重新审议，最雄辩的是美国的老外交家麦克斯·坎佩尔曼（Max Kempelman）[4]。坎佩尔曼强调建立一个"应该"概念的人道主义重要性。他以美国的《独立宣言》作为类比，"……所有人生来都是平等的"。虽然在签署《独立宣言》时美国实际上并非如此，但是大部分签署者认为它"应该"如此。把"应该"宣布为一个愿景，我们的国家才能致力于走向这个愿景，即使要花很多时间，而且有些时候（如在内战时期）有巨大的伤痛。没有这个"应该"作为理想，我们向这个愿景的前进就会成为可疑的。以坎佩尔曼的类比作为跳板，研讨会的大部分参加者的结论是，世界

---

① 珀尔曾任里根政府的国防部助理部长（1981—1987），他是持新保守主义观点的鹰派，在退出政府后任民间团体"国防政策委员会"主席，为国防部做顾问。——译者注

无核武器的理想，即使在 1986 年过于不成熟，现在是一个时机已到的理想。我们"应该"有一个无核武器的世界。

这次研讨会在我自己的思维中是一个转折点，它把我对核危险日益增长的担心与我在无核世界的愿景引导下提出的前进机制相联系。由于我曾身处有利的特殊地位，在几十年里深深地关心核武器呈现的危险，但是完全撤销核军备似乎是不实际的——我们无法使核武器从来没有被发明过。我专注于促进能降低核武器危险的一些措施。几十年后，我能看到的是我们的成果很有限——世界上依然有数千件核武器，而且有新的国家正在制造它们自己的核武器。任何有意义的成果必须是国际性的，但是这些国家大多不愿接受美国对它们的说教——它们不需要核武器，它们看到的却是，美国和俄罗斯显示出核武器对自己的安全是必不可少的。我在这次研讨会后得出的结论是：虽然我在那时和现在都认为，走向无核世界是很困难和缓慢的，但是以这个愿景作为推动力是最重要的。除非将国际努力与最后实现无核世界的目标相联系，否则无核世界，即使是实现降低核危险的有限目标，永远不会实现。也许，麦克斯·坎佩尔曼的"应该"概念比军备控制专家们的通常论据对我的影响更大。

在这次研讨会的主旨和势头的鼓励下，乔治·舒尔茨、西特·德雷尔、萨姆·纳恩和我都同意在雷克雅未克峰会的下一个周年纪念日再安排一次接续的研讨会。我们决定在此之前撰写一篇专栏文章，让世界关注核武器的巨大危险，呼吁更紧迫地采取降低核危险措施，并建议开始向无核世界前进。乔治指出，我们这个团队有 3 名民主党人和一名共和党人，这相当正确地显示出降低核武器的危险是一件无党派性的事，我们的观点从一开始就应被视作无党派性的。在乔治邀请基辛格参加后，西特自愿把他的名字从文章中删去，以增加无党派色彩①。乔治在 2007 年 1 月把这篇重要的专栏文章交给《华尔街日报》。5

我们预期这篇文章不会引起什么反应，除了一些安全专家们的评论，所以我们被来自世界各地的潮水般的信件和新闻报道所震惊，大部分人同意早就该对核武库及其态势再次做严肃的评估了。受此鼓舞，我们安排了与其他国家的现政府及前政府的高官们会见。在此后几年内，我们不断地参加各种旨在检验我们在专栏文章中提出的思想的会议，并会见俄罗斯、中国、印度、德国、意大利、挪威和英国的政府官员及非政府组织（Non-Governmental Organization，NGO）人士。

我们的专栏文章很自然地吸引了多年来从事核裁军的专家们的兴趣。他们之中的一些人抱怨说："你们为什么这么晚才说话？"但是多数人认为我们的专栏文章是一个黄金机会，可以促进他们追求的迄今未能成功的事业。这似乎是"和平主义者们"与"冷战勇士们"的联合，使他们的事业，现在是共同事业，更可信。

这个联合在某种意义上是真实的，但是依然存在差异。一位长期鼓吹核裁军的同事，布鲁斯·布莱尔（Bruce Blair）②，借此机会成立了一个叫作"全球零核"（Global Zero）③ 的新组织，它有一个吸引人的简单目标：

---

① 德雷尔、纳恩和佩里都是民主党人，舒尔茨是共和党人，所以民主党人对共和党人是 3：1。基辛格是共和党人，德雷尔换成基辛格使这个四人团队实现平衡，即两个民主党人（佩里和纳恩）和两个共和党人（舒尔茨和基辛格）。——译者注

② 布莱尔曾经是"民兵"洲际导弹的发射军官，1987 年到布鲁金斯学会任资深研究员，专注于外交政策和核战略。他提出"撤销处于警戒状态的核导弹，以降低偶然性误发射的危险"，并因此获得 1999 年的 35 万美元麦克阿瑟奖金。——译者注

③ "全球零核"是由 100 多位来自美国、中国、英国和印度等国的政治、军事、商界和宗教界名人共同参与的组织，旨在向各国领袖提建议，向公众做宣传，推动分阶段、可核查地消除世界范围内所有核武器。它于 2008 年 12 月在巴黎正式启动。——译者注

寻求一个禁止一切核武器的国际条约。我们团队的每一个成员都同布鲁斯及其他的“全球零核”成员交谈，以了解我们是否应设法合作，但是这个努力失败了。虽然在最终目标上是一致的，但是对于如何实现最终目标，我们有很不相同的想法。我们认为比较现实的做法不是寻求一个全世界禁止核武器的条约，而是逐步地降低核武库的危险，并且明确地说清楚为什么我们这样认为及如何按这个想法去做。正如萨姆·纳恩所形容的，我们在登山的基地营里，甚至还未到达半山腰，我们看不清楚尚处于云雾中的目标。我们只能一步一步地前进，知道这将是一个漫长而困难的历程，也知道每向上走一步就会使我们的世界更安全一些，即使我们永远到达不了顶峰。

我很遗憾，我们未能与“全球零核”找到更多的共同观点，尤其是自从他们在美国的许多学校里成功地成立了鼓动团之后。任何长期的成效肯定都需要冷战结束后出生的美国人对于核问题有比现在更好的理解。

一年后，我们在2008年1月的《华尔街日报》上发表了一篇后续的专栏文章[6]，叙述如何完成上一篇专栏文章中阐明的目标。我们叙述的一切步骤都是与走向零核一致的，但是每一步本身就改善了我们的安全，即使我们永远实现不了零核。此外，我们的目标是全球的前景。我们经历了冷战，它突出的重点是美国与苏联之间的两极核军备竞赛。在我们目前所处的时期，我们应该看到核武器的威胁比过去任何时候都更加全球化。

我们4个人在撰写一系列专栏文章时的共识是，这是一个无止境地吸引人和总是有教育意义的动态过程。在后台工作的是斯坦福大学的西特·德雷尔和詹姆斯·古拜及史蒂夫·安德森（Steve Andreasen）[①] 及美国核威胁

---

① 安德森曾任白宫的国安会主管国防政策与军备控制的主任（1993—2001），现在是NTI的国家安全问题顾问。—— 译者注

倡议组织（Nuclear Threat Initiative，NTI）① 的其他同事，他们共同参加了文章的起草。第一遍草稿总是引起大量电子邮件的往返，直到我们达成一致。这从来就是不容易的，的确，我们能达成共识是一个小奇迹。出人意料的是，一些分歧从来不是党派性的——也就是说，从来没有共和党观点与民主党观点的对抗，不过它们确实反映出我们在政府工作时所处的不同地位。作为国务卿，乔治和亨利比萨姆和我有更多的国际外交经验。他们二位都有出色地阐明自己观点的天赋，这通常使他们从前在签署政策文件时有最终定稿的权威。现在，他们要在严峻的重要问题上寻求共识，因此他们赋予伙伴们的观点以同等的权重就成为写作过程不可缺少的部分。他们每次都这样做，从而加强了使我们团结的纽带。

我把乔治看作我们团队的非正式领袖，但是他轻易不行使他的领导身份。当我们之中的某人希望在他的文本中做一个修改时，他认真地考虑修改意见，并说服我们接受他的原文或者礼貌地接受所要求的修改。我们都特别重视亨利的观点，因为他有广泛的外交经验，他的文笔流畅，而且受到国际领袖们的尊重。萨姆提出的观点总是有很好的论据，但是在产生分歧时，他就会利用担任参议院委员会主席时久经磨炼的、达成明智妥协的技巧（现在的美国参议院中缺乏这样的天才）。对于我而言，与 3 位世界上最有天赋和经验的国际政策实际执行者争论各种想法，是一个独特的宝贵经历。

---

① NTI 是纳恩参议员于 2001 年在华盛顿成立的民间组织，它的主旨是防止核武器及生物和化学武器的使用和扩散。它实施一些大项目（例如在 2003 年花 1 000 万美元把塞尔维亚一处废弃的反应堆中的核燃料运到俄罗斯混合和稀释），它还做一些宣传活动以提高公众对核危险的认知。2008 年它在维也纳设立了一个核安全研究所。它的经费来自私募和政府资助，例如曾得到过美国政府的 5 000 万美元、阿联酋的 1 000 万美元、欧盟的 2 500 万欧元、挪威的 500 万美元等。—— 译者注

考虑到我们大不相同的背景和居住地点分散，能在如此关键的事业上成功地合作，是值得纪念的。技术的力量大大地帮助了我们，给我们提供了许多交流思想和排除分歧的联系渠道——我们一年只亲身会见几次。然而，最重要的是我们互相尊重和信任，这使我们能开诚布公地表达自己的观点。

世界各地的前官员们对我们的专栏文章和拜访做出反应，他们开始为一个没有核武器的世界而呼吁。13 个国家——包括英国、法国、德国、意大利、俄罗斯和韩国——的前政府官员们组成类似的团队，撰写类似观点的专栏文章，支持我们的倡议和帮助推动他们自己的政府采取行动。我们到其中的许多国家与新成立的团队协调战略和信息，并会见一些国家的领导人。

由于涉及深层次的道德问题，一些宗教领袖也开始介入。在冷战时期，天主教的主教们和福音派的新教徒们写文章质问使用或威胁使用如此致命的武器的道德理由。那时最著名的是一个天主教的主教团队写的论文，它的结论是核遏制在"正义战争"的名义下是正当的。现在，教会团体在重新审视这个问题。天主教的主教们和福音派的新教徒们在评估他们从前的工作，比尔·斯温①（Bill Swing）创建的一个跨教派团体（宗教联合倡议，United Religions Initiative）开始研究这些问题。

我们每个人通过单独和集体行动深入参与演讲、写作和参加国际会议。我们把自己称为"核安全团队"（非正式的称呼是"四骑士""四重奏"或"四人帮"）。我们的工作由核威胁倡议组织（NTI）协调和支持，NTI 是萨姆·纳恩和泰德·特纳创立的一个组织，从它在 2001 年成立起

---

① 斯温是斯坦福大学区的基督教神父。—— 译者注

我就是它的理事会成员。NTI 设计和实施直接降低威胁的各种项目或向各国政府展示如何更快、更灵活和更大范围地降低核威胁。它还利用它的声音提高公众的认知和提出建议。

后冷战时期 NTI 特别紧急重要的步骤之一是在改善库存的裂变材料的安全保管中起领导作用。一个著名的事例是督促从塞尔维亚移走大量库存的裂变材料。这件事使美国政府设立了一个重要的项目，移走并最终混合稀释世界上易被盗用的核材料。在沃伦·巴菲特（Warren Buffet）① 的大量资助下，NTI 在国际原子能机构（IAEA）设立核燃料库②以降低核扩散方面起到了关键作用。NTI 在 2012 年发表了它成立以来的第一个报告，给每个国家的裂变材料安全保管的有效程度评级。NTI 还制作了一部电影《最后的最佳机会》（Last Best Chance）以教育公众认识核武库的危险[7]。除了核安全问题，NTI 还在由于自然界的原因或生物恐怖主义而造成的生物流行病的预警方面做了大量工作。

核安全团队在 2009 年决定支持一部讲述我们的观点的文献电影，我们相信一部制作精良的电影能比我们的专栏文章和演讲有更多的受众。NTI 同意制作这部形象地描述核危险的电影，其中包括采访我们每一个人。这部在 2010 年推出的名叫《核引爆点》（Nuclear Tipping Point）的电影[8]由本杰明·戈达德（Benjamin Goddard）导演，迈克尔·道格拉斯（Michale Douglas）解说和科林·鲍威尔将军推荐[9]。我的同事和我在美国的许多城市组织了放映，在每次放映后接受提问。我们在放映时发放这部

---

① 巴菲特是国际金融界的大亨，他是伯克希尔－哈撒维公司的总裁，他的财富在 2015 年居世界第二位，他在 2006 年宣布在他去世后把全部财产捐赠给慈善事业。—— 译者注
② 核燃料库的作用是各国不必为自己需要的核燃料生产浓缩铀，而由 IAEA 统一供应。—— 译者注

电影的视频光碟，并请拿到光碟的观众在他们的社区中播放，以促进广大市民讨论这些事情。我们的工作受到政府、专家、非政府组织、朋友和家庭成员们的支持。

我们的专栏文章引起了《纽约时报》的编辑和《秘密帝国》（*Secret Empire*）的作者菲尔·陶勃曼的注意。他建议写一本书，叙述我们5个人（专栏文章署名者加上西特·德雷尔）是如何作为多年的"冷战勇士"达到现在关于核武器的想法的故事［这本名为《伙伴关系》（*Partnership*）的书在2012年出版］。[10]

在2008年总统大选期间，参议员麦凯恩和参议员奥巴马都说支持罗纳德·里根的无核世界的观点。在2008年年底，公众的支持和动力在增长，但是我们知道非官方的二轨倡议只能走这么远，各国政府必须采取行动才会产生实际效果。在那时，没有一个政府有行动。

此后，在2009年年初奥巴马宣誓就职仅过了10个星期后，他在布拉格发表演说，其中包括现在成了名言的"我怀着信念明确地宣布，美国承诺寻求一个没有核武器的和平而安全的世界"。[11]布拉格的群众欢呼着表示赞成。我在家收看这个演说的电视转播时也激情满溢。这真的会发生吗？自那时以来，我常常重放这段演说的录像，每次都备感激动。

几个月后在莫斯科的峰会上，奥巴马总统与俄罗斯总统梅德韦杰夫联合宣布他们支持世界无核武器，并承诺向新的削减武器条约前进。此后，在9月份，奥巴马总统主持了联合国安理会的高峰会议，在那次会议上一项支持核裁军的决议以令人惊讶的15∶0获得通过[12]。我有幸与舒尔茨、基辛格及纳恩一起参加了这次历史性会议，并认为这是我们一起工作的高潮之一。随着势头的增长，世界各国政府开始行动起来。日本和澳大利亚成立了核不扩散和裁军国际委员会，我是其中的美国委员[13]。

2009 年似乎是真正的"奇迹年"（Annus Mirabilis）。这个词通常用于描述科学上的两个奇迹般的突破：1666 年牛顿发表了他的关于引力和光学理论的里程碑式的论文及 1905 年爱因斯坦发表了 3 篇里程碑式的论文，包括相对论。我还记得捷克斯洛伐克总统瓦茨拉夫·哈维尔（Vaclav Havel）① 把 1989 年称为"奇迹年"，那一年所有的东欧国家几乎不流血地获得了独立，那一年以柏林墙的倒塌而结束。

如果 2009 年是奇迹年，那么 2010 年应该是行动年。那个行动在 4 月份一个值得纪念的星期开始了。在 4 月 6 日，星期二，奥巴马发表了他热切等待的《核态势评估报告》②，它明确地缩小了核武器在美国军事战略中的作用。那天晚上他在华盛顿的白宫剧院主持了《核引爆点》的首演，他的客人包括我们 4 个在电影中接受访问的人及我们的夫人、NTI 的主要官员和总统国家安全团队。总统在介绍这部电影时说，我们关于核武器的观点指引了他的思维和行动，他同时敦促他的安全团队以此为指引。

星期三，总统去布拉格会见梅德韦杰夫总统。星期四，俄罗斯和美国签订了新的军备控制条约——New START，接着是两位总统的双边会见。那个周末，49 个国家的元首到达华盛顿，他们在星期一和星期二举行了第一次核安全峰会以加强世界控制裂变材料的措施。

4 月 29 日，参议院外事委员会举行它的第一次关于 New START 的听证会，两位新的做证者是詹姆斯·施莱辛格（James Schlesinger）③ 和我。

---

① 哈维尔（1936—2011）是剧作家，在 1958 年的"布拉格之春"中被流放，他后来又因参加起草"七七宪章"而被囚禁（1979—1983）。在 1989 年年底的所谓"天鹅绒革命"后于 1990 年当选为捷克斯洛伐克联邦总统。在捷克和斯洛伐克分裂成两个国家后，他担任捷克共和国的总统（1993—2002）。——译者注

② 这是国防部从 1994 年起撰写的，自 2002 年起成为季刊。

③ 施莱辛格（1919—2004）曾是经济学教授，共和党的鹰派人物。他在尼克松和福特总统时期担任过能源部长、中情局局长和国防部长，在卡特总统时期也担任过能源部长。——译者注

听证会大体上是友好的，委员会的双主席和资深成员——约翰·克里
（John Kerry）① 和理查德·卢格——非常友善。但是该条约在参议院遇到
以参议员乔恩·凯尔（Jon Kyl）② 为首的难以对付的反对派。很难想象该
条约能在严重分裂的参议院中得到批准所需的 2/3 多数票。但是在 2010
年 12 月 22 日，出乎许多敏锐的政治观察家们的预料，那一届的参议院在
其最后一次"跛脚鸭子"③ 全会上以 72 张赞成票批准了该条约，得到这
个结果是由于 13 位共和党人违背了他们的领袖的意愿投了赞成票。假如
参议院不批准 New START，美国将被取消其领导世界的地位，全球核裁军
的努力将烟消云散。俄罗斯的杜马议会也批准了这个条约。

　　这一切都令人深感欣慰。但是很快一股反扑的浪潮开始兴起。降
低核危险的进展开始被阻挡甚至逆转。在 2011 年美国和俄罗斯开始了
长时间的向后倒滑，除了第二次和第三次在首尔（2012 年）和海牙
（2013 年）的核安全峰会。一些老思维模式开始重新发力并阻挡降低
核威胁有利于共同利益的观点。逐年回顾这些挫折是发人深省和有教
育意义的。

　　我本来以为是无争议的批准 New START 事实上从一开始就是政治上
有争议的，这使奥巴马总统在他的第一届任期内没有把《全面禁止核试验
条约》（CTBT）提请批准（CTBT 是克林顿总统在 1996 年签署的，我在那
时是国防部长，但是它在 1999 年提请参议院批准时被严格按照党派划分

---

①　克里曾任参议院外交委员会主席；他在 2004 年是民主党的总统候选人，在大选中输给小
布什；他在奥巴马总统的第二届任期内任国务卿。—— 译者注

②　凯尔是共和党人，1988—2012 年曾任四届众议员和三届参议员。—— 译者注

③　美国总统的每届任期是 4 年。国会的 435 位众议员的任期是两年，在总统任期一半时要
改选全部众议员，称为"期中选举"。国会的 100 位参议员任期为 6 年，每两年的期中选举改选
其中的 1/3。所以，在双数年的年底本届国会的参、众两院期满，它们就被称为"跛脚鸭
子"。—— 译者注

的投票否决）。

与此同时，朝鲜正在制造和试验核武器，伊朗似乎开始朝这个方向活动。显然，如果朝鲜和伊朗不停止制造核武器，其他国家将可能紧随其后，《核不扩散条约》就会无用。

在此同时，巴基斯坦和印度正在制造更多的裂变材料和核武器。最不祥的征兆是巴基斯坦正在研发"战术"核武器，即用于战场而不是用于遏制的武器，这些事件无情地增加了恐怖集团或者在地区性战争中使用核炸弹的可能性。

随着俄罗斯的普京总统接替梅德韦杰夫及美国继续在欧洲部署弹道导弹防御（BMD）系统，俄罗斯表示对 New START 之后的条约没有兴趣。

核安全团队对这一系列令人不安事件的反应是重新加强它的努力，使美国和世界返回降低核危险的工作。我们开始接触宗教界的领袖们，请他们向他们的信徒传播紧急信息。我们注意到，我们在欧洲的对应团体已成立一个"欧洲领袖网络"（European Leadership Network），这鼓励了 NTI 也在北美洲成立一个名为"核安全领袖委员会"（Nuclear Security Leadership Council）的类似团体，它包括比我们年轻一代或两代的成员。在亚太和拉丁美洲也成立了类似的网络。即使世界尚未准备好认真地向一个无核武器的世界迈进，它必须认真地向着降低当今世界面临的很现实和很大的危险的方向前进。

在 2013 年，我们（舒尔茨、佩里、基辛格和纳恩）写了第五篇《华尔街日报》专栏文章[14]，提出了为大幅度降低那些危险应采取的一些步骤的细节。这些步骤中最重要的是：

改变核力量的态势以便给领袖们延长决策时间。我曾在前面讲述了我个人经历的那次可能触发核浩劫的虚假核攻击警报。那不是冷战时期唯一一次虚假警报。斯科特·萨根（Scott Sagen）① 划时代的书《安全的极限：组织、偶发事件和核武器》（*The Limit of Safety*：*Organizations*，*Accidents*，*and Nuclear Weapons*）记录了令人不安的现实，发生灾难的可能性随着技术的复杂化而增加，而核武器是人类已知的最复杂技术[15]。埃里克·施洛瑟（Eric Schlosser）② 最近的书《指挥与控制：核武器，大马士革事件和安全的幻觉》（*Command and Control*：*Nuclear Weapons*，*the Damascus Accident*，*and the Ilussion of Safety*）[16]揭示了大多不为人们所知的核事故或近似核事故的令人不寒而栗的故事。这些关于虚假警报的故事旨在使我们认识到，当我们的领导人必须在几分钟内做出影响我们的星球存亡的决策时，我们面临着巨大的毁灭。在冷战时期，我们可以有理由认为短时间做出反应是必要的，但是今天这些理由显然已不适用，然而我们还在使用冷战时期为紧急情况研制的旧系统。美国应该解除一切带着核弹头的弹道导弹在几分钟内准备好发射的立即发射状态，现在该是以此为明确目标的时候了。

加快按照 New START 削减核力量。美国能够加速已在 New START 中同意的削减核武器，并且宣布它准备把低于这个水平作为国家政策。美国还能宣布支持美国和俄罗斯共同减少在欧洲的战术核武器，我认为它对北约和俄罗斯不是军事资产而是危险。从长期看，美国和俄罗斯应寻求大量削减它们的核力量，包括未被现有条约涉及的数千件战略和战术核武器以及数千件也未被现有条约涉及的后备或库存核武器。但是，在核裁军方面

---

① 萨根自 20 世纪 80 年代末至今一直是斯坦福大学国际安全与合作研究中心（CISAC）的研究员，21 世纪初担任过 CISAC 的主任。——译者注

② 施洛瑟是《大西洋月刊》的调查记者，他在 2013 年 9 月出版的这本书中揭示了 1980 年一枚大力神-Ⅱ型洲际导弹的爆炸事故，幸亏这枚导弹没有携带核弹头。——译者注

的任何进展将要求美国和俄罗斯解决造成互不信任和担忧的其他安全问题。

核查和透明度倡议。缺乏建立合作与互信所必需的可靠的核查和透明度，就不可能达成削减核武器协议。在 NTI 合作下，美国为了削减和控制核武器及裂变材料而在 2014 年率先提出新的核查倡议，它涉及美国的核武器实验室和世界上参与发展关键技术和创新的科学家。

保证核材料的安全以防止灾难性的核恐怖主义。制造核炸弹所需的核材料目前储存在世界上 25 个国家的数百个场所，少于 10 年前的 40 多个国家，这是一个重要的进步。但是，剩下的这些场所仍然安保不周，使这些致命的材料易于被盗或卖给黑市。在核安全峰会期间所做的关于确保核材料安全和改善合作的承诺是重要的，它能改善未来几代人的安全。然而，尽管世界各国的领导人日益重视核安全，却仍然没有研发和部署对一切可用于武器的核材料进行跟踪、核查、管理和安保的全球系统。世界各国的领袖们应合作填补这个空白，承诺建立一个全球核材料的全面安保系统，确保一切可用于武器的核材料不被未经授权的接触和被盗。这个承诺可以为 2016 年的核峰会带来极其正面的成果。

总之，2007—2010 年是一个在核裁军和走向无核武器世界方面有所进展的令人兴奋的时期，接着却是 2011—2014 年令人沮丧的减缓和停滞的时期。但是那些令人沮丧的情况还只是 2014 年开始转向危机事件的前奏，那时俄罗斯派它的军队进入乌克兰，美国称之为"令人难以置信的侵略行为"，并组织了针对俄罗斯的国际制裁。制裁在经济上是有效的，但在政治上无甚效果。俄罗斯继续并吞克里米亚和支持乌克兰东部的分裂主义力量。

结果是，俄罗斯与美国的关系降到自冷战以来的最低水平。我们开始

新的核军备竞赛，而远非最近 20 年来实施的持续核裁军。俄罗斯有一个
正在进行的大量重建核武器的计划。他们正在制造、试验和部署两种新的
携带分导式多弹头（MIRV）的 ICBM（根据老布什总统谈判的条约，它
们是非法的）。他们在制造和试验新一代的核潜艇及其携带的潜射弹道导
弹（SLBM）。他们正在制造近程弹道导弹，旨在恫吓他们在东欧的邻居。
所有这些新项目促使俄罗斯为它的新导弹试验新弹头。按照他们的新路
线，我预计他们将很快退出《全面禁止核试验条约》（CTBT），开始核
试验。

在我们尚不能完全了解其中的风险时，俄罗斯军官的陈述把事情讲清楚
了。他们已经摒弃了长期以来的"不首先使用"核武器的政策，他们准备
用核武器对付任何安全威胁，无论是不是核威胁。他们明确地用部署在加里
宁格勒的伊斯坎德尔导弹威胁东欧国家。他们还暗示性地威胁美国：普京总
统任命的俄罗斯媒体主管德米特里·吉瑟尔沃夫（Dmitry Kiselyov）在 2014
年 3 月 16 日发布了如下声明："俄罗斯是唯一能把美国变为放射性灰尘的
国家。"

在所有这些挑衅性的声明和行动继续发生的同时，美国已在考虑如何
使其核武库现代化。显然的选择是以牙还牙，这导致在今后 20 年内美国
可能花费 1 万亿美元，并以我们自己的核试验匹配俄罗斯的核试验。这肯
定比选择不理睬俄罗斯的行动和声明更有可能。

我们只能期望我们的领袖们尽一切努力寻求第三种选择——这个选择
将需要我们以数十年来未展示过的本领同俄罗斯人进行外交。这样做的挑
战是令人心悸的，但是不这样做可能是灾难性的。

尽管有严峻的倒退，"核安全团队"将继续其工作。失败的后果——核
炸弹被恐怖分子使用或者在一场核战争中使用——对于我们决心行动的任

何阶段都是灾难性的。我们将继续寻求能减少核武器危险的具体措施。虽然目前的国际气候不利于向无核武器世界前进，我们仍将不放弃这个愿景。我们确实认为，我们建议的这些降低核危险的具体步骤将得不到国际支持，除非它们与最终消灭核武器的愿景相联系。我们同样认为，这个愿景将永远不可能一蹴而就，只能是一步接一步的推进，每一步都使我们更安全一些。

25

前进之路：
希望世界无核武器

我相信人不仅将勉强存活：他将超越一切。

—— 威廉·福克纳（William Faulkner）接受

诺贝尔文学奖时的致词，1950年12月10日[1]

这本书讲述的故事是我在数十年里为降低核灾难而做的努力，包括有几次世界处于核战争的边缘。

我希望我在核战争边缘的历程能得到世界各地的男女青年们的共鸣。现在有些人正站出来，他们将继续对付同样可怕的挑战。这个挑战是我作为一名青年士兵于 1946 年在战后日本的瓦砾堆中第一次认识到的。我亲眼见到现代战争前所未有的破坏力。天空中突然出现一个新火焰的景象困扰着我。现在这个火焰将比从前强 100 万倍。第二次世界大战的武器摧毁过城市，今日的武器能摧毁文明本身。

在当代，有一些令人鼓舞的乐观声音：人类的暴力行为正在减少；全球的政治趋势显示，我们可能正在广泛地建立一个人性化的治理，即使是不稳定的；全球的市场经济把数百万人从悲惨的贫穷中救出来是可信的。这个向上的进步确实是有希望的，但是核冲突可能最终在历史的一瞬间使所有这些成果逆转。

我们的主要危险是，全球公众对悬在头上的核灾难缺乏认知，这个灾难的许多源头是隐藏在海水和遥远的荒地下面的①，到处存在着消极性，这可能是一种失败主义及伴随它的心不在焉。有些人认为这大体上是一种最原始的人类面对"不可思议"的事物时的瞎担忧。另一些人认为有或可能有可行的防卫核打击的导弹防御系统，这可能是一种值得欣慰的幻想。许多人似乎继续相信核遏制将无限期的有效，因为领袖们总是能对情况有

---

① 指陆基和海基的核武器。——译者注

足够准确的实时了解，知道事件的真实背景，还有避免最悲惨的军事误算的好运气。

面对公众的这种消极性，能有理由相信我们可采取严肃的行动以降低致命的核危险吗？多年前，在那些最黑暗的冷战日子里，当进一步降低核武器危险的阻力甚至比今天更大的时候，约翰·肯尼迪总统敦促我们相信我们能成功：

> 我们有太多的人认为这是不可能的，太多的人认为这不现实。但是，这是一种危险的失败主义信念。它导致的结论是：战争不可避免，人类注定灭亡，我们被自己不能控制的力量所劫持。我们不接受这种观点。我们的这些问题是人为的，所以它们可以被人解决。[2]

今天依然如此。核武器的危险是令人气馁的，但是我们必须认识这个威胁并付出努力降低这个威胁。可以肯定的是，只要核武器被一些国家作为战争计划的一部分而予以部署，我们就永远不能确定它不在地区性战争中或被恐怖集团利用。即使只爆炸一枚核弹，它造成的伤亡将超过"9·11"事件数百倍，此外还会产生能破坏我们生活方式的经济、政治和社会后果。然而，我们能采取一些行动，大大地减少这种灾难的可能性，采取这些行动应该成为我们的最高优先任务。

我们必须尽自己所能以确保核武器不再被使用。

我在上一章叙述了在取得两年的降低核危险进展后，前进的步伐是如何中断的，而且现在已开始倒退。还是那些传统的问题：像往常一样的政治，狭隘的经济利益，民族主义而不是国际合作，缺乏对核危险的想象力。

这些熟悉的障碍深深令人气馁，但是我们必须坚持。我们的反应不应是消极、失败主义和幻想。有足够多的大有可为的历史事实——我在本书中叙述过其中一些——可以提供立足于事实的希望，人类将能应对当今核武器造成的威胁，我们将采取必要的行动降低核危险并最终消除它。

我已经叙述了正在进行的鼓舞人心的关于核威胁的倡议和核安全计划，它们专注于降低核危险的具体步骤，即使世界上还有数千枚核武器。世界上许多政府已采取重要措施使我们免受核武器威胁，我们必须记住下列这些事实：

在引导乌克兰、白俄罗斯和哈萨克斯坦无核化的国际行动中，我们在消除冷战的敌意后很快就展示了有希望成功的、共同努力降低核危险的现实。

在我们于 2007—2008 年发表的署名专栏评论中，舒尔茨、基辛格、纳恩和我呼吁采取具体的实际行动提高近期的世界安全，这些行动能够最终引领我们实现无核世界。自那时起，我们在专栏评论中提到的那些想法受到了令人瞩目的国际广泛支持，包括信件、社论、成立著名的顾问团队、奥巴马总统的布拉格演讲及联合国安理会一致通过的呼吁世界走向无核武器的决议。

但是，我们必须回顾过去在说与做之间的老差别。虽然世界上领先的国家已说了正确的事情，但是它们做了些什么？

答案是：它们做的足以证明有希望。

重要的是，在奥巴马总统的布拉格演说之后的一年里，美国和俄罗斯签署了 New START，它要求双方减少已部署的核力量。减少本身只是少量的，该条约的主要价值是在美国与俄罗斯之间重新激活了关于核问题的对话，并建立了对我们部署的核力量有更大透明度的全面检查措施，这具有绝对关键的重要性。

不过，在奥巴马布拉格演说后，更重要的行动是建立每两年一次的核峰会，重点是更好地控制散布在世界上的核裂变材料。因为恐怖集团寻求核炸弹的最主要障碍是制造裂变材料的难度和复杂性，严密地保障那些材料的安全是阻止发生可怕的紧急事件的最好方法。同时，我们必须谨记美国和俄罗斯的武器库依然具有超杀能力，虽然它们只是冷战高峰时期的一小部分。

这些活动显示，负责任的政府能认识到核武器的危险并采取行动降低其危险。但是，为迄今为止取得的这些成就而沾沾自喜，却看不到它们只是受欢迎的前奏，那就不明智了。我们必须抱有紧迫感地开展广泛和严肃的工作，降低核危险，这样做的一些措施已在前一章中提出了。

这些行动都是复杂的，需要许多年才能全部完成。我的一些同事，特别是"全球零核"运动中的那些人，认为我们强调的一些实际步骤贬低了他们通过一个国际协议立刻把核武器降为零的目标——这是从《核不扩散条约》的主要后果意义上看问题。然而，根据我长期介入核危机获得的经验，我的观点是，我们的这些步骤是使降低核危险取得实际进展的不可缺少的前奏。

我确实认为，不采取一些初始步骤，我们就没有希望达到一个无核世界。但是我也认为，如果不把这些困难的步骤与一个愿景相联系，我们将不能汇聚公众的意愿。问题不在于采取这些步骤要花多长时间，问题在于世界上的各国政府现在不向着实施这些步骤的方向迈进。

各国政府的贻误首先是因为它们没有受到选民们足够的压力迫使它们行动。我重申一个重要的根本性论点：美国和世界各地的人民实际上没有理解他们面临的来自今日的核武库的危险。相当大的一部分普通公众显然认为核危险随着冷战的结束而消失了。虽然（谢天谢地）我们的中小学生不再受"猫着腰，钻进去，躲起来"的训练，公众对这个前所未有的问题缺乏认知使民主政府很难采取昂贵而不方便的行动。显然，在一次核打击之后，公众——如果还有剩下的公众——的不在意会立即消失，不过，在打击之前消除这个威胁岂不是更好。

为了使世界在降低核威胁方面有实际进展，美国必须起带头作用。除非美国人懂得这样做的重要性，即核武器在今天不再像它在冷战时期那样为我们提供安全，而是危及我们的安全，否则美国将无法起到带头作用。公众和领导人必须明白，预先制止核冲突有利于超越一切的共同利益，并且在重要性方面超过狭隘的地区利益和传统的政治。

采取预先防止核武器再次被使用的建设性行动的关键是教育公众。在上一章中叙述的核威胁倡议组织从事的一些重要项目，将提高公众对核危险的认知。我已把自己的时间和精力奉献给提高我们的年轻一代的认知——千禧年的一代及其后的几代，现在他们是十几岁和二十几岁。这是自然的选择，因为我在大学里周围都是年轻人。但是我要接触比一所大学的学生多得多的听众——接触一切大学的学生，接触高中学生，接触不属于学校的年轻人。处理核危险问题将需要几十年，最终将需要美国和全世界现在的年轻人去解决。我这一代处理过冷战时期的核危险，今后的几代人必须处理我们留下的致命的核遗产。

我在自己的历程中建立了对于人类有能力应对危机的信念，即使是应对最恶劣的战时紧急事件，人类出于共同的利益而能一起做出牺牲并承诺做最大的善事。我在本书中列举了许多人的事例，包括世界各地的国家首脑、外交家、军队领导人、立法机构的人、科学家、技术人员、公司主管和普通公民。当人民受到关注时，当他们参与思考核危险时，当他们合作拟定各方都被公正对待的协议时，他们就能取得巨大的进步。核时代要求有新的思维模式，人民将明白这一点。给人民一个机会，他们就会懂得。

怀着上述信念，我开始做一档网络节目（www. wjperryproject. org），在这个节目里，我试图在力所能及的范围内实践我关于人民和核危机的久经考验的信念。这本书是第一步。虽然这本书能清晰地展示我的思想，但不能单靠它去接触我需要提请注意的大量民众。尤其是，它不可能像互联网传递信息那样接触尽可能多的年轻一代。相应地，我制作了对所有人开放的和使用移动装置能接入的在线节目，希望它能被全世界的年轻人看到。

大量的经验确实使我认识到我给自己安排的任务是多么艰难。我知道我为减少世界今日面临的核危险的工作可能是事实上不可能成功的追求。

但是涉及的成败代价是如此之高，对人类的危险是如此之高，使我正在把自己的余生奉献给力所能及的降低危险的工作，而不是缩回去过舒适的退休生活。我之所以这样做是因为我认为时不待我。我这样做是因为我帮助建立了各种冷战的核力量，所以知道如何拆除它们，而且我认为我有特殊的责任这样做。于是，我在核战争边缘的历程仍在继续。

在我被挫折困扰时，在障碍似乎不可逾越时，在我因自己所看到的周围的冷漠而感到气馁时，在我因我们将让核武器终止我们的文明而感到绝望时，在我准备放弃我的使命时……我回想起威廉·福克纳于1950年12月，朝鲜入侵韩国仅6个月之后，接受诺贝尔奖时的演讲：

> 不再有士气问题，有的只是一个问题：何时我将被炸碎……我拒绝接受人类将终止存在。说人是不朽的，很容易，只是因为他将存活：当末日的钟声敲响时，当最后一块无用的岩石平静地悬在最后的红色晚霞中时，即使在那时仍将有一个声音：人的虚弱细小但永不枯竭的声音在继续诉说。我拒绝接受这一切。我相信人不仅将勉强存活：他将超越一切。

注 释

前 言

1. Coll, Steve. *Ghost Wars*: *The Secret History of the CIA*, *Afghanistan*, *and Bin Laden from the Soviet Invasion to September 10*, *2001*. New York: Penguin, 2005. Pg. 10. Bergen, Peter L. Holy War, Inc.: Inside the Secret World of Osama Bin Laden. New York: Free Press, Simon and Schuster, 2001. Pg. 97.

第一章

1. Kennedy, John F. "Radio and Television Report to the American People on the Soviet Arms Buildup in Cuba, October 22, 1962. " JFKWHA-142-001, 22 October 1962. Accessed 25 August 2014.

2. 同上。约翰·肯尼迪在"1962 年 10 月 22 日向美国人民报告苏联在古巴的武器升级"中宣布:"已开始对向古巴运输一切进攻性武器的船舶实施严格的禁运。从任何国家或任何港口驶向古巴的任何船舶,如果其货物被发现有进攻性武器,都将被退回去。"

3. Kessler, Glen. "An 'Eyeball to Eyeball' Moment That Never Happened. "

New York Times，23 June 2014. Accessed 25 August 2014. 在古巴导弹危机后，有些报刊发表了关于肯尼迪和美国取得胜利的文章，引用了国务卿迪安·腊斯克（Dean Rusk）的讲话：“我们眼对眼，我认为那个家伙先眨了眼。”

第二章

1. Albert Einstein，telegram，23 May 1946，quoted in "Atomic Education Urged by Einstein；Scientist in Plea for ＄200,000 to Promote New Type of Essential Thinking." *New York Times*，24 May 1946.

2. Senauth，Frank. *The Making of the Philippines*. Bloomington，in：Author-House，2012. Pg. 85.

第三章

1. Powers，Thomas. *Intelligence Wars：American Secret History from Hitler to Alqaeda*. New York：New York Review of Books，2002. Pg. 320.

2. Eckhardt，Roger. "Stan Ulam，John von Neumann，and the Monte Carlo Method." *Los Alamos Science*，Special Issue（1987）. Accessed 7 November 2013. 蒙特卡罗方法是乌拉姆和诺依曼建立的统计抽样技巧。这个技巧的思路最初是乌拉姆在 1946 年作为预测扑克牌游戏的成功概率而提出的。后来，乌拉姆和诺依曼在洛斯阿拉莫斯研制原子弹时将其发展为用中子衍生率预测裂变物质爆炸行为的方法。乌拉姆在 1948 年向原子能委员会报告了在裂变武器（即原子弹）之外使用这个方法。

3. Snow，C. P. *Science and Government*. Cambridge：Harvard University Press，1960. Pg. 47.

4. Pedlow，Gregory，and Donald Welzenbach. *The CIA and the U-2 Program，1954 – 1974*. US Central Intelligence Agency，History Staff Center for the Study of

Intelligence，1998. Pgs. 100 – 104. Accessed 25 August 2014. U – 2 的第一次侦察飞行是在 1956 年 6 月 20 日，星期三。在 1956 年 7 月 4 日，星期三，第一次飞越苏联上空。

5. Taubman，Philip. *Secret Umpire：Eisenhower，the CIA，and the Hidden History of America's Space Espionage.* New York：Simon and Schuster，2003.

6. US Central Intelligence Agency. "Report of DCI Ad Hoc Panel on Status of the Soviet ICBM Program." DCI Ad Hoc Panel to Director of Central Intelligence，August 25，1959.

7. 全面禁止核试验条约组织的预备委员会"1961 年 10 月 30 日——沙皇炸弹"。1961 年 10 月 30 日在俄罗斯北冰洋地区的新地岛试爆了历史上最大的核弹。它的当量是 5 000 万吨。苏联工程师们把它的实际当量 1 亿吨减少了约一半，以减少降落的沉积物。这枚炸弹的正式代号是 RDS – 220 氢弹，西方给它起的外号是"沙皇炸弹"（苏联人给它起的外号是"伊凡"，这是俄罗斯历史上著名的暴君。——译者注）。这枚核弹是由飞机空投的，它带着延缓下降的降落伞，使空投的飞机有足够时间逃避。有人曾做过估计，驾驶员及机组人员存活的概率只有 50%，炸弹的爆震波使飞机立即失去 1 公里的高度。

8. ESL 公司（Electromagnetic Systems Laboratory，Inc.）成立于 1964 年 1 月，在加利福尼亚州注册。董事会创始人是威廉·佩里（首席执行官）、詹姆斯·哈里（James M. Harley）、克拉伦斯·琼斯（Clarence S. Jones）、詹姆斯·奥勃莱恩（James F. O'Brien）和阿尔弗雷德·哈尔特曼（Alfred Halteman）。

第四章

1. Stanford Graduate School of Business. "Franklin Pitch Johnson." Accessed 6 November 2013. 富兰克林·P·约翰逊在 1962 年成立了 Draper and Johnson 投资公司。

2. Stanford University, Stanford Linear Acceleration Center. "A Brief Biography of Wolfgang K. H. Panofsky. " Accessed 26 August 2014. 在基本粒子物理领域，作为研究者、加速器的建造者和基础研究的管理者，潘诺夫斯基有深远的影响。他从1951—1963年在斯坦福大学任物理学教授，从1953—1961年任斯坦福高能物理实验室主任，从1961—1989年任斯坦福直线加速器中心（Stanford Linear Accelerator Center，SLAC）主任，自1989年起是SLAC的荣誉退休主任，直到他于2007年9月在加州的洛斯·阿尔托斯家中去世。[潘诺夫斯基曾获2000年中国颁发的国际科技合作奖，以表彰他帮助中国科学院高能物理所建造直线加速器。——译者注。]

3. Stanford University, Center for International Security and Cooperation. "Sidney D. Drell, MA, PhD. " Accessed 26 August 2014. 西特尼·德雷尔（昵称西特）现在是胡佛研究所的资深研究员、斯坦福大学的SLAC国家加速器实验室理论物理教授（荣誉退休）。他协同创立了斯坦福大学的国际安全与合作中心，从1983—1989年是该中心的两主任之一。他是JASON的创始人之一，JASON是一个由学术专家们组成的团队，为政府提供关于国家重要问题的咨询。他也是洛斯阿拉莫斯国家实验室的理事会成员之一。

第五章

1. 摘引自吉恩·富比尼（Gene Fubini）与比尔·佩里于1977年3月在五角大楼的谈话，非原话。

2. Center for Strategic and International Studies. "Harold Brown. " Accessed 26 August 2014. 杰米（詹姆斯）·卡特总统在1977年1月20日提名哈罗德·布朗担任国防部长。他在当天获得参议院通过并宣誓就职，并担任此职至1981年1月20日。

3. Pace, Eric. "Eugene Fubini, 84; Helped Jam Nazi Radar. " *New York Times*,

6 August 1997. Accessed 26 August 2014. 尤金·富比尼（吉恩·富比尼）是物理学家和电子工程师，他在肯尼迪和约翰逊执政时期任助理国防部长。在1943—1944 年，他是美国陆、海军在欧洲战场上的技术观察员和科学顾问，他在那里协助搜索和干扰纳粹的雷达信号。1961 年进入五角大楼的国防研究与工程局。肯尼迪总统在 1963 年任命他为助理国防部长，负责军事工业的研究和发展项目。

4. Stanford Engineering. "Paul Kaminski（PhD'71 AA）." November 2007. Accessed 26 August 2014. 卡明斯基于 1976—1977 年作为空军军官在军队的工业学院学习时遇到佩里。佩里请他担任特别顾问。这是卡明斯基第一次接触隐形飞机项目。卡明斯基后来在 1994 年 10 月 3 日—1997 年 5 月 16 日担任负责采购和技术的副国防部长。他负责国防部的全部研究、发展和采购项目。

5. Nuclear Threat Initiative. "Sam Nunn." Accessed 26 August 2014. 萨姆·纳恩从 1972—1996 年做了 24 年代表佐治亚州的参议员。他在美国参议院担任过军委会及其常设调查小组的主席。他还是情报和小企业委员会的成员。他和泰德·特纳（Ted Turner）在 2001 年创建了一个非营利和无党派的组织，名为"核威胁倡议组织"（Nuclear Threat Initiative，NTI）。[泰德·特纳是有线电视新闻网 CNN 的创始人兼时代华纳公司的董事长，泰德（Ted）是爱德华（Edward）的昵称。——译者注]

第六章

1. *The Atlantic.* "World War II：Operation Barbarossa." July 24，2011. Accessed 26 August 2014. 巴巴罗萨行动是指纳粹德国和它的轴心国在 1941 年 6 月 22 日大举入侵苏联。[《大西洋月刊》（*The Atlantic*）是政治、科学、文学、艺术的综合性刊物，坚持无党派和无偏见的原则，在美国很受欢迎。"巴巴罗萨"是意大利语"红胡子"，这是希特勒特别崇拜的德意志皇帝腓特烈一世的绰号，腓特烈一世为取得神圣罗马帝国皇帝的称号而进军罗马，大肆残杀，罗马帝国的意大利人形容鲜血染红了他的胡子，称他为巴巴罗萨（红胡子）。——译者注]

2. US Army. *Army Ammunition Data Sheets*：*Artillery Ammunition*. Washington，DC：GPO，April 1973. Pg. 2. 铜头蛇是分散装弹、激光制导、高爆炸药、加农炮发射的炮弹，旨在对付坦克、装甲车和其他活动或静止的硬目标。

3. Raytheon. "AGM-65 Maverick Missile." Accessed 26 August 2014. AGM－65 小牛导弹是直升机、战斗机、攻击机和巡逻机发射的精确打击导弹。该导弹的制导系统具有打击静止或高速运动目标的能力。该导弹的精度在 1 米以内，用于近距离空中支援。

4. Boeing. "AMG-114 HELLFIRE Missile." Accessed 26 August 2014. 地狱火导弹（最初定名为"直升机发射的、发射后不需控制的导弹"）是激光或雷达制导的近程空对地导弹系统，旨在攻击坦克或其他目标，并使发射者暴露在地面火力下的时间最少。该导弹是在 20 世纪 70 年代设计的，1976 年开始前期制造。

5. Boeing. "AGM-86B/C Air-Launched Crusie Missile." Accessed 26 August 2014. AMG-86B/C ALCM（Air-Launched Cruise Missile，空中发射巡航导弹）是 B－52 轰炸机携带、在高空或低空发射的远距离、亚音速、自主导航的导弹。它带核弹头时的代号是 ALCM，带常规弹头时的代号是 CACLM。这个项目开始于 1974 年 6 月，它利用 GPS 全球定位系统做精确的惯性导航。

6. Schwartz，Stephen. *Atomic Audit*：*The Costs and Consequences of U. S. Nuclear Weapons since* 1940. The Brookings Institute，1998. Pg. 18. 战斧导弹（BGM－109）是水面舰船或潜艇发射的巡航导弹，它使用复杂的导航系统，先是海上的惯性导航系统，然后在导弹的陆地航程中转换到更精确的制导方法 TERCOM（Terrain Contour Matching，地形匹配），最后是 DSMAC（Digital

Scene Matching Area Correlator，数字化地区景物匹配）的制导系统，它把弹头导向目标。（TERCOM 是一维的匹配，DSMAC 是二维的匹配。——译者注）

7. US Air Force. "E-3 Sentry（AWACS）." 1 November 2003. Accessed 26 August 2014. 空中预警和控制系统（AWACS）提供友方、中立方和敌方活动的现场情况及责任区域内的指挥。

8. Northrop Grumman. "E-8C Joint STARS." Accessed 26 August 2014. Joint STARS（Joint Surveillance Target Attack Radar System，联合监视目标攻击雷达系统）是一个机载的作战管理、指挥和控制平台，它监视地面，使指挥员能了解敌方情况以支持瞄准和攻击。Joint STARS 是从陆军和空军分别研发的项目演化出来的，它能发现、定位、攻击军队前沿区域以外的敌方装甲车辆。1983 年这两个项目融合，归空军领导。1985 年 9 月，两架 E - 8C 的研发合同被授予诺斯罗普·格鲁门公司（Northrop Gruman）。这些飞机在 1992 年参加"沙漠风暴"行动，虽然它们那时还在研发中。（此处有误，"沙漠风暴"行动开始于 1991 年 1 月。——译者注）

9. Federation of American Scientists. "Guardrail Common Sensors." Accessed 28 August 2014. 护栏在本质上是一个信号情报收集/定位系统，即机载平台上的一个综合装置。它的研发始于 20 世纪 70 年代，到 90 年代为止共研发了五代（护栏 V）。

10. Federal Aviation Administration. "Global Positioning Systems." Accessed 28 August 2014. 全球定位系统是在 1973 年倡议的，研发由 24 颗卫星组成的一个网络，在高度约为 11 000 英里的轨道上绕地球运转，向各种用户提供导航信息。这个卫星群由国防部操作和维护。

11. Fallows, James. *National Defense*. New York：Random House, 1981.

12. Perry, William J. "Fallows' Fallacies：A Review Essay." *International Security* 6：4（Spring 1982）. Pgs. 174 – 82.

13. Marquette University. The Les Aspin Center for Government. "The Honorable Les Aspin." Accessed 28 August 2014. 莱斯·阿斯平自 1970 年起在威斯康星州第一选区连续 11 次当选为国会众议员。克林顿政府时期曾在 1993—1994 年任国防部长。[玛凯特大学（Marquette University）位于威斯康星州密尔沃基市，它是成立于 1881 年的私立天主教大学，2011 年被评为全美第 75 名。——译者注]

第七章

1. Garland, Cecil. "The MX Debate." CBS, 1 May 1980.

2. Academy of Achievement. "Paul H. Nitze." Accessed 28 August 2014. 保罗·尼采曾在制定美国的冷战战略方面起作用。他自 1940 年年初开始在几届政府中任职，在 1963 年升任国防部副部长，副部长任期届满之后他继续在政府中工作到 1989 年。他是第一轮战略武器限制谈判（SALT I，1969—1973 年）的美国代表团成员。后来，他担忧苏联重新武装，因而反对批准 SALT II（1979 年）。他在 2004 年 10 月 19 日去世。

第八章

1. Nuclear Threat Initiative（核威胁倡议组织）。"战略武器限制谈判（SALT I）"。SALT I 或第一轮战略武器限制谈判是指美国与苏联在 1969 年 11 月 17 日开始的限制双方的反弹道导弹（Anti-ballistic Missile，ABM）防御系统和战略核武器进攻系统的谈判。这些谈判产生两个结果：第一个是关于限制进攻性战略武器的一些措施的临时协议（Interim Agreement）。第二个是关于限制战略防御系统的反弹道导弹条约（ABM Treaty）。这是美国与苏联的第一个协议，它对双方的核武器系统加以限制和约束。这两个文件在 1972 年 5 月 26 日签署，在 1972 年 10 月 3 日生效。

第九章

1. Katz，Richard，and Judith Wyer．"Carter's Foreign Policy Debacle."*Executive Intelligence Review* 7：2（1980）．Accessed 22 January 2014．中国国防部长在 1980 年访问了美国，并与布朗部长及卡特总统达成协议，美国将帮助中国使其常规武装力量现代化——卡特决定打"中国牌"以对付苏联。

2. *From Mao To Mozart*．Directed by Murray Lerner．United States：Harmony Film，1981．

第十章

1. Public Broadcasting Service．"Reagan：National Security and SDI."Accessed 4 February 2014．里根总统在 1983 年 3 月 23 日宣布了他对世界免除核威胁的观点。他的战略防御创新计划（SDI）后来被媒体起了一个外号"星球大战"。

2. Perry，William J．"An Expensive Technological Risk."*Washington Post*．Editorial，27 March 1983．

3. Perry，William J．"A Critical Look at Star Wars."*SIPIscope*．Scientists' Institute for Public Information 13：1（January – February 1985）．Pgs. 10 – 14．

4. Institute of Contemporary Development，Russia．"Andrei Kokoshin Management Board Member."Accessed 19 November 2013．安德烈·库科申曾在 1992—1997 年任俄罗斯国防部副部长，1997—1998 年任国家军事检察官、国防委员会书记和安全委员会书记，1998—1999 年任俄罗斯科学院副院长。

5. US Department of Defense．"Ashton B. Carter."Accessed 13 February 2015．阿什·卡特在 2015 年 2 月 12 日被（参议院）确认任国防部长，他在 2011 年 10 月—2013 年 12 月是国防部常务副部长，在 2009 年 4 月—2011 年

10 月是主管采购、技术和后勤的副部长。在担任国防部职务之前，他是哈佛大学肯尼迪政府学院的国际与全球事务系主任及预防性防御计划（Preventive Defense Project）的两主任之一（另一位主任是威廉·佩里）。在佩里任国防部长时，卡特曾在国防部工作，合力为拆除核武器以降低核威胁的纳恩—卢格计划工作。

6. Arms Control Association（军备控制协会）。《中程核力量条约》（INF）要求美国和苏联拆除并永远放弃它们的射程为 500—5 500 公里的、陆上发射的、携带核弹头和常规弹头的弹道导弹和巡航导弹。结果是，美国和苏联在执行该条约的截止日期 1991 年 6 月 1 日之前总共销毁了 2 692 枚近程、中程和中远程导弹。

7. 美国核威胁倡议组织（Nuclear Threat Initiative，NTI）。"美国与苏联之间关于第一阶段削减战略武器的条约（START I）"。美—苏第一阶段削减战略武器条约（Strategic Arms Reduction Treaty，START I）是在 1991 年 6 月 30 日由美国总统布什和苏联总统戈尔巴乔夫签署的，START I 是大量削减美国和苏联（及后来的俄罗斯）的战略核武器的第一个条约。按照 NTI 的定义，战略武器是安装在远程运载工具上的大当量核武器，如陆基洲际弹道导弹（ICBM）、潜射弹道导弹（SLBM）或战略轰炸机。START I 为每一方设立 1 600 个运载工具和 6 000 个弹头的总量限制。该条约在这个总限制内设立 3 个分限制：4 900 个 ICBM 和 SLBM 的弹头、154 枚重型 ICBM 和它们的 1 540 个弹头、可机动的陆基 ICBM 的 1 100 个弹头。

8. Nuclear Threat Initiative。"美国与苏联之间关于第二阶段削减战略武器的条约（START II）"。START II 是在老布什总统即将离任之前的 1 月 3 日由美国总统布什和俄罗斯总统鲍里斯·叶利钦签署的。START II 要求撤除一切重型 ICBM 及一切具有分导式多弹头（MIRV）的 ICBM（虽然允许后者之中有一些可以把弹头减少到一颗）。对 MIRV 的限制不适用于 SLBM。

第十一章

1. President's Blue Ribbon Commission on Defense Management. "A Quest For Excellence：Final Report to the President. " June 1986. Accessed 29 August 2014. 总统授权的国防管理特别委员会（1986 年），也被称为"帕卡德委员会"，是罗纳德·里根总统在 1985 年 7 月 15 日设立的，从事研究国防管理的重要方面，包括预算过程、采购管理、立法机构视察，以及组织和安排国防部长办公室、参谋长联席会、各军事部门、联合和特种指挥部、国会之间的正式和非正式行动。

第十二章

1. 现场录制的参议院确认提名的听证会，1994 年 2 月 3 日。

2. EBSCO Information Services. " Fact Sheet：Gore-Chernomyrdin Commission. " Accessed 16 December 2013. 戈尔副总统与俄罗斯总理切尔诺梅尔金为促进两国之间的合作而设立的"戈尔—切尔诺梅尔金委员会"的第一次会议于 1993 年 9 月 1—3 日在华盛顿召开的，第二次会议于 1993 年 12 月 15—16 日在莫斯科召开。

3. Halberstam，David. *War in a Time of Peace：Bush，Clinton，and the Generals.* New York：Scribner，2002. Pgs. 265 – 66. 摩加迪沙之战导致 18 名美国军人死亡，84 名受伤。至少有 500 名索马里人被杀，700 多人受伤。

4. Carpenter，Ted Galen. *Beyond NATO：Staying out of Europe's Wars.* Washington，DC：Cato Institute，1994. Pg. 86. 三边协议是克林顿、叶利钦及那时的乌克兰总统列奥尼德·克拉夫丘克（Leonid Kravchuk）于 1994 年 1 月在莫斯科签署的。这个协议要求基辅在 7 年时间内拆除其核武器。［卡托研究所（Kato Institute）成立于 1974 年，是自由主义派的智库，主张民权、自由市场、限制政府权力、和平反战。克拉夫丘克是乌克兰独立后的第一任总统

（1991—1994），他在苏联解体前是乌克兰的最高苏维埃主席。基辅是乌克兰首都。——译者注]

5. Nuclear Threat Initiative（核威胁倡议组织）。乌克兰继承了世界上第三大的核武库，大约有 1 900 枚战略核弹头和 2 500 枚战术核弹头。这个武器库还有 130 枚 SS–19 和 46 枚 SS–24 洲际导弹及 25 架 Tu–95 和 19 架 Tu–160 携带巡航导弹的战略轰炸机。[Tu–95 的最大航程为 14 000 公里，载弹量 25 吨，北约代号"熊"（Bear）；Tu–160 空中加油的航程是 12 300 公里，载弹量 40 吨，北约代号"海盗旗"（Blackjack）。——译者注]

6. Public Broadcasting Service. "Comments on the Nunn-Lugar Program." Accessed 16 December 2013. 纳恩—卢格计划每年使用美国国防预算的经费，帮助苏联的几个共和国拆除和安保其国内的核武器及其他大规模杀伤性武器。

7. "Budapest Memmorandums on Security Assurance, 1994."

8. Devroy, Ann. "Clinton Nominates Aspin's Deputy as Pentagon Chief." *Washington Post*, 25 January 1994. Accessed 5 January 2014. 克林顿总统在 1994 年 1 月 24 日，星期一，正式任命威廉·J·佩里为国防部长。

9. Perry, William J. "Defense Secretary Nomination." C-SPAN. 13：23. 24 January1994. Accessed 29 August 2014.

10. "Unanimous Senate Confirms Perry as Defense Secretary." *Washington Post*, 4 February 1994. Accessed 6 January 2014. 威廉·佩里在 1994 年 2 月 3 日被参议院以 97：0 一致确认。

第十三章

1. Nunn, Sam. Interview with Jamie McIntyre. CNN, Sevmash Shipyard, Severodvinsk, Russia.

2. Bernstein, Paul, and Jason Wood. "The Origins of Nunn-Lugar and Coopera-

tive Threat Reduction." *Case Study Series* 3. Washington，DC：National Defense U-
niversity Press，April 2010. Accessed 14 January 2013. 根据纳恩—卢格计划，
美国的代表们在 1994—1996 年期间 4 次访问乌克兰的贝尔沃玛伊斯克（五一
城），拆除强大的核武器。第一次访问时从导弹上拆下弹头。第二次访问时把
导弹移出地下发射井，并销毁之。第三次访问时炸毁地下发射井，并恢复原
址。在第四次访问时，美国国防部长比尔·佩里、俄罗斯国防部长巴维尔·
格拉切夫和乌克兰国防部长瓦列里·史马洛夫一起在一个地下发射井（曾藏
有一枚携带 10 颗弹头瞄准美国的导弹）的上面种植向日葵。后来，乌克兰人
种植的不是向日葵，而是该地区的经济作物。

3. 西托夫斯基家庭致威廉·J·佩里的信（译文）。

4. Graham，Bradley. "US，Russia Reach Accord on Europe Treaty." *Washing-
ton Post*，29 October 1995. Accessed 4 September 2014.

5. United States Enrichment Corporation. "Megatons o Megawatts Program 95
Percent Complete." 24 June 2013. Accessed 17 February 2014. 到 2013 年年中，
用俄罗斯高浓度铀混合稀释而成的低浓度铀作为商业反应堆的燃料，可以发
出满足波士顿那样规模的城市使用 730 年的电力。在过去几年中，美国 10%
的发电来自使用这种燃料的核发电厂。这个数据包括从苏联的核武器中拆卸
出来的全部浓缩铀，不仅是来自五一城导弹基地的核武器。

6. Rosenberg，Steve. "WWII Arctic Convoy Veterans Recall 'Dangerous Jour-
ney'." British Broadcasting Company，30 August 2011. Accessed 18 February 2014.
在第二次世界大战中德国入侵苏联后，运输船队从英国经过北冰洋的冰水，
把西方盟国的坦克、战斗机、燃料、弹药、原材料、食品及其他急需物资运
到苏联，帮助红军打回去。温斯顿·丘吉尔曾把它称为"世界上最坏的旅
程"。德国人从下方用潜艇攻击，在上方用飞机攻击，坏天气（浓雾、浮冰和
暴风）也是一种敌人。

7. Nunn, Sam. Interview with Jamie Mcintyre. CNN, Sevmash Shipyard, Severodvinsk, Russia, 18 October 1996.

8. Hoffman, David. "The Bold Plan to Grab Soviet Uranium." *The Age* 23 (September 2009). Accessed 25 February 2014. 蓝宝石计划是一项任务的代号, 其目的是保证苏联解体后遗留在哈萨克斯坦的一批约 1 322 磅的高浓缩铀（足以制造 24 枚核弹）的安全。

9. Shields, John, and William Potter, Eds. *Dismantling The Cold War: US and NIS Perspectives on the Nunn-Lugar Cooperative Threat Reduction Program.* Cambridge: MIT Press, 1997. Pgs. 345 – 62: "纳扎尔巴耶夫在得出他的结论后授权把在乌尔巴（Ulba）存有武器级核材料的信息通知美国。这个信息在 1993 年 8 月被传给美国驻哈萨克斯坦的大使威廉·科特尼。科特尼大使在 1993 年 10 月同哈萨克斯坦的高级官员们商讨后启动了美国—哈萨克斯坦合作搬迁高度浓缩铀（HEU）……美国未能得到乌尔巴情况的第一手确认，直到 1994 年 2 月……能源部的橡树岭 Y – 12 工厂的一位核工程师埃尔乌特·吉夫特（Elwood Gift）……显示了测定结果是约 90% 的 U – 235……从事防止核扩散的 3 位美国高级官员——国务院的罗伯特·加卢奇（Robert Gallucci）、国防部的阿什·卡特和国家安全委员会（NSC）的丹·珀内米纳（Dan Ponemena）——在 3 月初会晤时做出决定，由国防部牵头，协调美国确保乌尔巴裂变材料安全的工作。"

第十四章

1. "US Military Leader's War Outbursts." *Rodong Sinmum*, 5 April 1994. Translated By Dave Straub.

2. 同上。

3. Cosgrove, Peter. "Retired Army Gen. John Shalikashvili Dies." *USA To-*

day，23 July 2011. Accessed 4 September 2014. 约翰·沙利卡什维利是第一位出生在国外的参联会主席。他在 1993—1997 年任参联会主席。[沙利卡什维利在 1936 年出生于波兰，1952 年（16 岁）随父母移民到美国，1958 年应征入伍，参加过越南战争，担任过北约在欧洲的盟军司令，2011 年退休后到斯坦福大学 CISAC 任访问学者。——译者注]

4. Kempster，Norman. "US to Urge Sanctions for N. Korea：Strategy：National security advisers meet after Pyongyang official storms out of nuclear arms talk with Seoul. Clinton administration also will pursue joint military maneuvers with S. Korea." *Los Angeles Times*，20 March 1994. Accessed 28 March 2014. 在受到制裁威胁时，朝鲜驻联合国的代表朴英洙在愤怒地退出讨论朝鲜半岛无核化时威胁要把首尔变成"火海"。

5. Scowcroft，Brent，and Arnold Kanter. "Korea：Time for Action." *Washington Post*，15 June 1994. 斯考克罗夫特写道："或者必须允许持续的不受限制的 IAEA 监视，以确认未再进行后处理；或者我们将毁掉它的后处理能力。采取的军事行动，如果需要的话，将是很有限的和注意设计得使附带损伤的风险为最小。上述在政策中提到使用武力的意愿，应给予平壤一个不会误解的信号，美国决心解决朝鲜从前的核犯规和遏制将来的核威胁。"

第十五章

1. Collins，Cheryl. "Vladimir Zhirinovsky." *Encyclopaedia Britannica*， 26 May 2014. Accessed 4 September 2014. 弗拉迪米尔·日里诺夫斯基是俄罗斯政客和他在 1989 年创立的俄罗斯极右翼的自由民主党（LDPR）领袖。日里诺夫斯基领导的 LDPR 在 1993 年 12 月的俄罗斯国会选举中赢得了 22.8% 的选票，这震惊了西方世界。在 1999 年的国会选举中，自由民主党的竞选名单被定为不合格，因为它的 3 名领导人中两人犯有洗钱罪。此后，他提出了另一份名单，赢得了杜马的 17 个席位。他在 2000—2004 年期间是杜马的议长。

2. Perry，William J. "Support START II's Nuclear Reductions." Speech，Moscow，Russia，17 October 1996. Department of Defense. Accessed 4 September 2014.

3. Dobbs，Michael. "Senate Overwhelmingly Ratifies 1993 Arms Treaty with Russia." *Washington Post*，27 January 1996. Accessed 21 March 2014. 美国参议院在 1996 年 1 月 26 日晚上投票以 84：7 批准了 START II。

4. Pikayev，Alexander. "Working Papers：The Rise and Fall of START II，The Russian View." Carnegie Endowment for International Peace. No. 6，September 1999. Accessed 25 September 2014. 在佩里发言后，极端民族主义的自由民主党的代表们（包括弗拉迪米尔·日里诺夫斯基）以异乎寻常的敌意做出回应。

5. Keeny，Spurgeon，Jr. "Damage Assessment：The Senate Rejection of the Ctbt." *Arms Control Today* 29：6（1999）. Pgs. 9 – 14. Accessed 21 March 2014. 美国在 1992 年 9 月 23 日进行了它的第 1 030 次，也是最后一次核武器爆炸试验。

6. Ottaway，David. "War Games in Poland Proposed." *Washington Post*，8 January 1994. Accessed 21 March 2014. 总统制定了一个每年评估和报告库存的要求，以便在没有地下核试验的情况下确保国家的核武器安全可靠。随后，国会制定了法律，在 2003 财政年度的《国防授权法案》的第 3141 节中要求有每年评估库存的过程。这一节要求能源部长和国防部长在每年的 3 月 1 日前向总统提交他们关于评估结果的一揽子报告。

第十六章

1. Kozaryn，Linda. "Joe Kruzel，DoD's Peacemaker." *American Forces Press Service*，24 January 1995. Accessed 3 March 2014. 作为负责欧洲和北约政策的副助理国防部长，乔·克鲁泽尔的首要任务是建立和平伙伴关系计划，这个项

目旨在使前华约国家接近北约。他曾是布朗部长的特别助理，还做过肯尼迪参议员（肯尼迪总统的弟弟。——译者注）的国防与外交政策立法事务助理。1995年8月，克鲁泽尔在萨拉热窝郊外丧生，那时被雨水浸透的泥泞道路在装甲运兵车的重压下垮塌，车子滚下一个500米的山坡，他和另外两名美国谈判人员坐在这辆车上。

2. The Marshall Center. "About Marshall Center." Accessed 13 January 2014. 马歇尔中心于1995年6月5日在德国的加米施－帕滕基兴（Garmisch-Partenkirchen）正式成立，它是一个著名的国际安全和防务研究所，旨在促进北美、欧洲和欧亚各国之间的对话和互相理解。

3. Asia-Pacific Center for Security Studies. "History & Seal of the APCSS." Accessed 3 March 2014. 亚太安全研究中心以乔治·马歇尔欧洲安全研究中心为模式，在1995年9月4日由威廉·佩里和约翰·沙利卡什维利正式剪彩成立。

4. William J. Perry Center for Hemispheric Defense Studies. "About William J. Perry Center for Hemispheric Defense Studies." Accessed 4 September 2014. 半球防务研究中心是佩里于1996年在阿根廷的巴里洛切（Bariloche）举行的第二届美洲国防部长会议期间提出的；1997年9月17日正式成立；2003年改名为"威廉·J·佩里半球防务研究中心"。

5. North Atlantic Treaty Organization. "Peace Support Operations in Bosnia and Herzegovina." 5 June 2012. Accessed 4 September 2014. 北约在波斯尼亚和黑塞哥维那进行了它的第一次大规模的应对危机的行动，在1995年12月部署了北约领导的"执行部队"（Implementation Force, IFOR）及一年后由北约领导的"维稳部队"（Stabilization Force, SFOR）。共计有36个盟国和和平伙伴国为这次任务提供了兵力。

6. Churchill, Winston. "Give Us the Tools." Speech, London, 9 February 1941, Paraphrased in Thatcher, Margaret. "Speech to the Aspen Institute." Aspen,

4 August 1995. Accessed 4 September 2014.

7. Perry, William J. Day Notes. 伦敦会议以对波斯尼亚发出最后通牒而结束，这主要是得到与会者们同意的美英法协议，参加会议的有 16 个国家（包括俄罗斯及北约、欧盟和联合国中有现成可用部队的国家）的外交部长、国防部长和军队的参谋长。伦敦会议后，佩里在给总统的备忘录中解释了这份国际社会的最后通牒：如果格拉泽遭到攻击或者似乎即将遭到攻击，空军将开始参战，使塞族人遭受足够的损失而停止其挑起攻击的行动。

8. Clinton, Bill. "Dayton Accords." *Encyclopaedia Britannica*. Accessed 4 September 2014. 《代顿协议》是波斯尼亚、克罗地亚和塞尔维亚的总统们在 1995 年 11 月 21 日达成的和平协议，它结束了波斯尼亚的战争，规划了在波斯尼亚和黑塞哥维那实现和平的总体框架协议。

9. Holbooke, Richard. *To End a War.* New York：Random House，1998.

10. Patton, George. Speech, Los Angeles, 1945, quoted in Case, Linda. *Bold Beliefs in Camouflage*：*A － Z Briefings*. Neche，ND：Friesen Press，2012. Pg. 187. 这句话被许多伟人引用，包括乔治·巴顿将军在第二次世界大战后不久的一次讲话。

11. The George C. Marshall Foundation. "The Marshall Plan." Accessed 4 September 2014. 马歇尔计划的正式名称是"欧洲复兴计划"，它来自当时的国务卿马歇尔 1947 年 6 月 5 日在哈佛大学的一次讲话，主旨是重建西欧的经济和重振士气。16 个国家，包括德国（应该是西德，不包括东德。——译者注），参与这个计划，逐个地提出它们需要的援助，并通过联合国经济合作发展组织提供行政和技术援助。

第十七章

1. *National Security Issues in Science，Law and Technology*，ed. T. A. Johnson.

Boca Raton：CRC Press，2007.

2. United States Institute of Peace. "Truth Commission：Haiti." Accessed 4 September 2014. 海地的总统让－贝特朗·阿里斯蒂德在1991年9月被一次军人政变推翻。军队首领拉乌尔·塞德拉斯领导着一个严重破坏人权的暴虐政体。阿里斯蒂德总统本应在1993年10月重新担任总统。但是，由于叛军的抵抗，他在1994年7月才得以在联合国及两万美国军队的支持下复位。

3. Girard，Philippe. *Peacekeeping，Politics，and the 1994 US Intervention in Haiti. Journal of Conflict Studies* 24：1（2004）；and Ballard，John. *Upholding Democracy：The United States Military Campaign in Haiti*，1994－1997. Westport，CT：Praeger，1998. Pgs. 61－84. 美国准备了3个入侵海地的计划：2370号作战计划（OPLAN 2370）是派第82空降师打进海地；2380号作战计划（OPLAN 2380）是派第10山地师作为纯粹的维和部队进入海地；2375号作战计划（OPLAN 2375）是上述两个计划的综合。1994年9月18日，第82空降师的伞兵登上飞机，离开北卡罗来纳州布拉格堡附近的波普空军基地，另外包括两艘航母的一支舰队驶向海地。然而，克林顿总统请前总统吉米·卡特率一个谈判团去海地，在入侵部队即将到达前几个小时，与叛乱军人任命的海地总统埃米尔·若纳桑（Emile Jonassaint）签署了协议。入侵被取消了。《卡特—若纳桑协议》规定，实行政治大赦以换取允许海地总统让－贝特朗·阿里斯蒂德回来。军事入侵计划总共涉及两万多名军人，主要是陆军。

4. US Congress. House of Representatives. *H. R.* 4310，*National Defense Authorization Act for Fiscal Year* 2013. 112th Cong.，2nd Sess.，2012. H. Act. H. R. 4310. 在2013财年《国防授权法案》的第2843节，"半球防御研究中心"被命名为"威廉·J·佩里半球防御研究中心"。

第十八章

1. Kozaryn，Linda D. "Secretary and Top NCOs Keep DoD's Focus on Quality of

Life. " *American Forces Press Service*, 26 July 1995. Accessed 14 January 2014. "自从国防部长威廉·佩里3年前开始在非委任军官（NCOs）陪同下访问军事基地以来，他使国防部关注军人生活质量，那是他打算持续关注的问题。"

2. US Office of the Assistant Secretary of the Army, Installations, Energy and Environment *Privatizing Military Family Housing*: *A History of the US Army's Residential Communities Initiative*, *1995 - 2000*, *by* Matthew Godfrey and Paul Sadin. Washington DC：GPO, 2012.

第十九章

1. Kozaryn, Linda. "President, Armed Forces Bid Perry Farewell. " *American Forces Press Service*, 17 January 1997. Accessed 14 January 2014. "关于奥马尔·布雷德利，据说他是士兵们的将军，"约翰·沙利卡什维利将军说，"好吧，那么佩里肯定是士兵们的国防部长。"

2. The Freeman Spogli Institute for International Studies at Stanford University. "Preventive Defense Project. " Accessed 21 January 2014. 预防性防御计划（PDP）是威廉·佩里和阿什·卡特于1997年在他们所属的两个大学——斯坦福和哈佛——之外从事的。目前PDP在斯坦福大学之外进行。

3. Carter, Ashton, and Perry, William J. *Preventive Defense*: *A New Security Strategy for America*. Washington, DC：Brookings Institute Press, 1999.

第二十章

1. Friedman, Thomas L. "World Affairs；Now a Word from X. " *New York Times*, 2 May 1998. Accessed 22 July 2015. 这段话摘自弗里德曼在1952年面访美国驻俄罗斯大使乔治·凯南，后者的匿名为X的文章发表在《外交事务》杂志上，该文提出了美国在此后40年冷战中的遏制政策。

2. Stanford University, Center for International Security and Cooperation. "Siegfried S. Hecker, PhD." Accessed 31 August 2014. 海克是科学与工程管理系研究教授（不授课）和弗里曼·斯鲍格利国际问题研究所（FSI）的资深研究员。他在2007—2012年期间是CISAC的双主任之一。他从1986—1997年是洛斯阿拉莫斯国家实验室的第五届主任。海克在钚科学、全球降低威胁和核安全方面是国际知名专家。

3. "Russia Can Turn US to Radioactive Ash-Kremlin-Backed Journalist." *Reuters*, 16 March 2014. Accessed 19 November 2014. 德米特里·吉瑟尔沃夫（Dmitry Kiselyov）2014年3月16日在国家支持的莫斯科电视台上的讲话。为了使俄罗斯显露出令人喜爱的形象，吉瑟尔沃夫在2013年被普京任命为国家新闻署署长。

第二十一章

1. 佩里和舒尔茨主持的地区性安全工作小组关于2012年8月23—24日在斯坦福大学举行的美国—巴基斯坦对话的报告，由佩里撰写。

第二十二章

1. US Department of State, Office of the North Korea Policy Coordinator. *Review of United States Policy towards North Korea: Findings and Recommendations*, by William J. Perry, 12 October 1999. Accessed 28 March 2014.

2. US Department of State. "Madeleine Korbel Albright." Accessed 31 March 2014. 马德琳·奥尔布赖特自1993—1996年任美国驻联合国大使，她在1996年12月5日被克林顿总统提名为国务卿。她是第一个女性国务卿和美国历史上职位最高的女性。

3. "US Military Leader's War Outbursts." *Rodong Sinmum*, 5 April 1994.

Translated by Dave Straub.

4. "Perry and Oldest Grandson Heartily Cheer Soccer Match." *ChosunIlbo*, 28 March 1999.

5. 名人成就学会。金郑在 1992 年成立了以数据传输为专业的 Yurie 系统公司。6 年后，他以 10 亿多美元把 Yurie 系统卖给朗讯（Lucent）技术公司。然后，他为朗讯工作，管理几个部门。他后来成为贝尔实验室的总裁。（朗讯是全球最大的通信网络公司，在中国北京、上海等 8 地开设了分公司，曾资助中国国家科委为少年儿童设立的"希望工程"。朗讯下属的贝尔实验室曾出了 11 位诺贝尔奖获得者。—— 译者注）

6. 名人成就学会。"科林·鲍威尔将军"。在杰出地担任了国家安全顾问和参联会主席两项军职后，科林·鲍威尔在 2001 年任国务卿，2004 年卸任。（名人成就学会成立于 1961 年，旨在组织各行各业有成就的名人与青少年学生会见，以鼓励他们努力学习，力求上进。鲍威尔是美国历史上第一位黑人参联会主席和第一位黑人国务卿。—— 译者注）

7. Mufson, Steven. "Bush to Pick up Clinton Talks." *Washington Post*, 7 March 2001.

8. White House, Office of the Press Secretary. "Joint US-Japan-Rok Trilateral Statement." 26 October 2001. Accessed 3 April 2014.（此处原书的日期年份有误，应该是 2002 年。—— 译者注）

9. The National Defense Commission（DPRK），quoted in Hyung-Jin Kim, "North Korea Plans Nuclear Test, Says Its Rockets are Designed to Hit U. S." *San Jose Mercury News*, 24 January 2013. Accessed 3 April 2014.

第二十三章

1. Ricks, Thomas. *Fiasco：The American Military Adventure in Iraq.* London：

Penguin Press，2006. Ch. 1.

2. 美国国防部。罗伯特·盖茨博士，第 22 位国防部长。罗伯特·盖茨博士是第 22 位国防部长，他是唯一被新上任的总统留用的国防部长。（美国在 1947 年才开始设立国防部，佩里是第 19 位国防部长。民主党的奥巴马当选为总统后，盖茨留任国防部长。他曾是老布什总统时期的中情局局长。《时代周刊》评选他为 2007 年全球最具影响力人物，《美国新闻与世界报道》评选他为 2008 年最佳领袖人物。—— 译者注）

第二十四章

1. Obama, Barack. "Remarks by President Barack Obama." Speech, Prague, Czech Republic, 5 April 2009. The White House: Office of the Press Secretary. Accessed 31 August 2014.

2. Brookings Institute. "James E. Goodby." Accessed 7 April 2014. 古拜在 1952 年进入美国外交界。他升至公使级，5 次被总统提名为大使级。古拜在他的生涯中作为谈判者或政策顾问参与了创建联合国的国际原子能机构（IAEA）、限制核试验条约的谈判、削减战略武器条约（START）谈判、欧洲裁军会议和合作降低威胁（纳恩—卢格计划）的谈判。（古拜现在是斯坦福大学胡佛研究所的资深研究员。—— 译者注）

3. Stanford University, Hoover Institute. "Reykjavik Revisited: Steps toward a World Free of Nuclear Weapons." October 2007. Accessed 7 April 2014. "回顾雷克雅未克" 会议于 2007 年 10 月 10—11 日在斯坦福大学的胡佛研究所举行。

4. Schudel, Matt. "Max Kampelman, Top Nuclear Adviser during Cold War, Dies At 92." *Washington Post*, 26 January 2013. Accessed 7 April 2014. 麦克斯·坎佩尔曼曾长期担任律师和政治顾问，他最后成为顶级的冷战外交家。他的生涯开始于为参议员（明尼苏达州）赫伯特·汉弗莱（hubert Humphrey）做顾

问，汉弗莱后来成为林登·约翰逊（Lyndon Johnson）总统的副总统。坎佩尔曼后来成为里根政府的主要外交官。在 20 世纪 80 年代，坎佩尔曼负责领导两个长期的国际谈判：1981—1983 年的马德里安全与合作会议和 1991 年签署 START I 条约之前的美—苏之间关于限制核军备的讨论。

5. Shultz, George P., William J. Perry, Henry Kissinger, and Sam Nunn. "A World Free of Nuclear Weapons." *Wall Street Journal*, 4 January 2007. Accessed 31 August 2014.

6. Shultz, George P., William J. Perry, Henry Kissinger, and Sam Nunn. "Toward a Nuclear-Free World." *Wall Street Journal*, 15 January 2008. Accessed 31 August 2014.

7. *Last Best Chance*. Directed by Ben Goddard. Berkeley：Bread and Butter Productions, 2005.

8. *Nuclear Tipping Point*. Directed by Ben Goddard. Nuclear Security Project, 2010.

9. Nuclear Threat Initiative. "Nuclear Tipping Point Premiere." Accessed 8 April 2014. 《核引爆点》于 2010 年 1 月 27 日在洛杉矶的环球影城首演。

10. Taubman, Philip. *The Partnership：Five Cold Warriors and Their Quest to Ban the Bomb*. New York：Harper, 2012.

11. Obama, Barack. "Remarks by President Barack Obama." Speech, Prague, Czech Republic, 5 April 2009. The White House：Office of the Press Secretary. Accessed 31 August 2014.

12. Kessler, Glenn, and Mary Beth Sheridan. "Security Council Adopts Nuclear Weapons Resolution." *New York Times*, 24 September 2009. Accessed 7 April 2014. 联合国安理会在 2009 年 9 月 24 日一致通过美国起草的核武器决议。这个决议确定了奥巴马总统认为走向无核世界的许多重要工作的步骤。

13. International Commission on Nuclear Non-proliferation and Disarmament. "About the Commission. " Accessed 8 April 2014. 核不扩散和裁军国际委员会是澳大利亚和日本政府的联合倡议。澳大利亚总理陆克文（Kevin Rudd）2008年6月9日在京都提出成立这个委员会，7月9日陆克文总理与日本首相福田康夫（Yasuo Fukuda）同意设立这个委员会。

14. Shultz, George P. , William J. Perry, Henry Kissinger, and Sam Nunn. "Next Steps in Reducing Nuclear Risks：The Pace of Nonproliferation Work Today doesn't Match the Urgency of the Threat. " *Wall Street Journal*, 6 March 2013. Accessed 19 November 2014.

15. Sagan, Scott. *The Limits of Safety*：*Organizations, Accidents, and Nuclear Weapons.* NJ：Princeton University Press, 1993.

16. Schlosser, Eric. *Command and Control*：*Nuclear Weapons, the Damascus Accident, and the Illusion of Safety.* New York：Penguin Press, 2013.

第二十五章

1. Faulkner, William. Speech, Stockholm, Sweden, 10 December 1950. Nobelprize. Org. Accessed 31 August 2014. ［福克纳（1897—1962）是美国作家，他得诺贝尔文学奖是1949年，不是1950年，他的名著是《声音与疯狂》（*The Sound and the Fury*），又译为《喧哗与骚乱》。——译者注］

2. Kennedy, John F. Speech, American University, Washington, DC, 10 June 1963. 肯尼迪在结业典礼的演讲中呼吁苏联与美国在禁止核试验条约上合作。